KB007087

독일은
어떻게
1등 국가가
되었나

이 책은 김종인 박사가 2022년 7월부터 2023년 4월까지 10회에 걸쳐 강의한 내용을 정리해 초고를 작성한 후, 그것을 바탕으로 다시 내용을 덧붙이는 방식으로 완성되었다. 대담 진행과 정리는 『김종인 사용설명서』 저자인 곽대중 작가가 맡았다.

전범국가에서
모범국가로

독일은
어떻게
1등 국가가
되었나

김종인 지음

오늘산책

차례

벽을 깨고 나아가기 위하여

2차대전이 끝나고 세계는 승전국과 패전국으로 나뉘었다. 그리고 식민지에서 해방된 여러 독립국이 생겨났다. 그렇게 2차대전 이후 재편된 세계 질서 가운데 오늘날 독일만큼 안정적이고 조화로운 발전을 이룬 나라가 없다.

프랑스의 드골은 전쟁 영웅으로 추앙받으면서 국민의 뜨거운 성원 가운데 대통령이 되었지만 학생과 시민들의 시위로 쫓겨나다시피 하며 자리에서 물러났다. 오늘까지 프랑스는 적잖은 사회적 갈등과 롤러코스터를 타는 듯한 정치적 격변을 겪는 중이다.

영국은 선진국으로서는 부끄럽게도 1976년에 IMF 구제금융을 받았다. 국가적으로 어려운 상황에서 이른바 대처리즘이 영국병을 치유하고 위기를 극복했다고 앞뒤 없이 칭송하는 사람도 있지만 민영화, 규제 완화, 재정지출 삭감, 노동시장 유연화 같은 일련의 조치는 영국 사회에 깊은 후유증을 남겼다.

열을 내리기 위해 급히 해열제를 투약할 수는 있다. 그러나 본질적 문제는 해결하지 않은 채 겉으로 드러나는 열만 낮추면 나중에 더 큰 병을 앓기 마련이다. 대처리즘 같은 처방이 그렇다. 그런 유의 신자유주의 정책은 일시적인 처방은 될 수 있어도 근본적인 해결책은 되지 못한다. 과도한 민영화는 철도 같은 인프라의 훼손을 가져왔고, 복지 축소와 반▨노동 정책은 사회의 균형을 깨뜨렸으며, 그로 인해 촉발된 양극화와 국가주의적인 태도는 유럽 통합에 회의적인 여론을 형성해 오늘날 영국을 유럽의 외톨이로 전락시켰다.

대처리즘에서 영향받은 미국의 레이거노믹스도 마찬가지다. 미국 또한 영국과 비슷한 방식으로 문제를 풀려 했다. 미국식 신자유주의가 일정한 성과를 내는 것처럼 보이던 때도 있었지만 역시 심각한 양극화라는 결과를 낳았다. 그래서 결국 2007~2008년 서브프라임 모기지 사태에서 비롯된 세계적인 금융위기가 발생하고, '월가를 점령하라Occupy Wall Street'는 젊은이들의 분노에 찬 시위가 이어졌으며, 민주사회주의를 표방하는 버니 샌더스 같은 사람이 갑작스레 큰 인기를 끌며 미국 대통령 선거 경선에서 돌풍을 일으키는가 싶더니, 또 그에 불안감을 느낀 여론의 영향으로 트럼프 같은 사람이 대통령이 되는 등 '자유민주주의의 모범'이라 불리는 미국에서도 극단적인 정치가 도미노식으로 이어지고 있다.

트럼프의 끝은 어땠던가. 대통령 선거 결과를 인정하지 않는 친트럼프 시위대가 의사당을 점거하면서 진압을 위해 군대까지 투입됐고, 여러 명의 사상자가 발생했다. 과연 이것이 미국에서 들려오는 소식일까 싶을 정도의 사건들이 일어난 것이다. 압도적 군사력으로 평화를 유지하는 '세계 경찰'이자 자유민주 진영의 맏형 노릇을 하던 미국이 왜 이렇게 되었을까. 미국을 계속 모범이라 말할 수 있을까. 무엇이 미국을 그렇게 극단으로 이끌었을까. 반성과

회의가 미국 내부에서조차 비등하다.

작금의 시대를 한 단어로 요약하자면 '극단extreme'이다. 어느 나라든 극단적 정치세력이 횡행한다.

영국의 사학자 에릭 홉스봄은 20세기를 '극단의 시대The Age of Extremes'라고 표현했는데, 그것은 2차대전 이전을 파국의 시대, 2차대전 이후를 황금의 시대로 본 거시적 조망에서 비롯됐다. 냉탕과 온탕을 오고간 시대라는 뜻이다. 자본주의와 사회주의가 극단적으로 대립한 시대이기도 했다. 지금의 극단은 20세기의 극단과는 다르다.

지금의 극단은 20세기의 유산에서 비롯되었다. 자본주의와 사회주의의 체제 대결은 깨끗하게 끝났다. 자유민주주의를 정치 이념으로 내세운 자본주의는 계급독재와 세계혁명을 주창한 사회주의에 완벽하게 승리했다. 20세기와 같은 소비에트 공산독재 체제는 앞으로 더이상 탄생하지 못할 것이다.

문제는 사실 거기에서 기인했다. 일부 사람들은 사회주의에 대한 자본주의의 승리를 일정 부분 잘못 해석해 받아들였다. 자유로운 시장경제가 통제적인 계획경제를 이겼다는 식으로 말이다. 맞는 말이기는 하지만 전적으로 맞는 것은 아니다. 자유민주주의 국가들이 승리할 수 있었던 이유는 사회주의와 비교해 압도적인 생산력과 물질적 조건을 갖추었기 때문이고, 그보다 더 큰 이유는 자본주의의 모순을 스스로 시정하며 발전했기 때문이다. 그런 사실을 망각한 채 자유시장경제를 '방임 경제'로만 착각하고 국가를 이끌려 하니 양극화가 심해지고, 사회가 자꾸 극단으로 치닫는다. 극단이 자본주의를 다시 위기에 빠뜨리고 있다.

역사의 교훈을 잘못 해석하는 그릇된 신념의 소유자들은 결국 자신이 그토록 추종하는 체제를 무너뜨리는 '자기 파괴자self destroyer' 역할을 수행한다. 역사는 여러 사례를 통해 그것을 증명하고 있다.

독일은 신자유주의로 성공한 국가다.

독일이 신자유주의로 성공했다고 하면 고개를 갸웃하면서 되묻는 사람들이 있는데, 2차대전 이후 선진국 가운데 독일처럼 모범적으로 신자유주의를 실천한 나라가 없다. 한 예로 미국, 영국, 프랑스 같은 나라는 이미 오래전부터 정부 차원에서 물가와 임금을 통제하고 간섭하는 노력을 기울여왔지만 독일만이 유일하게 그렇게 하지 않았다. 시장의 자율적인 결정에 맡겨두는 원칙을 지켰다. 그것이 '진짜' 신자유주의다.

그러면서도 독일은 사회국가다. 흔히 복지국가라고도 한다. 알다시피 독일 대학에는 서열이 없다. 근로자들 사이의 임금 격차가 크지 않으며, 동일한 수준의 노동과 근로조건에서는 기업에 상관없이 동일한 임금을 지급하는 원칙을 사회적 합의로 지켜나간다. 사회보험과 연금제도 역시 선진국 가운데 가장 안정적이다. 많은 나라들이 인구 감소를 걱정하고 있고, 특히 우리나라의 합계출산율은 0.78(2022년)로 세계 최악의 수준이지만, 독일의 합계출산율은 1.58(2021년)로 선진국 가운데 최고 수준이다. 인구가 꾸준히 늘어나다 보니 연금제도 운용에도 걱정이 없고, 세수稅收도 안정적으로 확보되어 복지를 유지하는 선순환을 낳는다.

정치적 격변 또한 거의 없다. 전후 80년 동안 독일에서는 기독교민주당CDU(이하 기민당 또는 CDU로 약칭)과 사회민주당SPD(이하 사민당 또는 SPD로 약칭)이라는 양대 정당이 번갈아 집권하고는 있지만, 거기에 자유민주당, 녹색당 등 제3의 정당이 연립내각의 일원으로 참여해 이념의 균형추 역할을 담당한다. 특히 자민당은 독일 정치 지형이 너무 오른쪽으로 쏠린다 싶으면 SPD와 연립내각을 구성해 무게중심을 약간 왼쪽으로 옮겨놓고, 반대의 상황에서는 CDU와 연합해 오른쪽으로 중심을 옮기는 등 '중심정당'으로서의 역할을 톡톡히 수행하고 있다.

그러한 정치적 안정 가운데 독일은 사회적 번영을 이루었다. 성장과 조화라는 두 마리 토끼를 모두 잡은 것이다. 그것은 '사회적 시장경제social market economy'를 표방하는 독일식 경제 체제, 다양한 정당의 원내 진입을 유도하는 독일식 선거 제도, 생각이 달라도 함께 정부를 구성해 입장의 차이를 조율해나가는 독일식 내각책임제가 결합한 결과다. 이러한 시스템이 오늘의 독일을 만들었다.

　오늘날 독일이 성장과 조화를 모두 이루게 된 데에는 연합국의 공로가 크다.

　전쟁에서 이긴 연합국은 사실 독일이라는 나라를 거의 해체하는 수준으로 망가뜨리려 했다. 다시는 전쟁을 일으키지 못하도록 농업과 목축 국가로 전락시켜 생산력을 꺾어버리려고 했고, 다양한 정치세력을 원내에 진입시켜 치고 박고 싸우고 경쟁하게 함으로써 다시는 단결하지 못하게 만들려고 했다. 독일은 이 두 가지 허들을 모두 넘었다.

　독일의 생산력을 꺾으려고 연합국이 재벌을 해체했던 것은 오히려 독일 경제에 큰 도움이 되었다. 시장경제를 어지럽히는 독점 재벌이 사라진 자리에 강소強小기업들이 무수히 생겨났고, 오늘날 독일은 막강한 제조업 경쟁력을 가진 국가가 되었다. 소유와 경영을 분리했고, 노조는 무리한 분배 투쟁을 벌이지 않겠다고 선언했으며, 대신 근로자들이 기업의 주요 의사결정 과정에 참여해 자기 회사의 사정을 속속들이 알고 협력하는, 상생의 경제 체제가 확립되었다.

　정치 또한 그렇다. 다양한 정치 진영이 원내에 진입할 수 있도록 한 독일의 선거 제도는 우선 거리에서 투쟁을 벌이는 세력을 사라지게 만들었다. 의회에서 충분히 자기 의사를 표명할 수 있고 그것이 정책에 반영되기도 하니 굳이 밖에서 싸울 필요가 없게 된 것이다. 또한 그렇게 장외 투쟁을 벌여서는 국민의 지지를 받을 수도 없다는 사실을 깨달았다.

어떠한 경우에도 특정한 정당이 홀로 과반을 넘기 어렵게 만든 독일의 선거 제도는 다양한 정치 세력이 연대를 추구하도록 만들었고, 토론과 합의의 정치 문화를 탄생시켰다. 생각이 다른 사람들끼리 한 지붕 아래 모여 내각을 이끌다 보니 서로의 차이를 인정하게 되었고, 서로 동화되며 발전하는 현상으로 승화하였다. 정치가 그렇게 승자 독식에 치우치지 않고 조화로우니 사회 전반에 안온한 분위기가 정착해 오늘날 독일을 '사회국가'라고 부르게 된 것이다.

나는 평생을 독일과 가깝게 살아왔다. 젊은 시절에 10년 동안 독일에서 유학한 바 있고, 지금도 아침에 일어나면 세계 여러 나라 소식과 함께 독일의 동향을 주의 깊게 살핀다. 전후 독일이 어떻게 변화하며 발전했는지 평생을 지켜보며 살아왔다. 내 인생을 사다리에 비유한다면, 한쪽 버팀대는 당연히 나의 조국인 한국, 다른 한쪽 버팀대는 독일로 삼아, 그 사이에 디딤대를 연결해 한발 한발 톺아 올라왔다고 말할 수도 있다.

한국 대학에서 독일어를 전공한 후 독일 대학에서 경제

학(재정학)을 학부 과정부터 다시 시작해 박사 학위를 받았다. 한국에 돌아와 학생들을 가르치던 중 박정희 정부가 부가가치세 도입을 검토한다는 소식을 들었다. 그리고 나는 독일에서 부가가치세를 공부했다는 이유로 정부의 정책 자문단에 참여하게 되었다. 그것을 계기로 정부의 다른 여러 정책에도 조언하게 되었는데, 당연히 독일에서 보고 배운 것들이 그 내용에 큰 영향을 미쳤다.

고백하자면, 1976년 우리나라에 근로자 재형저축*을 도입하자고 제안하고 실무 준비 단계까지 조언한 것이나 1977년 사회의료보험을 본격적으로 실시하자고 제안한 것**도 독일에 유사한 제도가 있었기 때문에 가능한 일이었다. 나는 정치, 경제, 사회의 안정이 선행되어야 그 바탕 위에 지속적인 성장이 이루어질 수 있을 것이라고 판단했다. 이 또한 독일의 사례를 보고 깨달은 것이었다.

그렇다고 독일을 무조건적으로 추앙하고 싶지는 않다. 독일을 마냥 '1등 국가'라고 말할 수도 없을 것이다. 미국이 이런저런 문제가 많듯이 독일 또한 그렇다. 미국식을

---

* 근로자들의 저축에 이자를 더 얹어주고 세금 혜택까지 줘서 빠른 재산 형성을 돕는 제도. 근로자들이 자산을 형성해야 사회 안정이 도모된다는 취지에서 탄생했다.

** 우리나라에서 의료보험법이 제정된 것은 1963년이지만 오랫동안 문서상으로만 유명무실하게 존재하다가 1977년 9월에 500인 이상 사업장에 대해 직장 의료보험을 의무적으로 가입하게 하면서 '사회' 의료보험 제도로서의 첫발을 떼게 되었다.

따른다고 우리가 미국이 될 수 없는 것처럼 독일식을 따른다고 우리가 독일이 될 수는 없다. 독일과 똑같이 되려고 해서도 안 된다. 특정한 나라가 특정한 성취를 이룬 것은 그 나라 나름의 다양한 역사적 배경과 조건이 어우러졌기 때문이고, 그것을 분명히 알아야 우리만의 발전이 가능하다. 나는 이 책을 통해 그런 점을 말하고 싶다.

독일은 어떻게 오늘의 성취를 이루었는가. 그 가운데 배울 점이 있고, 또 우리 식으로 다듬어야 할 부분도 있을 것이다. 그것을 함께 고민하기 위해 이 책을 썼다.

독일을 무작정 추앙하며 1등 국가라고 할 수는 없지만, 오늘의 일본과 비교해 말한다면 그렇게 불러도 손색이 없을 것이다. 전후 80년이 지났는데도 여전히 과거사 문제 하나 해결하지 못하고 주변국과 갈등을 빚는 일본에 비해, 과거사를 철저히 반성하고 의혹을 씻어 주변국으로부터 오히려 군사적 무장을 재촉받고 "강한 국가로 거듭나라"고 격려받는 특이한(?) 나라가 오늘의 독일이다.

똑같이 전범국가로 시작했는데 한쪽은 모범국가가 되었고, 다른 한쪽은 80년 전의 멍에를 여전히 떨치지 못하고 있다. 왜 그럴까. 무엇이 이런 차이를 낳았을까. 이 책에서는 그런 점에 대해서도 소개하려고 한다.

극단주의는 '불만'이라는 토양 위에 자라난다.

극단적 정치 세력이 부상하는 이유는 경제와 사회의 토양에 그만큼 극단적 차이가 존재하기 때문이다. 차이를 내버려두고, 더구나 적당한 차이도 아니고 극단적 차이일진대, 그저 "어쩔 수 없는 현상이야" 하는 식으로 대응하다 보면 그런 사회는 장기적으로 무너질 수밖에 없다.

토양을 바꿔야 정치를 고칠 수 있다. 역으로 말해 토양을 바꾸는 일은 정치만이 할 수 있는 영역이다. 이 책을 통해 독자들과 그런 점을 함께 고민해봤으면 한다.

지난 세대로서 젊은 세대에게 빚진 바가 크고 송구스러운 점이 많다. 지난날 내가 보고 듣고 배우고 느꼈던 것들을 이렇게 기록으로 남겨 후대에게 디딤돌이 되도록 함으로써 부채 의식과 미안함을 조금이라도 씻어내고자 한다.

소설 『모비딕』에서 에이허브 선장은 이렇게 말한다.

"죄수가 벽을 깨부수지 않고 어떻게 밖으로 나갈 수 있겠는가?"

극단의 시대를 넘어서려면 발상의 전환이 필요하다. 장벽을 기어오르려고 아등바등 홀로 애쓰지만 말고 함께 장벽을 부수겠다는 의지를 투합했으면 한다. 이 책이 모두의 결심을 다지는 작은 계기가 되길 바란다.

젊은이들의 용기를 특별히 응원한다.

1

아데나워, 비스마르크,
에르하르트가 만든 나라

아데나워, 비스마르크,
에르하르트가 만든 나라

독일의 역사를 어디서부터 소개해야 할까.

이렇게 생각해보자. 어떤 외국인이 당신에게 한국의 역사에 대해 소개해달라고 한다. 당신은 어디서부터 이야기를 시작할 것인가.

'대한민국'이라는 국가의 이름에 초점을 맞춘다면 1948년 정부 수립부터 이야기를 시작할 수 있겠지만, 그것을 한국사의 기점이라고 말할 사람은 거의 없을 것이다. 아마도 대부분은 1945년 8·15 해방을 한국사의 출발점으로 삼아 소개를 시작할 것이다. 그러자면 우리나라가 왜 식민지가 됐는지부터 설명해야 할 텐데, 또 그러자면 조선왕조에 대한 이야기가 나오지 않을 수 없다. 조선을 언급하면 민족사의 측면에서 고려도 잠깐 말하지 않을 수 없고, 고려에 앞서 한반도에 존재했던 여러 국가들에 대해서도 간략하게나마 소개해야 온전한 의미에서 '한국의 역사'를 구성한다고 말할 수 있을 것이다.

독일의 역사 또한 그렇다. 현재 독일의 정식 국호는 '독일연방공화국'이다. 그것에 집중한다면 1949년을 기점으로 삼아야 한다. 하지만 어느 누구도 독일 역사가 그때부터 시작되었다고 말하지 않는다. 독일연방공화국은 지금 우리가 '독일'이라고 부르는 나라의 반쪽, 즉 서독에만 해당하는 이름이었다. 독일이 분단되어 있던 당시 동독의 공식 명칭은 '독일민주공화국'이었다. 1990년에 서독이 동독을 흡수 통일하면서 오늘날 독일연방공화국의 외형이 완성되었는데, 그렇다고 "독일의 역사는 1990년부터 시작되었다"라고 말할 사람은 더더욱 없을 것이다. 독일의 현대 역사 또한 1945년부터 소개해야 적절하고, 그러자면 독일이 왜 1·2차 대전을 일으켰는지 설명해야 한다. 나치 독일은 물론, 거슬러 올라가 바이마르공화국과 독일제국 시기까지 소환해야 한다. 더 나아가 '게르만 민족사'의 측면에서 신성로마제국은 물론 그 이전 그리스-로마와 중북부 유럽의 역사까지 모두 소개해야 온전한 의미의 독일 역사라고 말할 수 있다.

한 권의 책에 그렇게 많은 이야기를 담을 수는 없다. 아마 수십 권의 책으로도 부족할 것이다. 따라서 우리는 '핵심'을 잡아 종횡으로 이야기를 풀어나가는 수밖에.

차분히, 독일의 역사 속으로 들어가보자.

❖

한 문장으로 말하면, 오늘의 독일은 아데나워*와 비스마르크**, 에르하르트***가 만들었다. 어떤 나라든 특정한 국가를 특정한 개인이 만들었다고 말하는 것은 무리가 있겠지만, 독일은 이 세 사람이 상징하는 각각의 구성 성분element이 어울려 만든 나라라고 감히 말할 수 있다. 생몰 연도로 따지면 비스마르크, 아데나워, 에르하르트 순이지만 아데나워부터 소개하는 편이 이해하는 데 수월할 것이다.

독일의 초대 총리 아데나워는 두툼한 회고록을 남겼다. 총 4권, 2천 페이지 분량의 방대한 회고록인데, 읽다 보면 놀랍기도 하고 부럽기도 하다.

무엇이 놀라운가. 아데나워 회고록은 독일이 패전국이 된 1945년부터 아데나워가 총리직에서 물러난 1963년까지 일어난 일을 연대순으로 기록하고 있다. 자신의 정치 행보를 빠짐없이 정리해놓은 치밀한 기록 정신에 먼저 놀란다.

---

* 콘라트 헤르만 요제프 아데나워Konrad Hermann Joseph Adenauer(1876~1967). 독일 연방공화국(구 서독)의 초대 총리로, 1949~1963년까지 총리직을 역임하였다.

** 오토 에두아르트 레오폴트 폰 비스마르크Otto Eduard Leopold von Bismarck(1815~1898). 프로이센·독일의 정치가. 프로이센 총리(1862~1890)이자 독일제국의 초대 총리(1871~1890)를 역임하였다. 강경 정책으로 철혈 재상이라고 불렸다.

*** 루트비히 빌헬름 에르하르트Ludwig Wilhelm Erhard(1897~1977). 아데나워 내각의 경제부 장관(1949~1973)으로 라인강의 기적을 이끌었으며, 독일연방공화국의 2대 총리를 역임하였다.

무엇이 부러운가. '건국의 아버지'에 해당하는 인물의 이 회고록이 독일에서는 후대에게 역사 교과서와 같은 역할을 하고 있다. 아데나워는 회고록에 자신이 잘한 점, 못한 점은 물론, 아쉬운 점, 반성하는 점까지 솔직히 담고 있다. 정치인의 길을 꿈꾸는 독일 청년이 그 회고록을 읽는다면 국가 지도자가 갖추어야 할 요건, 정치적 결정을 해나가는 과정, 그 가운데 주의해야 할 점 등에 대한 귀중한 교훈을 얻을 수 있을 것이다.

물론 우리나라 정치인이나 기업인들도 회고록을 쓴다. 그러나 대체로 자기 자랑에 치우친 회고록이 많다. 인생을 돌아보아 스스로 자부심을 갖는 태도야 탓할 것이 못 되지만, 도대체 이런 회고록은 왜 냈을까 싶은 경우도 있다. 심지어 사실을 왜곡하고 견강부회하는 내용을 담은 책 또한 많다. 우리 독자들이 정치인이나 기업인의 회고록을 외면하는 이유를 충분히 이해할 수 있다. 더구나 일부 독자는 정치인의 회고록마저 진영 논리의 잣대로 받아들여, 자신의 입장과 다른 정치인의 회고록은 읽지도 않고 믿지도 않는다. 나라가 극단적으로 갈라져 있다. 대한민국은 공화주의 국가인데, 공화국의 이념적·정서적 기반을 이루는 최소한의 신뢰감마저 서로 간에 사라져버렸다. 우리는 언제쯤 되어야 아데나워 회고록 같은 훌륭한 정치 기록물을 가질 수 있을까. 아데나워라는 인물 자체가 훌륭할뿐더러 회고록 또한 그의 성정을 닮았다.

우리가 아데나워에게 배울 점은 무엇보다 '인내의 리더십'이다. 아데나워가 나라를 이끌던 시기 독일은 미국, 소련, 영국, 프랑스를 비롯한 승전국 앞에서 참고 인내했다. 아데나워는 친서방 정책을 확고하게 뿌리내리게 해, 먼 미래에 일어난 '독일 통일'이라는 역사적 사건의 기반을 이미 그때 만들어놓았다. 아데나워가 남긴 가장 큰 업적이다. 현대 독일 외교의 기본 골격은 아데나워가 만들었다. 독일이라는 나라가 유럽에서 주변국과의 관계 가운데 혹은 세계 질서의 흐름 가운데 어떤 위치에 서야 하는지에 대한 기본 원칙은 모두 아데나워 시대에 수립되었다. 그리고 그 원칙의 중심에는 무엇보다 '인내'가 있었다.

아데나워의 친서방 정책은 단순히 '세상이 어차피 냉전으로 양분돼 있으니 어느 한쪽에 적극적으로 밀착해야겠다'는 유의 단순한 정책이 아니었다. 냉전 시기 우리나라의 친미 정책이나 독일의 친서방 정책을 그렇게 동전의 양면 가운데 하나를 잘 선택한 행운쯤으로 간단하게 봐서는 안 된다. 이 부분에 대해서는 뒤에 이어지는 강의에서 다시 자세히 소개할 것이다.

아데나워는 독일 국내 정치적으로도 '참고 또 참는' 리더십을 보여줬다. 1876년생인 콘라트 아데나워가 독일(서독)의 초대 총리가 된 것은 1949년. 그의 나이 73세 때의 일이다. 그 무렵 인류의 평균수명이 채 50세가 되지 않았으니 지금으로 말하면 100세 노인이 총리가 된 셈이다. 그럼에도 14년간 총리로 재임하다 87세에 물러났다. 아데나워 회고록에는 '일을 하면 할수록 힘이 나더라'는 표현이 등장하는데, 빙그레 웃을 수밖에 없다. 사람은 늙을수록 고집스러워진다는데, 적지 않은 나이에도 불구하고 참고 견디는 리더십을 발휘했다는 것이 더욱 놀랍다.

아데나워의 이러한 인내심은 향후 독일 정치를 이끈 인물들에게도 그대로 계승돼 오늘날 독일 정치의 전형이 되었다. 어떠한 경우에도 크게 화를 내지 않고, 상대를 강박하거나 위협하지 않으며, 반드시 대화와 타협을 통해 합의를 이끌어내려고 끝까지 노력하는 독일 정치의 기본 문화 말이다.

독일인들은 아무리 시간이 오래 걸리더라도 결론을 내기까지 지겨울 정도로 토론하고 또 토론한다. 참고 또 참는다. 그런 나라가 1·2차 대전 같은 끔찍한 불장난을 저질렀다는 사실이 의아하다고 말하는 사람이 있지만, 독일인의 토론 문화는 두 차례의 전쟁에 대한 반성과 성찰의 과정 가운데 더욱 발달한 측면도 있다. 무엇에 관한 것이든 '반성'이란 반성하는 당사자를 더욱 성숙하게 만드는 법이다. 그런 측면에서 반성은 피해자를 위해서 하는 일이기도 하지만 가해자 자신을 위해서 하는 일이기도 하다.

아데나워는 총리직에서 물러나고 4년 후 사망했다. 그의 나이 91세. 회고록 가운데 두 권은 생전에 출간되었고, 나머지 두 권은 사후에 후배들이 원고를 덧붙여 출간했다. 퇴임 후에도 회고록 집필 등을 통해 정치 활동을 지속한 셈이다.

아데나워는 조국 독일에 인생의 모든 것을 바친 사람이라고 표현할 수 있다. 독일인들에게 가장 존경하는 역사적 인물을 꼽으라면 아데나워가 언제나 1위에 꼽힌다. 아데나워가 죽고 반세기 넘는 세월이 흘렀지만 어떤 여론조사에서든 결과는 같다. 같은 정치인으로서 존경스럽고 부러울 따름이다. 우리는 언제쯤 되어야 그런 정치인을 가져볼 수 있을까. 아데나워 같은 정치인이 탄생할 수 있는 독일의 국가적 '비결'에 대해서도 앞으로 이어질 강의를 통해 살펴볼 것이다.

❖

독일의 역사를 이야기할 때 아데나워와 함께 빼놓을 수 없는 인물은 역시 비스마르크다.

개인적으로 나는 비스마르크를 아주 좋아한다. 정치적 현실주의를 지향하는 사람치고 비스마르크를 좋아하지 않을 사람이 있을까. 미국의 키신저* 같은 사람은 거의 열성 팬 수준이어서 자신의 저서에 숱하게 비스마르크를 언급할 정도다.

하지만 나는 비스마르크를 존경하지는 않는다. 여러모로 훌륭한 업적을 남긴 정치인이고 인간적인 풍모도 매력적이지만 비스마르크는 분명 반反민주주의자다. 그는 의회를 귀찮은 걸림돌 정도로 여겼던 사람이다. 그가 이룩한 여러 업적을 살펴보면 사실은 의회를 패스하고 저항 세력을 무력화하려고 선제적으로 개혁 조치를 단행한 것일 뿐 그에게 사회적 약자에 대한 측은지심이나 개혁에 대한 남다른 신념이 있었던 것은 아니다. 오죽하면 막스 베버**는 비스마르크를 "독일 민주주의 발전의 장애 요인"이라고까

---

* 헨리 앨프리드 키신저Henry Alfred Kissinger(1923~) 미국의 정치가, 외교관, 국제정치학자. 닉슨 행정부 국무장관으로 냉전 시기 미국 외교의 골격을 만들었다.

** 막시밀리안 카를 에밀 베버Maximilian Carl Emil Weber(1864~1920), 독일의 사회과학자이자 사상가. 경제학, 사회학, 정치학, 법학, 철학 등 다방면의 분야에서 뛰어난 활동을 보였다. 『프로테스탄트 윤리와 자본주의 정신』, 『직업으로서의 정치』 등의 책을 썼다.

지 질타했을까. 그러나 민주주의자라고 꼭 위대한 업적을 남기는 것도 아니고, 반민주주의자라고 나라를 망치는 것도 아니다. 우리는 비스마르크를 통해 그러한 정치적 역설을 발견한다. 바로 이런 대목이 역사 공부를 더욱 흥미롭게 만든다. 우리가 역사를 공부하는 이유 가운데 하나는 세상의 다면성을 입체적으로 이해하기 위해서다.

아데나워가 현대 독일을 만들었다면, 비스마르크는 독일의 근대를 완성한 사람이다. 어쩌면 오늘날 우리가 '독일'이라고 부르는 개념 자체를 만든 사람이라고 할 수 있는데, 그것이 비스마르크의 뚜렷한 업적이다. 독일인들도 비스마르크의 이러한 업적을 다 알고 있다. 그럼에도 불구하고 비스마르크는 독일인들에게 별로 인기가 없다. 이유는 여럿인데, 그 가운데 하나는 비스마르크가 '철혈 재상'이라는 별명대로 철권을 휘둘렀기 때문이 아니라, 좌파의 어젠다를 모두 끌어가 얄밉게도 '선수'를 쳤기 때문이다. 그래서 독일의 좌파들이 특히 비스마르크를 미워한다. 이에 대해서는 뒤에 다시 설명할 기회가 있을 것이다.

지독한 보수주의자, 현실주의자, 반민주주의자. 그렇게 차가운 사람의 재임 기간에 오늘날 우리가 '복지제도의 기본'이라 일컫는 사회연금, 의료보험, 실업급여 등 이른바 '따뜻한 제도'의 기틀이 확립되고 오늘날 독일이 표방하는 사회국가social state의 근간이 세워졌으니 이 또한 역사의 아이러니라 할 수 있겠다. 앞서 말한 대로 비스마르크가 유난히 측은지심이 많은 사람이라서 이러한 제도 마련에 앞장섰던 것이 아니다. 사회적 안정을 이루어야 좌파의 준동을 막을 수 있고, 그러기 위해서는 좌파가 내세우는 정책 가운데 받아들일 수 있는 부분은 선제적으로 도입해서 무력화시키는 편이 낫다고 판단한 것뿐이다.

이른바 좌파는 사회의 불만을 먹고 자라는 진영이다. 좌파를 무조건 나쁘게만 보는 사람이 있는데 이는 바람직한 태도가 아니다. 좌파를 막는 정치적 과정을 통해 사회가 균형을 맞춰나가는 측면이 분명히 있다. 정치에서 '좌'와 '우'라는 것은 어쩌면 상대적 개념인데, 근대 민주주의가 태동한 이래 어느 시기에나 좌파는 존재했다고 봐야 한다. 미래에도 늘 존재할 것이다. 현실 감각을 지닌 정치인이라면 그들이 자라날 사회적 불만의 토양 자체를 바꾸는 데 집중해야 한다. 그것이 바로 정치의 역할이기도 하다. 21세기가 한참 지났는데도 대한민국에는 정치의 그러한 기본 사명조차 모르는 정치인들이 많은 반면, 비스마르크는 19세기 후반에 이미 그것을 포착한, 시대를 열 발자국쯤 앞서간 진보적 정치인이었다.

보수나 진보는 말로 행세하는 것이 아니다. 백날 입으로 "나는 보수", "나는 진보"라고 하면 뭐하나. 보수라면서 보수다운 진중함이 없으면 보수가 아니고, 진보라면서 진보적인 정책을 현실에 구현해내지 못하면 그냥 입만 진보일 따름이다. 비스마르크는 역사상 대표적인 보수주의 정치인이지만, 원하든 원하지 않았든 그가 이룩한 정책은 대단히 진보적이었다. 그렇다면 그를 보수주의 정치인이라고 부를 것인가, 진보주의 정치인이라고 부를 것인가. 평가나 자임은 중요하지 않다. 문제는 '성과'다. 훌륭한 정치인은 평가에 연연해하지 않는다. 시대의 변화를 내다보고 현실을 타개하기 위해 부단히 노력할 따름이다.

강조하건대 비스마르크가 국민의 인기를 갈구하거나 후대에게 존경받길 기대해 복지제도를 선제적으로 도입한 것이 아니다. 그저 현실에 따라, '지금 마땅히 이렇게 해야 될 일이니 그렇게 하겠다'는 것이 비스마르크적인 사고방식이었다. 역시 비스마르크는 흥미로운 인물이고, 탐구할 부분이 많은 정치인이다.

❖

다시 '역사'로 시선을 돌려보자.

일반적인 외국인이 한국의 역사를 잘 모르는 것처럼, 한국인이 독일의 역사를 구체적으로 모르는 것은 당연하다. 지금 일반적인 한국인에게 "독일 역사에 대해 무엇을 얼마나 알고 있습니까?" 하고 물으면 아마 이 정도 수준의 답변을 듣지 않을까.

"수천 년 동안 유럽의 변방에 살던 게르만민족이 어느 날 갑자기 융기해 독일제국을 만들었는데, 1차대전을 일으켰다가 크게 망하고, 2차대전을 일으켰다가 다시 역사에 큰 민폐를 끼치고, 잿더미가 된 나라를 타고난 근면성으로 일으켜 세워 오늘에 이르렀다."

맞는 대목도 있고, 초점이 약간 어긋났거나 오해가 섞인 대목도 있다.

일단 이것을 알아두자. 대한민국의 전신前身에 해당하는 국가가 조선 혹은 대한제국인 것처럼, 독일의 전신 혹은 뿌리에 해당하는 국가를 프로이센으로 알고 있는 사람이 꽤 많다. 19세기 후반 독일 민족이 통일해 '독일제국'을 이루었을 당시 프로이센의 수상이 바로 비스마르크였다. 비스마르크의 이른바 철혈 정책으로 프로이센이 통일의 대업을 이루었다고 알고 있는 사람이 많다. 물론 틀린 이야기는 아니지만 여기에 하나를 더 알아야 한다. 독일 통일을 이루었을 당시 프로이센은 독일연방*의 1등 국가가 아니었다는 사실이다.

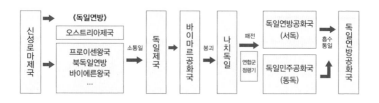

독일 통일 이전 독일연방에서 가장 힘이 센 나라는 합스부르크 가문이 이끄는 오스트리아제국이었다. 이것이 키포인트다. 독일 최초의 통일국가인 '독일제국'은 만년 2등 국가였던 프로이센이 오스트리아를 밀어내고 세운 나라다. 이를 두고 '2등이 1등을 이겼다'는 측면에만 집중하여 조직이나 국가를 운영하는 데 불굴의 의지를 강조하는 사례로 활용하는 사람들이 있는데 그것은 절반만 이해하는 태도가 아닐까 싶다.

요컨대 독일의 첫 통일**은 좀 독특하다. 어쩌면 통일이 아닌 통일로, 진정한 의미로는 오스트리아까지 포함하는 대*통일을 이루었어야 마땅하다. 하지만 독일은, 정확히 말하자면 프로이센은, 아니 더 정확히 말하자면 비스마르크는 그렇게 하지 않았다. 사실 마음만 먹으면 대통일이 그리 어려운 일도 아니었다. 그럼에도 당시 프로이센은 1등 오스트리아를 제외하고 2등부터 꼴찌에 해당하는 모든 나라를 통합해 새로운 제국을 형성하는, 다소 특이한 방식의 통일을 선택했다. 따라서 독일의 첫 통일을 이른바 소*통일이라고 부른다. 대통일을 '못한' 것이 아니라 '안 했다'는 해석이 맞고, 여기서 비스마르크의 현실주의적 안목이 빛난다.***

　이른바 대통일을 하려면 오스트리아까지 합쳐야 한다. 그런 유형의 '자기중심 통일'을 추구한 국가가 바로 오스트리아다. 프로이센은 자국의 명예와 이익을 지키기 위해서는 그런 방식에 동의할 수 없었다. 그렇다면 어떻게 할 것인가. 간단하게 생각해볼 수 있는 방법은 오스트리아를 완전히 굴복시켜 프로이센 중심의 대통일을 이루는 것이다. 평균 수준의 인식을 갖춘 정치인이라면 아마 그렇게 했을 것이다. 그러나 비스마르크는 비범한 사람이었다. 일단 종합적인 국력상 프로이센 중심의 대통일이 쉽지 않다는 사실

---

* 　나폴레옹이 신성로마제국을 해체한 후 독일어권 국가들이 모여 만든 일종의 국가연합으로, 총 39개국이 참여했다

** 　역사상 독일은 두 번의 통일을 이룬 셈이다. 첫 번째는 흩어져 있던 공국을 통합해 독일제국을 이룬 1871년의 통일이고, 두 번째는 동독과 서독이 통합한 1990년의 통일이다. 그래서 1990년의 통일을 '재통일'이라고 부르기도 한다.

*** 　당시 프로이센 안팎의 여러 정치적 이해관계가 얽혀 있지만 너무 자세한 이야기가 되니 이 책에서는 생략했다.

을 분명히 알고 있었고, 자신의 능력을 과신하지 않았다. 만에 하나 힘으로 오스트리아를 굴복시키고 프로이센 중심의 통일을 이룬다면, 오랜 세월 동안 신성로마제국의 중심이었던 오스트리아의 자존심을 깔아뭉개고 시작하는 일이 된다. 상대를 일방적으로 무릎 꿇려 이루어내는 통일이 과연 무슨 의미가 있을까. 화합이 보장되지 않는 통일이 대체 무슨 소용이 있단 말인가. 그럴 경우 통일 이후 통합과 내치內治에도 어려움을 겪을 것이다. 비스마르크는 현실을 잘 알고 있었다. 현실을 정확히 진단해야 처방도 분명해진다.

현실을 아는 능력이 어떻게 정치인에게 '비범한 자질'일 수 있느냐고 질문하는 사람들이 있는데, 권력의 꼭대기에 앉아 있는 사람이 현실을 망각하는 사례를 우리는 역사에서 숱하게 발견할 수 있다. 성과를 어느 정도 거둔 정치 지도자일수록 더욱 그렇다. 앞으로 어떤 일이든 다 해낼 수 있을 것 같다는 착각에 빠진다. 이른바 '잘나갈 때' 자신의 힘을 제어하는 것은 정치 지도자 개인에게나 정치적 집단에게나 쉽지 않은 일이다. '절제'는 정치인이 갖춰야 할 가장 중요한 요건 가운데 하나다. 그런 측면에서 비스마르크는 훌륭한 정치인이었다.

책임질 수 없는 일이라면 애초에 도전하지 않는 편이 좋다. 그럼에도 어떤 일에 착수했다면 꼭 필요한 핵심 이익은 반드시 얻어내야 하고, 속전속결로 정책을 추진해야 한다. 그것이 통일 과정에서 비스마르크가 보여준 일 처리 방식이었다. 오스트리아와의 전면전은 최대한 피하되, 피할 수 없는 전쟁은 빠른 속도로 받아들여 깔끔하게 이겼고, 돈으로 살 수 있는 지역은 돈을 주고 사버렸다. 통일을 이루는 과정에서 비스마르크가 오스트리아 왕가는 물론 프랑스, 러시아, 영국 등 주변국과 부지런히 의견을 주고받으며 외교 관계를 조율하는 과정은 그야말로 혀를 내두를 정도다. '철혈 재상'이라고 하니 비스마르크를 무슨 전쟁광 수준으로 오해하는 사람도 있는데 전혀 그렇지 않다. 오히려 정반대다. 비스마르크는 가히 외교의 신이라고 부를 만한 인물이다. 헨리 키신저가 달리 비스마르크를 좋아한 것이 아니다. 냉전 시기 키신저가 창조한 미국 외교 전략의 상당 부분은 '비스마르크 따라 하기'라고 표현해도 과언이 아니다.

덧붙이자면, 프로이센이 오스트리아까지 포함하는 이른바 대통일을 했다면 프랑스, 러시아를 비롯한 주변국들에게 불필요한 경계심을 불러일으켰을 것이다. 다시 강조하지만 힘은 절제할 줄 알 때 진실해지는 법이다. 절제할 줄 모르는 힘은 결국 스스로 꺾이고 만다. 비스마르크는 역사의 진리를 정확히 꿰뚫고 있었다. 무리수를 두지 않으면서 소통일을 이루는 한편, 군사·외교적인 수완으로 오스트리아를 제어하여 힘의 균형을 유지한 것이 비스마르크가 선택한 부국의 길이었다. 정치적 현실주의자들이 반드시 기억해야 할 모범 사례. 따라서 '2등이 1등을 이겼다'는 식으로 프로이센의 독일 통일 과정을 해석하는 것은 이렇게 훌륭한 역사의 교훈을 반쪽만 취하는 것이다.

비스마르크라는 인물의 성장 과정 또한 꽤 흥미롭다. 흔한 오해로, 비스마르크가 명문가에서 태어나 어렸을 때부터 총기가 돋보였고, 부족함 없이 자라나 승승장구하면서 요직을 밟아 수상이 되었을 것이라 상상하는 사람이 있는데 전혀 그렇지 않다. 젊은 시절, 비스마르크는 어떻게 저럴 수 있을까 싶을 정도로 부화방탕한 삶을 살았다. 뚜렷한 목표 없이 방황했고, 술과 도박에 미쳐 있었다. 여자에 홀려 가진 돈을 몽땅 뜯겼을 만큼 일상적 판단 능력마저 떨어지는 사람이었다. 집안이 귀족이긴 했지만 변변찮은 지방 토호土豪 수준이었고, 32세에 의원이 되어 정치 활동을 시작하긴 했지만 초기 성과는 변변치 않았다. 게다가 여기저기 좌충우돌하는 경향마저 보였다. 그런 사람이 40대 초반에 갑자기 수상 자리에 올라, 마치 그동안 재능을 철저히 숨겨왔던 것처럼 정치적 수완을 발휘하는 모습을 보면 반전反轉이 큰 대작 영화의 한 장면을 보는 듯한 전율이 느껴진다.

좋은 정치인은 대중적 인기에 연연해하지 않는다. 다만 역사의 도정道程에서 자신이 해야 할 일을 분명히 알고 묵묵히 실천할 따름이다. 그런 측면에서 비스마르크는 완벽한 인물이었다. 인기는 없었으나 '할 일은 다 했던' 사람이다. 그것도 왕이 아니라 총리로서 그 많은 일을 해냈다. 비스마르크가 총리로 재임할 당시 독일 국왕은 빌헬름 1세였다. 그럼에도 어떤 역사책이든 그 시대를 '비스마르크 시대'라고 적고 있지 '빌헬름 1세의 시대'라고 하지는 않는다. 그만큼 비스마르크는 역사에서 독특한 인물이다. 오늘날 '독일'이라는 이름의 무게를 만든 사람을 꼽으라고 한다면 비스마르크 말고 다른 인물을 생각할 수조차 없다.

독일 역사를 이야기할 때 비스마르크, 아데나워와 함께 빼놓을 수 없는 이름이 또 있다. 에르하르트. 세계 역사에 지식이 좀 있다는 사람조차 에르하르트라는 이름을 처음 들어본다고 말하는 경우가 종종 있다. 그러나 독일인들에게 가장 존경하는 인물을 꼽으라고 하면 에르하르트는 꼭 상위권에 들어간다. 나의 독일 친구들 중에는 아데나워보다 에르하르트를 더 좋아한다는 사람이 많다. '우리나라에는 많이 알려져 있지 않은 인물인데 독일인들은 가장 존경한다고? 도대체 어떤 사람이지?' 궁금하게 여기는 독자가 적지 않을 것이다.

나는 개인적으로 비스마르크나 아데나워보다 에르하르트를 더 좋아하고 존경한다. 인생의 롤모델로 삼는 인물이다. 지금은 우리나라에도 에르하르트를 알고 있는 사람이 많아졌는데, 감히 이야기하자면 거기에는 내 역할 또한 작지 않을 것이다. 나는 그동안 강의나 저서를 통해 에르하르트의 이름을 숱하게 언급했고, 1978년에는 〈현대경제일보〉(현재 한국경제신문)에 23회에 걸쳐 에르하르트 평전을 기고했다. 국내에 에르하르트 팬클럽 같은 것이 있다면 창립 발기인 정도에는 낄 수 있지 않을까.

에르하르트는 독일의 2대 총리다. 아데나워 다음으로 총리가 되었다. 그러나 에르하르트를 총리로서 기억하는 독일인은 많지 않다. 대부분은 '경제부 장관'으로 에르하르트를 추억하고 존경한다. 일개(?) 장관, 그것도 지금으로부터 70년 전에 장관을 맡았던 인물을 아직도 기억하고 존경한다니 일단 그것부터 주목할 만하지 않은가.

아데나워가 총리였을 때 경제부 장관을 맡은 인물이 에르하르트다. 아데나워의 총리 재임 기간은 14년, 에르하르트의 경제부 장관 재임 기간도 14년이다. 그러니 아데나워가 에르하르트를 수족처럼 부렸을 것이라고 오해하는 사람이 있을지도 모르겠다. 전혀 그렇지 않다. 두 사람은 끊임없이 반목하고 치열하게 대립했다. 그것이 우리가 에르하르트에게, 그리고 아데나워에게 배워야 할 점이다. 나아가 독일 정치가 지닌 경탄할 만한 대목이다.

흔히 독일의 민주주의를 '총리 민주주의'라고 부른다. '내각책임제'라고 하면 총리가 유약한 존재일 것이라 오해하기 쉬운데, 독일식 내각제는 전혀 그렇지 않다. 독일의 총리는 대통령중심제 국가의 대통령만큼이나 강력한 리더십을 발휘한다. 그렇다고 전권을 휘두르는 것은 아니다. 대통령중심제 국가에서 대통령과 장관은 거의 상명하복 관계이고, 우리나라에서는 더욱 그러하지만, 독일식 내각제에서 총리와 장관은 수직적이면서도 수평적인 관계를 이룬다. 각기 독립적인 존재라고 표현해도 크게 틀리지 않는다. 장관이 총리에게 무조건 복종하는 부하 개념이 아니라는 사실은 아데나워-에르하르트의 관계가 분명히 보여준다.

아데나워는 눈엣가시와도 같은 존재였을 에르하르트와 14년 동안이나 함께 일했다. 독일의 정치 구조 자체가 '그렇게 될 수밖에 없도록' 만들어져 있다. 각자의 책임과 역할을 존중하는 가운데 서로 경쟁하고 협조하는 것, 그것이 독일 정치의 힘이다. 이런 유형의 정치를 보고 자란 청년들이 지도자가 되면 그 나라는 어떤 모습이 되어 있을까? 오늘날 독일이 그러한 성장의 결과를 보여주고 있다.

현대 독일의 정치·외교적 기반을 만든 사람이 아데나워라면, 전쟁으로 폐허가 된 독일 경제를 일으켜 세우는 데 주도적 역할을 한 인물이 바로 에르하르트다. 그래서 독일 사람들은 "우리를 먹여 살린 사람"이라며 에르하르트를 칭송한다.

에르하르트는 경제학자이자 교수였다. 정확히 말하자면 교수가 되려던 찰나 히틀러가 집권하면서 교수가 되지는 못했다. 나치 정권 시절 독일에서는 교수가 되려면 나치교수연맹이라는 단체에 의무적으로 가입해야 했다. 가입 명부에 형식상 이름만 올려도 되는데 에르하르트는 그걸 거부하고 교수직을 내려놓았다. 그리고 고향인 바이에른주 뉘른베르크에 내려가 연구실을 차려놓고 홀로 공부하면서 칩거했다. 여기서 벌써 에르하르트를 존경할 이유가 생겨나지 않는가.

그러던 어느 날, 에르하르트의 친구 한 명이 연구실에 찾아와 비밀스러운 부탁을 한다. '히틀러 정권이 무너지면 독일 경제를 어떻게 재건할 것인가' 하는 내용의 보고서를 써달라는 것이다. 목숨을 걸어야 정도로 위험한 보고서였지만 에르하르트는 망설임 없이 자신의 생각을 정리해 친구에게 건넸다. 그런데 그 친구가 히틀러 암살 미수 사건에 연루돼 체포되고 만다. 게슈타포에게 보고서가 발각되었을 수 있으니 에르하르트도 숨어 지내다가 다행히 종전을 맞는다. 영화 같은 이야기이지만 에르하르트가 직접 겪었던 일이다.

종전 직후, 이제 히틀러 없는 세상이 되었으니 고향 집에 돌아와 평온하게 지내고 있는데 이번에는 미군 장교가 그를 찾아온다. 함께 갈 데가 있다는 것이다. 도착한 곳은 점령군 사령부였다. 그가 "죄지은 것이 없는데 나를 왜 이곳에 데려왔느냐" 하고 묻자, 점령군 사령관은 "내일부터는 당신이 이 지역 경제를 책임지는 사람입니다"라고 대답했다. 얼마 전까지 도망자 신세였던 인물이 하루아침에 장관이 된 것이다. 일설에 따르면 에르하르트가 친구에게 써줬던 문제의 그 보고서를 연합군이 어디선가 입수했던 것 같다. 그걸 보고 그가 연합군의 정책에 순응할 만한 인물이라 생각한 점령군 사령관이 그를 경제부 장관 자리에 앉힌 것이다. 그런데 예상과 달리 에르하르트는 결코 고분고분한 사람이 아니었다. 점령군 장교들이 '아이고, 사람을 잘못 골랐네' 하면서 후회했을지도 모르는 일이다.

아직 한국에는 에르하르트를 따로 소개하는 책이 출간되어 있지 않기 때문에 좀 더 소개하자면, 에르하르트는 연합군 측과 끊임없이 갈등했다. 연합군 장교들은 점령군 행세를 하면서 무조건 자기들 말을 따르라고 했지만 에르하르트는 사사건건 본인의 주장을 굽히지 않았다. 대표적으로 의견이 엇갈린 지점은 이것이다. 점령군은 독일 경제를 계속 통제경제 상태로 유지하려 했고, 에르하르트는 독일이 부흥하려면 하루속히 자유시장경제로 전환해야 한다고 주장했다.

점령군의 태도에도, 에르하르트의 주장에도 이해되는 측면이 있다. 승전국들은 독일이라는 이름만 들어도 이가 갈렸기 때문에 종전 이후 독일을 아예 3류 농업국가로 만들어버리고 싶어 했다. 다시는 전쟁을 일으킬 수 없도록 산업혁명 이전의 경제 수준쯤으로 되돌려놓고 싶어 한 것이다. 한편 에르하르트는 세계대전 이후 국제 질서의 변화를 내다봤다. 앞으로 세계는 자유 진영과 공산 진영의 대결장이 될 터인데, 자유 진영이 경제적으로 성공하지 못하면 공산 진영의 이념적 공세 앞에 자본주의가 무너질 수도 있다고 걱정한 것이다. 그는 독일에서도 자유 진영(미국, 영국, 프랑스 등)이 점령한 지역(서독)이 경제적으로 빨리 흥성해야 전 세계 자유 진영의 발전에 도움이 될 것이라고 예상했다.

결과가 증명하다시피 에르하르트의 견해는 그대로 들어맞았다. 아데나워와 에르하르트의 공통점이 있다면 바로 이것, "서독의 경제적 성장이 전 세계 자유민주 진영의 성패와 연결된다"라는 인식이었다. 다른 건 몰라도 이 대목에서만큼은 두 사람의 생각이 완전히 일치했다. 아데나워가 경제 분야를 에르하르트에게 거의 전적으로 맡겨두다시피 한 이유는, 큰 목표는 일치하는 것이 분명하니 작은 차이 정도는 무시했던 담대함에 있었다.

말이 나온 김에 하나 더 소개하자. 아데나워 회고록에 이런 내용이 나온다. 2차대전이 끝나고 아데나워가 어떤 역사학자를 만난 적이 있다. 그가 물었다. "앞으로 세상이 어떻게 될 것 같습니까?"

역사학자가 대답했다. "저는 과거를 연구하는 사람이지 예언을 하는 사람이 아닙니다." 그러자 아데나워가 되물었다. "우리가 역사를 공부하는 이유는 현재와 미래를 알기 위해서인데 과거만 캐는 역사는 대체 어디에 필요하단 말입니까?" 물론 역사학자가 예언자가 될 필요는 없지만 과거와 현재를 중심으로 미래에 대한 '추론' 정도는 할 수 있어야 마땅하다고 아데나워는 말한다. 아데나워 회고록 서두에 등장하는 에피소드다.

아데나워는 왜 이 이야기를 회고록 맨 앞 장에 썼을까? 모름지기 정치인이라면 역사 공부를 부지런히 해야 한다는 뜻에서다. 역사를 그저 공부만 할 것이 아니라, 역사를 공부하는 '이유'를 분명히 알고 있어야 한다는 충고의 뜻이다. 역사의 쓸모를 깨닫는 것이 정치인의 요건이다.

다시 에르하르트를 살펴보자. 우리가 에르하르트에게 배울 점은 여럿이다. 그는 무엇보다 세상의 '변화'를 알아보는 혜안을 지니고 있었다. 그리고 변화가 찾아와 자신이 특정한 역할을 맡았을 때 무엇을 어떻게 할 것인지 바로 알 수 있도록 스스로 철저한 준비를 하고 있었다. 암흑 같은 나치 독일 시절에도 그랬다. 에르하르트가 친구에게 써준 보고서가 그 '준비'의 징표 아니던가.

에르하르트에게는 천운이 따랐다. 나치가 패망하자 정말로 국가 경제를 이끌게 된 것이다. 경제 사령탑이 된 에르하르트는 그동안 구상했던 것들을 차근차근 현실로 옮겼다. 흔히 "관운이 따른다"라는 말을 듣는 정치인이 있다. 에르하르트는 분명 그런 사람이었다. 하지만 정치인에게 '운'은 '준비'와 결합할 때 빛을 발한다.

그리고 이는 개인적 행운에 그치지 않고 국가의 이익으로 결실을 맺는다. 그러한 지도자를 갖게 된다는 것은 국민으로서도 커다란 역사적 행운이 아닐 수 없다.

에르하르트가 처음부터 경제 책임자 역할을 잘했던 것은 아니다. 워낙 고집불통인 성격 탓에 점령군 사령부에 근무하는 공무원들과 곧잘 마찰을 일으키곤 했는데, 그러다 자리에서 물러나 잠깐 대학교 강단에 섰던 적도 있다. 그것도 정식 교수가 아닌 명예교수 자격 정도였다.

그러다 다시 영화 같은 일이 일어난다. 발단은 옥수수였다. 미국이 독일에 식량 지원을 해준다면서 옥수수를 보낸 것이다. 그런데 당시 독일인들은 옥수수를 돼지 사료 정도로 생각했지 사람이 먹는 것이라고 여기지 않았다. 문화의 차이였을 뿐인데 당시 독일 국민들은 미국이 일부러 독일을 조롱하려고 옥수수를 보냈다고 생각했다. 에르하르트가 연합군 점령 지역 경제부 장관 자리에서 좌천되자 후임으로 임명된 인물이 기자회견을 열어 이렇게 주장했다. "우리 독일인을 돼지처럼 여긴 행위다. 독일 민족을 무시하는 처사다!" 기자회견을 본 점령군 사령관은 크게 화를 내며 그를 해임시키고 다시 에르하르트를 불러들였다. 그때부터 에르하르트의 재도전이 시작됐다.

에르하르트가 재등판하자마자 중점적으로 한 일은 자유시장경제를 복원하는 것이었다. 이때 에르하르트는 '대형 사고'를 하나 치고 업무를 시작한다. 1948년 6월 20일, 점령군이 서독 지역에 화폐개혁을 실시하면서 에르하르트에게 포고문을 주고 그 내용을 그대로 읽으라고 지시한다. 그런데 라디오 방송에 출연한 에르하르트가 화폐개혁 조치와 함께 전혀 엉뚱한 정책을 발표해버린다. "앞으로는 배급제를 철폐한다. 가격통제도 폐지한다. 자유로운 기업 활동과 시장경제를 도입한다." 그동안 그가 꾸준히 주장해온 정책인데 점령군 장교들이 받아들이지 않자, 방송 마이크를 잡은 김에 일방적으로 발표해버린 것이다. 그야말로 대형 사고였다.

방송이 나가자 난리가 났다. 에르하르트는 점령군 사령부로 끌려가 심문을 받았다. 심문을 담당한 사람들은 점령군 사령부에서 경제 자문 역할을 맡고 있던 미국인들로, 학계에 명성이 자자한 미국 유수 대학 출신의 쟁쟁한 석학들이었다. 그런 사람들 앞에서도 에르하르트는 전혀 주눅 들지 않고 자기가 발표한 내용대로 나아가야 독일 경제가 살아난다고 주장했다. 심문관들이 비웃었다. "우리나라(미국)에서도 안 되는 자유시장경제를 패전국인 당신 나라에서 어떻게 한다는 거요?" 그냥 미국이 주는 옥수수나 먹으면서 살라는 뜻이었다.

여기서 잠깐 이 부분을 짚어보자. 어떤 사람들은 자유시장경제가 만고불변의 진리인 양 말한다. 이른바 자본주의 국가들은 언제나 줄기차게 자유시장경제만을 맹신해왔다고 오해한다. 전혀 그렇지 않다. 이른바 '자유시장경제'라는 개념이 자본주의 사회의 기본 원칙 가운데 하나로 간주되어오긴 했지만, 특정한 시기에는 특정한 이론이 자유시장경제를 보완하기도 하면서 발전해왔다는 사실을 분명히 알아야 한다. 작금의 상황에서 원칙을 강조할 것인가, 융통성 있는 정책을 결합할 것인가. 그런 것을 정확하게 판단하는 능력이 자본주의 사회에서 정치 지도자가 지녀야 할 중요한 자질 가운데 하나다. 우리가 살고 있는 자본주의 사회는 절충과 보완의 과정 가운데 발전해왔다.

자본주의의 발전사를 잘 모르는 사람들은 주야장천 자유시장경제만이 유일무이한 원칙인 줄 안다. 특정한 모델 하나를 자본주의의 모든 것이라고 오해하면서 자신이 시장경제의 견결한 수호자인 것처럼 행세한다. 그중에는 방임경제를 자유시장경제의 동의어 정도로 착각하는 사람마저 있다. "기업이 하고 싶은 대로 내버려두면 시장은 알아서 굴러가게 되어 있다"라는 식의 주장을 당당하게 하면서 '자유'라는 말만 앵무새처럼 반복한다. 자본주의의 옹호자인 것처럼 행세하고, 스스로 그렇다고 믿고 있는 그런 이들이 사실은 자본주의의 안정성을 해치는 사람들이다. 자본주의는 유일성이 아니라 다양성 가운데 살아남은 체제다. 자유가 유일이 되어서는 안 된다. 무엇을 위한 자유인지를 분명히 인식해야 한다.

다시 에르하르트와 미국 학자들의 논쟁으로 돌아가보자. 당시 점령군 사령부의 자문을 맡고 있던 미국 학자들의 입장도 이해되지 않는 바는 아니다. 당시 미국에서는 케인스 이론이 크게 유행하고 있었다. 자본주의의 종주국이라는 미국에서 '자유시장경제'가 금지어처럼 여겨지던 때였다. (미국도 그런 시기가 있었다!) 그러니 실물경제는 다뤄본 적도 없는 패전국 독일의 왕초보 정치인이 "자유시장경제로 독일 경제를 부흥시키겠다"라고 말하니 다소 가소롭게 느껴졌을 것이다. 그때 에르하르트가 했던 말이 있다. "당신들이 나를 처벌할 수 있을지는 몰라도 내 머릿속에 들어 있는 생각까지 바꿀 수는 없다."

당시 독일 점령군 사령부의 미군 사령관°이 꽤 포용력 있는 사람이었다. 젊은 독일인이 소신 있게 자기주장을 펼치는 것이 인상적이었는지—당시 에르하르트는 만 50세였다—에르하르트를 따로 불러 이렇게 말했다. "당신이 이번에 큰 실수를 한 것은 맞다. 그래도 한 번 기회를 주겠다." 에르하르트가 점령군 측에 요구한 기간은 6개월이었다. 그는 딱 6개월만 자기 생각대로 경제를 이끌어가게 해달라고, 그 기간이 지나고 나서도 성과가 없으면 자신을 처벌해도 좋다고 말했다.

결과는 어땠을까. 배급제를 폐지하고 가격통제 정책까지 폐지하니 처음엔 경제가 주춤하는 듯했지만, 머지않아 지하에 숨어 있던 상품들이 쏟아져나오기 시작했다. 기업 활동을 자유롭게 보장하니 공장에서 다시 연기가 솟고, 고용률이 올라갔다. 물가도 안정되었다. 독일 경제가 부흥하기 시작한 것이다. 자유시장경제의 대성공이었다.

그리하여 에르하르트는 처음엔 미군 점령지 경제부 장관이었다가 나중엔 영·미 공동지역 경제부 장관으로 관할 지역이 넓어졌다. 그 무렵 독일 국민들 사이에서 에르하르트는 영웅이 되어가고 있었고, 경제 분야에 있어서는 아데나워보다 더욱 유명한 사람이

°　루셔스 클레이|Lucius Dubignon Clay(1898~1978) 장군이다. 2차대전 중에는 아이젠하워의 부관이었으며, 연합군이 전쟁에 승리하자 유럽 주둔 미군 사령관으로 일했다. 나중에 소련이 서베를린을 봉쇄할 때 베를린 공수작전의 지휘관으로 이름을 날렸다.

되어 있었다. 군정 기간이 끝나고 서독에 정식 정부가 들어설 때 에르하르트가 초대 경제부 장관에 지명된 것은 지극히 자연스러운 귀결이었다. 에르하르트 말고는 그 역할을 맡을 만한 사람이 없어 보였다. '14년 경제부 장관'의 전설은 그렇게 시작됐다.

❖

독일식 민주주의의 특징을 이야기할 때 반드시 들어가야 할 키워드는 '인내와 타협'이다. 그런데 이상한 점이 있다. 지금까지의 내용을 보면 알겠지만 아데나워, 비스마르크, 에르하르트에게는 공통점이 있는데 하나같이 '센' 사람이라는 사실이다. 다들 고집이 세고 개성이 뚜렷하다. 오죽하면 비스마르크의 별명은 찔러도 피 한 방울 나오지 않는다는 뜻에서 '철혈'이었고, 아데나워의 별명은 '가톨릭 고집쟁이'였으며, 에르하르트는 '뚱보' 또는 '선거 기관차'라고 불렸다. 이렇게 고집 센 사람들의 이야기를 하면서 무슨 인내와 타협이냐고? 바로 지금 그것에 대해 말하고자 한다.

인내와 타협은 성격이 유순하다고 이룰 수 있는 것이 아니다. 독일인들이 유난히 온순해서 오늘날 발전된 민주주의 국가를 이룬 것일까? 아니다. 알다시피 독일인처럼 무뚝뚝한 성격을 지닌 민족도 드물다. 그렇다면 무엇이 오늘의 독일을 만들었을까. 그것을 소개하기 위해 이렇게 긴 이야기를 꺼냈다.

뚜렷한 원칙을 가진 사람들이 모여 서로 이해하고 타협하고 조화를 이루면서 발전해나가는 것이 정치다. 정치politics라는 용어의 원래 뜻이 그렇다. 정치의 전통이 장구한 세월을 거치며 쌓여온 국가가 독일이다. 독일은 세계대전이라는 거대한 시행착오를 겪고 나서 정치의 '기본'으로 돌아가기 위해 절치부심했다. 한편 오늘날 대한민국의 정치는 어떤가. 별로 원칙도 없고 소신도 없어 보이는 사람들이 맨날 싸우기만 하는 현장이 대한민국 정치판이다. 우리 국민의 심성이 유난히 공격적이고 야만적이라서 그런 것일까? 결코 아니다. 서로 다른 '정치 시스템'이 서로 다른 결과를 낳은 것이다.

특정한 시스템이 곧장 특정한 결과를 만들어내는 것은 아니다. 다만 특정한 시스템이 오랜 시간을 두고 쌓이다 보면 그것이 곧 전통이 되고 문화가 된다. 앞으로 이어지는 강의에서 차근차근 그러한 내용을 소개할 것이다. 다음 장에서 만나자. 우리 정치와 사회가 고쳐야 할 점, 나아가야 할 방향에 대해 함께 고민해보자.

2

보수라고 자랑하지 않는
독일의 보수

보수라고 자랑하지 않는
독일의 보수

근현대 독일 역사를 간략히 정리하자면 이렇다. 비스마르크의 주도 아래 중서부 유럽의 크고 작은 나라들이 합쳐진 독일제국이 탄생했다. 1918년 11월 혁명으로 독일 황제가 쫓겨나자 공화국을 선포하면서 탄생한 나라가 흔히 말하는 바이마르공화국이다. 바이마르공화국이 히틀러에 의해 무너지면서 생긴 체제가 이른바 나치 독일이고, 나치 독일은 2차대전을 일으켰다가 패망해 미·영·프·소 4개국에 의해 점령되었다가 동서독으로 분단되었다. 분단된 나라가 1990년 통일해 오늘에 이른다.*

바이마르공화국 헌법은 근대 민주공화국의 헌법 가운데 가장 이상적인 것으로 꼽힌다. 훗날 많은 국가들이 바이마르공화국 헌법을 베꼈고, 우리나라 헌법도 바이마르공화국 헌법을 모태로 만들었다. 바이마르공화국 헌법 제1조는 "독일은 공화국이며 국가의 권력은 국민으로부터 나온다"로 시작한다. 어디서 많이 들어본, 익숙한 문장 아닌가.

뭐든 후발 주자가 갖는 장점이 있다. 앞선 선배들이 이룬 성과와 문제점을 분석하면서 시행착오를 줄일 수 있고, 개발에 소요되는 시간을 단축할 수 있다는 점에서 그렇다. 우리나라가 그랬고, 근대화 과정에서 독일이 그랬다. 독일은 영국보다 산업화가 늦었다. 그러나 영국이 겪은 과정을 참고하면서 빠르게 압축 성장할 수 있었다. 헌법 또한 그렇다. 바이마르공화국 헌법은 후고 프로이스** 같은 법철학자, 법이론가들이 스위스, 영국, 미국 등의 헌법과 정부 구조 등을 분석하고 조합해 세상에서 가장 완벽한 정치 제도를 만들어보겠다는 일념하에 만든 헌법이다. 따라서 사람들이 좋다고 이야기하는 것들은 다 들어 있다. 그러나 가장 좋은 것들의 결합이 최상의 결과를 만들어내는 것은 아니라는 역설을 우리는 바이마르공화국 헌법에서 발견할 수 있다.

바이마르공화국의 기본적인 정체는 내각제였다. 그런데 내각 총

---

*   정확히 소개하자면 독일제국, 바이마르공화국, 나치 독일의 공식 국명은 모두 독일국Deutsches Reich으로 동일하다. 다만 편의에 따라 정체政體를 기준으로 이름을 구분할 따름이다. 바이마르공화국은 새로운 헌법이 만들어진 곳이 독일 바이마르 시市였기 때문에 그렇게 부르고, 공화국이 탄생하니 그 이전의 독일은 편의상 독일제국이라 불렀다. 나치 독일 말기에 잠깐 대독일국Großdeutsches Reich이라는 국명이 사용되기도 했다. 현재 독일의 국명은 독일연방공화국Bundesrepublik Deutschland이다.

**   후고 프로이스Hugo Preuss(1860~1925). 독일의 정치인이자 법학자. 바이마르공화국 헌법의 초안을 썼다. 나중에 나치는 그가 유대인이라는 사실을 바이마르공화국 헌법을 폄훼하는 근거 가운데 하나로 삼았다.

리 위에 다시 대통령을 두었다. 내각제 국가에서도 대통령을 두기는 하지만' 대체로 형식적인 존재에 불과하다. 그런데 바이마르공화국의 대통령은 상당한 권한을 갖고 있었다. 총리와 대통령이 견제와 균형을 이루게 하겠다는 취지였다. 거기에 국민투표제도까지 있었다. 앞서 표현한 대로 "사람들이 좋다고 이야기하는 것들은 다 들어 있는" 조합이 바이마르공화국 체제였다. 바이마르공화국 헌법은 국민의 기본권을 철저히 보장하고 있었고, 당시로서는 혁신적으로 여성에게도 투표권과 참정권을 주었다. 언론·출판·결사·표현의 자유 등을 명문화한 것은 물론, 일체의 검열과 규제에 반대하는 등 그야말로 민주주의의 천국과 같은 헌법이었다. 형식만 놓고 따진다면 지금 보아도 '어떻게 이렇게 완벽한 헌법이 있을 수 있을까' 싶을 정도다. 하지만 그렇게 훌륭한 헌법 덕분에 바이마르공화국은 15년을 버티지 못하고 무너졌다.

민주주의가 부족해 바이마르공화국이 나치당에게 정권을 빼앗긴 것이 아니다. 오히려 민주주의가 지나쳐 히틀러와 같은 선동꾼이 정치 지도자 반열에까지 오를 수 있었고, 민주주의를 악용해 희대의 악당들이 집권할 수 있었던 것이다. 그렇다면 민주주의 자체가 잘못된 것일까? 물론 아니다. 바이마르공화국의 정치 시스템에도 문제가 있었지만, 몰락의 현실적 원인은 역시 경제 상황에 있었다. 1차대전의 승전국들은 패전국 독일에게 가혹하리만치 막대한 배상금을 요구했다. 게다가 전 세계적으로 경제공황까지 닥쳤다. 경제가 뿌리째 휘청거리고 국민들이 극심한 생활고에 시달리는 가운데 히틀러라는 인물이 혜성처럼 나타나 "우리가 겪는 모든 불행의 원인은 유대인과 공산주의자들에게 있다"라는 식으로 선동하니 대중이 열광한 것이다. 민주주의가 '빈곤' 앞에 얼마나 취약한 시스템인지 보여주는 사례다. 동시에 민주주의가 선동과 결합하면 어떠한 결과를 낳는지 보여주는 적나라한 사례이기도 하다. 카를 포퍼**는 "민주주의란 무력을 사용하지 않고 정권을 교체할 수 있는 것"이라고 명쾌하게 정의했다. 그에 따르면 나치도 민주주의다. 히틀러는 국민을 총칼로 위협해 정권을 잡은 것이 아니다. 형식상으로는 순전히 합법적인 절차에 따라 집권했다.

독일의 반성은 이러한 모순에 대한 고민으로부터 시작한다. 바이마르공화국은 어디서부터 어떻게 잘못된 것일까. 나치 독일과 같은 부끄러운 역사를 되풀이하지 않으려면 어떤 나라를 만들어야 하는 걸까? 전후 독일 정치인들은 그것을 고민했다. 뼈를 깎는 반성과 성찰을 통해 독일을 새롭게 만들려고 노력했다. 그렇게 가꾸고 다듬어 이룬 것이 오늘날 독일의 정치·경제·사회 시스템이다. 문제가 발생하면 원인을 철저히 분석하고 반드시 뜯어고쳐야 직성이 풀리는 것이 독일 국민의 민족성이기도 하다. 자동차에 결함이 발견되면 나사 하나까지 해체해 처음부터 다시 살피는 결벽증에 가까운 독일인의 성향은 정치 제도에도 고스란히 반영되어 있다. 그러한 완벽주의가 모순을 일으켜 바이마르공화국이 무너

---

* 왕이 없는 나라에서 대체로 그런 방식을 택한다.

** 카를 라이문트 포퍼Karl Raimund Popper(1902~1994). 오스트리아 태생의 영국 철학자. 저서 『열린 사회와 그 적들』로 유명하다.

졌지만, '나치 이후' 독일인들은 완벽을 추구하는 자세 자체가 잘 못은 아니라는 생각 아래 새로운 완벽을 추구해나갔다.

2차대전 발발에서부터 오늘에 이르는 독일의 역사를 살펴보면, 인간이란 엄청난 실수를 한번 저질러봐야 질적으로 성장하는 우매한 존재라는 교훈을 깨닫게 된다. 독일의 보수 진영은 인간과 역사에 대한 겸허한 시각을 바탕으로 다시 태어났다. 인간의 한계를 인정하고 겸허한 태도를 보이는 경향을 우리는 흔히 '보수'라고 말한다. 성찰하면서 앞으로 나아가려는 의지의 결과를 '진보'라고 부른다. 진정한 진보는 진정한 보수로부터 나오는 법이다.

"독일의 보수 정당 이름에는 왜 '기독교'라는 수식어가 들어가 있습니까?"

독일 정치와 관련된 강의를 할 때 종종 듣는 질문이다. 아주 좋은 질문이다. 누군가는 무심히 흘려보냈을 사안에서 탐구의 실마리를 찾는 사람에게는 존경의 인사를 건네야 마땅하다.

독일의 양대 정당은 CDU와 SPD다. 한국 언론에서 CDU는 기민당(기독민주당), SPD는 사민당(사회민주당)이라고 줄여 부르는데 사실 CDU는 기민당이 아니라 '기민련'이라고 부르는 것이 적절하다. CDU에서 U가 Union의 앞 글자이기 때문이다. 그럼에도 '정당'이라는 성격을 분명히 하기 위해 우리나라에서는 '기민당'이라고 불러주는데, 왜 정당의 명칭에 Party(독일어로는 Partei)를 넣지 않고 Union을 붙였는지도 의문을 가질 만하다. 그것이 지금의 독일 정치, 정확히 말하자면 2차대전 이후의 독일 정치, 나아가 독일의 보수주의에 대해 설명할 수 있는 좋은 단초가 된다.

독일의 보수 정당이 굳이 기독교를 앞세운 이유는 여럿이지만, 가장 큰 이유는 2차대전 직후 독일에서는 보수의 '보' 자도 꺼내기 힘든 상황이었기 때문이다. 굳이 진영으로 구분하자면 히틀러의 나치당은 우익에 속한다. 물론 나치는 우익 중에서도 굉장히 굴절된 우익, 우익이라고 말할 수도 없는 변태 집단에 불과하지만 어쨌든 그런 우익의 집권으로 처참한 역사를 경험했으니 2차대전 직후 독일에서는 스스로 우익이라 칭하는 집단이 등장할 수 없었다. 심지어 보수, 우익, 우파와 비슷한 뉘앙스의 명칭조차 사용하길 꺼렸다. 그래서 찾아낸 대안 혹은 도피처(?)가 바로 '기독교'다.

그렇다고 CDU가 종교적인 정당인 것은 아니다. 종교와 아예 무관한 것도 아니다. 아데나워 회고록을 보면, 종전 이후 새로운 정당을 만들 때, 정당의 명칭을 정하기 위해 고심하는 과정에 꽤 많은 분량을 할애하고 있는 것을 발견할 수 있다. 고민의 핵심은 '나치 독일의 시대를 넘어 우리는 무엇을 반성하고 무엇을 대안으로 삼을 것인가' 하는 문제다. 아데나워에 따르면 전통을 중시하는 가치관, 개인·가족·지역 공동체를 소중히 여기는 자세, 국가주의적 사고관에 대한 배격, 신과 인간 앞에 겸허한 태도…… 이런 것들이 보수적 가치관인데, 그것을 지향하면서도 보수라는 용어를 사용하지 않고 표현할 방법이 뭘까 고민하다가 찾아낸 것이 '기독교'라고 한다. 보수주의를 대체할 다른 이름으로 기독교를 '발견'

했다고 해도 과언이 아니다.

독일과 기독교는 인연이 깊다. 독일과 기독교가 밀접하다고 말하면 의아하게 생각할 사람도 있을 텐데, 2005~2013년 재위했던 교황 베네딕토 16세*가 독일 출신이다. 유럽 역사를 흔히 고대-중세-근대로 구분하는데, 중세에서 근대로 넘어가는 계기가 된 사건으로 흔히 르네상스와 종교개혁을 꼽는다. 그 종교개혁의 발상지가 독일이다. 종교개혁가 마르틴 루터**가 독일 사람 아니던가. 전쟁으로 상당수 파괴되긴 했지만 독일 곳곳에 있는 웅장한 성당들이 독일 사회에서 오랫동안 기독교가 차지했던 위상과 역할을 말해준다. 이쯤 되면 독일과 기독교의 떼려야 뗄 수 없는 관계를 알 수 있을 것이다. 독일 사회에서 기독교는 전통의 상징이고, 지역 공동체의 상징이며, '보수'와 '개혁'을 함께 떠올릴 수 있는 이중적인 개념이기도 하다.

아데나워는 CDU를 만드는 데 핵심적인 역할을 한 인물이다. 그러나 그가 CDU를 만드는 과정은 결코 순탄하지 않았다. 가장 큰 애로 사항은 새로운 보수 정당을 만들겠다고 했을 때 점령군이 보인 곱지 않은 시선이었다. 그들은 아데나워가 나치 잔당들을 긁어모아 새로운 나치당을 만들려고 하는 것은 아닌지 의심했다. 이게 참 웃지 못할 대목 아닌가. 아데나워는 원래 쾰른 시장이었다가 나치가 집권하면서 시장직에서 쫓겨난 사람이다. 히틀러 암살 미수 사건에 연루돼 수용소에 갇혀 있다가 천신만고 끝에 풀려난 사람이기도 하다. 연합군이 며칠만 늦게 진주했으면 수용소 안에서 즉결 처분을 당했을 수도 있었다. 그런 사람이 새로운 나치당을 만들려 한다고 의심받을 정도였으니 당시 점령군이 독일을 어떤 시선으로 바라보았는지 알 수 있다. 동시에 당시 보수나 우익에 대한 독일 안팎의 시선이 어땠는지도 짐작할 수 있다.

화제를 조금 돌려보자. 연합군이 진주한 뒤 다시 쾰른 시장직을 맡은 아데나워는 전쟁으로 피폐해진 도시를 재건하기 위해 동분서주했다. 그는 행정을 함께 이끌어갈 공직자를 찾아보았는데, 과거에 히틀러에 협조하지 않은 사람이 없을 정도였다. 적극적 협조냐 소극적 협조냐의 차이만 있을 뿐 실은 나치 독일 시대를 평온하게 살았다는 것 자체가 나치당에 협조한 것이나 마찬가지였다.*** 그런 사람들을 다 빼놓고 새로운 행정조직을 만들자니 도저히 인재를 찾을 수가 없었다. 그래서 적극적 나치 협력자를 제외하고 웬만한 사람은 능력을 중심으로 등용했는데 그것이 점령군과 SPD에게 공격의 빌미가 되었다. 아데나워가 나치당을 부활시키고 있다는 소문이 떠돌았다.

아데나워 회고록에 이런 대목이 있다.

---

* 　　본명은 요제프 알로이지우스 라칭거Joseph Aloisius Ratzinger로 독일 바이에른주 출신이다.
** 　마르틴 루터Martin Luther(1483~1546)는 독일 중동부 작센안할트주 출신이다.
*** 단적인 예로, 교황 베네딕토 16세 역시 나치 독일 시절 히틀러유겐트에 가입한 바 있다. 물론 청소년은 누구나 의무적으로 가입해야 하는 조직이었지만, 나라의 운명이 흔들릴 때 국민이 어떠한 삶을 살게 되는지 보여주는 사례이기도 하다.

"중범죄를 저지른 나치를 자유롭게 활동하게 하는 데 내가 협조하지 않으리라는 것은 명백하다. 그러나 사람의 마음이 얼마나 약한지 또한 나는 잘 알고 있다. 독재국가를 직접 체험해 본 사람이라면 국가에 반항하는 것이 얼마나 큰 용기가 필요한 일이며 자신과 가족에 대해 어떤 위험을 무릅써야 하는 일인지 이해할 수 있다. 아무튼 내 생각으로는, 그때 필요한 것은 자기 성찰이었다. 영웅주의는 일상적인 것이 아니다."

이 대목에서 우리 근현대사가 자연히 겹쳐 떠오른다.

교단 일부가 협력하긴 했지만, 독일에서는 그나마 나치에 가장 크게 저항한 세력이 기독교였다. 히틀러를 메시아처럼 숭배하는 나치 이념과 기독교의 교리가 부합하지 않았던 것이다. 기독교는 독일 사회에서 갖고 있는 전통적 권위 때문에 히틀러가 함부로 탄압하지 못한 세력이기도 했다. 그래서 나치 부역자 비율이 비교적 적은 기독교 진영을 중심으로 만든 것이 오늘날 독일 최대 보수 정당인 CDU다. 서독을 점령하고 있는 자유민주주의 국가(미국, 영국, 프랑스)의 군인들도 기독교에 대해서는 유화적이었으므로, 아데나워 입장에서는 점령군과의 관계를 원만하게 풀기 위해서라도 '기독교'라는 이름을 앞세우는 것이 좋겠다는 포석 또한 있었다.

요컨대 '보수주의'라는 이름을 돌려 표현하기에 가장 좋은 이름이 당시 독일에서는 기독교였다. 어느 시기에나 정당의 이름을 정할 때는 이런 부분을 참고할 필요가 있다. '민주'나 '보수'라는 이름을 대체할 수 있는 다른 표상^{表象}을 모색하라는 뜻이다. 민주를 앞세운다고 민주 정당이 되는 것이 아니고, 보수라는 용어를 정당 이름에 기어이 넣는다고 보수 원류가 되는 것이 아니다. 자유니 정의니 공화니 하는 추상적 개념어 또한 마찬가지다.

아데나워와 점령군과의 관계가 내내 순탄한 것만은 아니었다. 아데나워가 거주하는 쾰른시는 처음엔 미군이 진주했는데 나중에 영국군 점령지로 바뀌었다. 아데나워는 미군과의 관계는 좋았지만 영국군과는 관계가 그리 좋지 않았다. 아니, 최악의 수준이었다.

배경을 설명하자면 이렇다. 2차대전 직후 패전국 독일 국민을 대하는 미국과 영국의 태도가 약간 달랐다. 미군은 좀 유화적이었던 반면 영국군은 감정적인 편이었다. 영국인에게는 전통적으로 대륙 사람들을 얕보는 오래된 감정이 있는 데다, 그들이 2차대전 당시 독일군에게 당한 인명과 재산상 피해 또한 상당했기 때문이다. 미군은 나치와 독일 국민을 분리해서 바라보았지만, 영국군은 독일 국민 대다수를 잠재적 나치 협력자로 간주하면서 말 그대로 '점령군' 행세를 했다.

또 다른 상황이 있었다. 2차대전 막바지인 1945년에 치러진 영국 총선에서 노동당이 승리했다. 영국 의회 640석 가운데 노동당이 393석을 획득해 단독 과반을 차지한 압도적인 승리였다. 정당 투표에서도 노동당이 47.7%를 차지해 보수당을 10%p 이상 차이로 따돌린, 영국 역사상 유례를 찾아보기 힘든 압승이었다. 따라서 당시 영국의 분위기는 좌파 쪽으로 흘렀다. 영국군 점령 사령부도 친노동당 인사들로 채워졌다. 상황이 이러니 영국군 장교들은 독일의 사회민주주의자(SPD 당원)들에게는 꽤 우호적이었고, 그 반대편으로 보이는 정당에게는 까칠했다. 아데나워로서는 겹겹의 어려움이었던 것이다.

여기서 주목할 부분이 있다. 독일 SPD의 태도다. 2차대전 직후부터 연합군 점령기를 거쳐 1949년 서독 정부가 세워지기까지 독일 SPD가 보인 행동은 오만한 정당이 선거를 치르면 어떤 결과를 맞게 되는지를 보여주는 역사적 사례로 삼을 수 있다.

2차대전이 끝나자 SPD는 자신들의 세상이 왔다고 여겼다. 강경한 보수든 온건한 보수든 이제 독일에서 보수의 시대는 끝났고, 다시는 독일 땅에 보수 정당은 등장하지 못할 것이라 예상했다. 나치에게 굴복하지 않고 끝까지 저항한 세력은 자신들뿐이라는 오만하고 그릇된 생각마저 갖고 있었다. 그래서 CDU가 생겨나려는 조짐이 보이자 SPD 당원들은 깔보는 듯한 태도를 보였고, 영국군 점령 지역에서는 점령군의 힘을 빌려 CDU 활동을 방해하기까지 했다.

1875년 생겨난 SPD는 독일에서 가장 오랜 역사를 갖고 있는 정당이다. 그러니 이제 막 생겨난 CDU는 애송이쯤으로 여겼다. 역사의 결과를 말하자면 1949년 총선에서 SPD는 CDU에 밀려 2위를 했다. 총리직도 CDU의 아데나워에게 내주고 말았다. 그 뒤로도 오랫동안 집권하지 못한 SPD는 1959년 절치부심의 자세로 정강 정책을 완전히 바꿔 환골탈태를 선언했다. 그리고 나서도 10년이 지나서야 첫 집권에 성공할 수 있었다. 오만한 정당은 국민이 심판하는 법이다.

반대로, 창당한 지 몇 개월 되지 않은 신생 정당 CDU가 첫 선거에서 바로 집권하고 20년 동안이나 정권을 이어나간 과정을 살펴보면 정치에서 '시간'은 그리 중요한 조건이 아니라는 사실을 깨닫게 된다. 진짜 중요한 것은 "국민의 염원과 시대의 변화 흐름을 얼마나 정확히 반영하고 있는가" 하는 점이다. 그에 따라 태어난 지 1년 된 정당이 100년 된 정당을 이길 수도 있는 것이다.

말이 나온 김에 1945년 영국 총선에서 노동당이 압승할 수 있었던 이유를 살펴보자. 당시 영국 노동당이 잘했던 것도 있지만, 보수당이 오만했던 탓이 컸다. 2차대전 막바지에 치러진 그해 선거에서 영국 국민의 최대 관심사는 단연 경제 문제였다. 당시 노동당은 주택 보급과 일자리 창출을 주요 공약으로 내걸었고, 처칠이 이끈 영국 보수당은 치안과 안보를 주요 이슈로 삼았다. 전쟁이 이미 끝나가고 있었는데도 말이다. 게다가 처칠은 노동당을 게슈타포라고까지 부르면서 거칠게 몰아세웠다. 처칠 본인은 속 시원한 정치적 공격이라며 뿌듯해했을지 모르지만 영국 국민으로서는 황당하기 그지없는 발언이었다. 바로 얼마 전까지 보수당과 노동당은 전시戰時 거국내각을 구성하고 있었으니 말이다. 그동안 게슈타포와 연정을 했단 말인가.

당시 영국의 보수당은 15년 가까이 장기 집권을 하고 있었다.

1931년 총선에서는 615석 가운데 470석이라는, 단독 과반을 넘어 3분의 2 수준의 의석을 차지하는 압도적 승리를 거두기도 했다. 2차대전 중에 영국이 국가적 위기 상황에 처하다 보니 국민은 정권 교체가 아닌 정권 연장을 선택했고, 운 좋게 15년 집권을 이어갈 수 있었던 것뿐이다. 보수당은 그러한 행운을 완전히 잘못 해석하고 있었다. 자신들이 정치를 잘해서 국민이 지지하는 것이라고 착각하고 있었다. '전쟁 영웅' 처칠이 이끈 1945년 총선에서 영국 보수당은 대패^{大敗}했다. 보수당으로서는 세계적으로 부끄러운 대패였다. 처칠에 대한 부끄러운 격언까지 시중에 회자됐다. "위기에 능한 지도자가 평시에까지 능한 것은 아니다."

정치에서 압도적인 승리는 압도적인 문제를 일으키기 마련이다. 오만한 정권과 정당은 반드시 국민의 심판을 받게 된다. 어느 시기 어느 나라 정치에서든 그렇다.

다시 독일로 돌아가자.

앞서 언급한 대로 아데나워는 별명 가운데 하나가 '가톨릭의 고집쟁이'였을 정도로 완고한 사람이었다. 아데나워가 친서방 정책으로 오늘날 독일의 부강을 일구었다고 하니 미국이나 영국에 비굴하게 아부해서 성과를 거두었을 것이라고 오해하는 사람이 있을지도 모르겠다. 전혀 그렇지 않다. 아데나워는 승전국을 향해서도 할 말을 다 했고, 그것 때문에 사사건건 부딪히기까지 했다. 나치 독일을 탄생시킨 독일 국민으로서 반성할 것은 반성하되 결코 당당함을 잃지 않았다. 그것이 오늘의 독일을 만든 또 하나의 기둥이다.

영국군 점령기에 아데나워가 쾰른 시장직에서 물러나게 된 이유는 말을 잘 듣지 않았기 때문이다. 대표적인 일화가 벌목 반대 사건이다. 오늘날 쾰른시를 방문해본 사람들은 알겠지만 도시 주변에 아름드리나무가 잘 식재되어 있다. 1932년 아데나워가 쾰른 시장으로 있을 때 심은 나무다. 2차대전이 끝나고 영국 점령군이 그것을 땔감으로 쓰자고 제안한 적이 있다. 아데나워는 격렬히 반대했다. 어떻게 심은 귀한 나무인데 베어버리느냐는 것이었다. 점령군 입장에서는 황당할 만도 했을 터. 전쟁으로 폐허가 되어 시민들이 죽느냐 사느냐 하는 마당에 패전국 주요 도시의 시장이 환경과 미래를 운운하며 벌목을 반대하고 있으니 말이다.

물론 아데나워가 대책 없이 벌목을 반대한 것은 아니었다. 그는 벌목 대신 다른 지방의 석탄을 가져오는 방법을 제안했다. 어쨌든 아데나워는 쫓겨났다. 영국군 사령부에 불려가 면직 통보를 받았는데, 새파랗게 젊은 장교들이 의자에 비스듬히 앉아 비웃고 있고, 칠십 고령의 아데나워는 꼿꼿이 차렷 자세를 한 채로 서서 명령을 듣는 수모를 겪어야 했다. 면직 결정에 이의가 있느냐는 질문에 "나인!"(없소!) 한마디만 하고 무뚝뚝하게 돌아섰다는 일화가 유명하다.

나중에 아데나워가 독일 총리가 됐을 때, 취임식장에서 그때 그 영국군 사령관을 만난 적이 있다. 겸연쩍은 듯 안부를 묻는 사령관에게 아데나워가 했던 대답이 익살스럽다. "저희 집에는 잊을 수 없는 사건을 모아놓은 두 개의 서류철이 있습니다. 한 서류철의 제목은 '나치에 의한 파면'이고, 다른 하나는 '해방자에 의한 파면'입니다."

아데나워는 다양한 별명과 일화를 남겼는데 그중 하나가 '자기 표로 당선된 사람'이다. 1949년 8월 14일에 치러진 독일(서독) 총선 결과 연방의회 의석 배분은 이러했다.

- 기민당CDU/기사련CSU: 139(+2)석
- 사민당SPD: 131(+5)석
- 자유민주당FDP: 52(+1)석
- 독일당DP: 17석
- 바이에른당: 17석
- 공산당KDP: 15석
- 경제건설동맹WAV: 12석
- 중앙당: 10석
- 국민우파: 5석
- 슐레스비히연합: 1석
- 무소속: 3석

  ■ 총계: 402(+8)석

의석 숫자 뒤에 붙은 +2나 +5는 베를린 지역 의원을 말한다. 당시 서독 의회에서는 베를린 지역 의원을 선출하기는 했지만 의결 권은 주지 않았다. 따라서 전체 의석에서는 제외해도 되는 숫자다.

이렇게 총 402석 가운데 CDU가 139석을 차지해 SPD를 8석 앞섰지만 단독 과반을 확보하지는 못했다. 그래서 이념적으로 가장 가까운 정당인 자유민주당에게 연립정부 구성을 제안해 191석을 만들었고, 거기에 다시 독일당을 파트너로 끌어들여 보수 진영이 208석으로 과반을 넘었다. 이로써 독일 최초의 흑황 연정*이 만들어졌다.

이어서 총리 투표가 실시됐다. 사실 보수 진영이 확보한 의석 수로 보면 아데나워가 무난히 총리가 되는 것이 맞는데 당 안팎에 아데나워의 고집스러움을 좋아하지 않는 의원들이 있었다. 아데나워는 SPD 당수인 슈마허**와 표 대결을 벌여 1표 차이로 간신히 이겼다. 아데나워에게는 좀 부끄러운 일이기도, 화가 날 만한 일이기도 했다. 개표가 끝나자 기자들이 달려와 물었다. "아데나워 박사님, 당신은 자기 자신에게 투표했습니까?" 아데나워의 대답이 걸작이다. "물론입니다. 그렇게 하지 않는 것이 제게는 위선입니다."

1표 차이로 총리가 되었다는 사실이 뭐 그리 중요한가. 주눅들

---

* 기민당의 상징색이 흑색, 자민당은 황색이어서 붙은 이름이다.

** 쿠르트 슈마허Kurt Schumacher(1895~1952). 23세에 SPD에 입당했으며 나치 독일 시절에는 강제수용소에 10년 동안 수감되어 있었다. 종전 이후 SPD 당 대표를 지냈다. 슈마허는 서독 초대 대통령 선거에도 나섰으나 자유민주당 대표인 테오도어 호이스Theodor Heuss에게 패했다.

필요 없다. 1표 차로 이기든 100표 차로 이기든, 일단 이긴 사람에게는 국민이 선출한 '지도자'가 되었다는 역사적 책무만이 남을 따름이다. 그러한 당당함으로 아데나워는 자신에게 주어진 길을 뚜벅뚜벅 걸어갔다.

❖

한 발 더 들어가 독일 정치를 살펴보자.

앞에서 1949년 독일 총선 결과를 소개하면서 '기민당CDU/기사련CSU'이라고 표기한 것을 의아하게 여긴 사람들이 있을 것이다. CDU가 기민당인 건 알겠는데, CSU는 또 뭘까? 왜 이 두 정당은 하나로 묶여 있을까?

CSU는 '기독교사회연합'의 이니셜이다. 한국에서는 기사련이라고 줄여 부르며, CDU의 자매 정당이라고 할 수 있다. CDU와 CSU는 독일 의회에서 원내 교섭단체를 이룬다. 그래서 독일 총선 결과를 보면 꼭 CDU/CSU라고 표기한다.

독일의 교섭단체제도는 꽤 독특하다. 우리나라에서는 특정한 정당이 일정한 의원 숫자를 충족하면 원내 교섭단체가 되고, 한 개 정당으로 숫자가 모자라면 군소 정당 여럿이 뭉쳐 교섭단체를 만들기도 한다. 독일도 그렇다. 그런데 독일 정치에는 아주 특이한 점이 있다. '교섭단체는 같은 선거구에 중복해 입후보할 수 없다'는 조항이 있다. 예컨대 A당과 B당이 교섭단체를 구성했다고 하자. A당이 서울 종로에 후보를 내면 B당은 종로에 후보를 내지 못한다. 만약 중복해서 후보를 내면 교섭단체 요건을 충족하지 못한다. 즉 독일은 선거의 결과로 교섭단체를 만드는 것이 아니라, 일상적 '정치 동맹'으로 교섭단체를 대한다는 것이 우리와 현격히 다른 지점이다. 독일 의회의 교섭단체 요건은 이렇게 엄격할 뿐 아니라, 교섭단체가 갖고 있는 권한과 책임, 의원 개개인에게 미치는 통제력 또한 강력하다.

CSU의 독일어 정식 명칭은 Christlich-Soziale Union in Bayern이다. 맨 끝의 'in Bayern'에서 알 수 있듯 기사련은 바이에른 지역을 기반으로 한다. 거의 바이에른 지역에서만 활동하는 정당이라고 보면 된다. 따라서 CDU는 바이에른주에 후보를 내지 않는다. 바이에른에서는 CSU 후보가 곧 CDU 후보라고 보면 된다.

CDU와 CSU가 교섭단체 관계를 형성한 지 벌써 80년이 되어간다. 1949년 첫 선거부터 지금까지 정치적 동맹 관계를 유지해왔기 때문이다.

"그렇다면 통합을 하면 되지 왜 하지 않는 것인가?" 이렇게 묻는 독자들이 있을 것이다. 그것을 정확히 소개하려면 독일 정당들의 뿌리와 변천 과정, 독일의 지역 문화적 특징까지 훑어가며 설명해야 할 텐데 내용이 너무 길어질 테니 생략하자. CDU와 CSU 사이에 약간의 이념적 차이가 존재한다고 보면 된다. 굳이 구분하자면 CSU가 CDU보다 약간 더 보수적이고 기독교적이다. 그럼에도 90% 정도는 생각이 일치하기 때문에 양당이 교섭단체라는 한 배를 타고 있는데, 2015년에 난민 문제로 CDU와 CSU가 갈라설 뻔한 적이 있다. 쉽게 예상하겠지만 CSU가 난민 문제에 있어

CDU보다 보수적이다. 앙겔라 메르켈 총리가 시리아 난민을 받겠다고 하자 CSU가 극렬히 반대하면서 교섭단체 결렬까지 언급했지만 메르켈은 꿈쩍도 하지 않았다. CSU 내부에서는 바이에른주 독립을 검토해야 한다는 농담 섞인 주장까지 나올 정도였다. 어쨌든 그럼에도, 오랜 역사와 전통 가운데 CDU와 CSU는 정치적 동맹 관계를 유지해오고 있고, 앞으로도 둘의 관계는 쉽게 깨지지 않을 것이다. 참고로, 독일연방(전국) 차원에서 교섭단체를 형성하고 있는 정당은 CDU/CSU가 유일하다. 독일 정치에서 교섭단체는 정치적 명운을 함께하는 '혈맹' 관계다. 쉽게 만들어지지도 않고, 쉽게 깨지지도 않는다.

여기서 덧붙여 소개할 사항이 있다. 1949년 8월 독일 총선 결과를 더욱 정확히 이야기하자면 당시 CDU는 제1당이 아니었다. CDU/CSU가 교섭단체로서 139석을 얻은 것이니 엄밀히 말하면 단일 정당으로 제1당은 SPD였다. 그래서 당시 독일 대통령에 선출된 테어도어 호이스*는 아데나워가 총리 후보로 나서는 것을 만류했고 좀 더 유연한 사람이 총리가 되길 바랐다. 이처럼 보수 진영이 전폭적으로 아데나워를 지지하지 않았으니 SPD 당수인 슈마허가 자신만만하게 나서서 총리 자리를 놓고 의회에서 표 대결을 벌였던 것이다. 아데나워는 그야말로 천신만고 끝에 총리가

---

* 1884~1963. 독일의 초대 대통령. 자민당(FDP) 출신으로 훌륭한 인품 탓에 정파와 정당에 관계 없이 존경받았다. 독일 대통령은 명예는 있지만 실권은 없다. 현재 독일 정부에서 국가 지도자가 이용하는 전용 비행기는 2대인데 각각 아데나워기, 호이스기로 불린다.

된 셈이다.

'2등' 프로이센이 독일제국을 만든 것처럼 2등 정당이 연립정부의 마법을 발휘해 총리를 배출하고 집권당도 될 수 있는 것이 독일식 내각제가 갖고 있는 가장 큰 장점이다. 1등이 집권당이 되지 못했다고 공정하지 못하다고 생각할 필요 없다. 민주주의는 '과반'의 이념이다. 과반을 넘지 못한 1등은 민주주의 정치에서는 완전한 1등이라고 볼 수 없다. 연합을 통해 과반을 만들어내는 것은 대의민주주의의 당연한 과제다. 국민이 그러라고 정치인을 뽑아준 것이다. 요컨대 민주주의의 이념과 원리를 가장 잘 구현하고 있는 제도가 내각책임제다.

1949년 8월 치러진 독일 총선의 주요 이슈 역시 경제 문제였다. 전쟁으로 폐허가 된 나라를 어떻게 되살리고 민생을 어떻게 회복할 것인가. 그런데 당시 SPD의 주요 공약은 기간산업을 국유화하고 계획경제를 도입하겠다는 것이었다. 물론 SPD의 거대한 패착이었다.

당시 서독 지역에는 소련 및 동독, 동유럽 지역에서 추방된 독일인이 많아 공산주의에 대한 사회적 공포감이 적지 않았다. 물론 SPD는 공산당과 거리가 멀다고 하지만, 공산주의와 비슷하게 보이는 이들의 공약에 유권자들은 거부감을 가졌다. 게다가 1949년은 세계가 냉전 질서로 확연하게 양분될 즈음이다. SPD의 노선은 서방 점령군 사령부로부터도 호의적인 반응을 얻기 어려웠다. 실제로 미국과 영국, 서유럽 등 자유민주 진영 국가들은 CDU의 승리를 음양으로 응원했다.

자, 여기서 우리가 관심 있게 살펴볼 대목이 있다. 바로 CDU다. SPD의 사회주의적 공약에 맞서 CDU는 어떤 공약을 내걸었을까? SPD에 대한 반대급부로 완전한 자유시장경제를 도입하겠다고 주장했을까? 자본주의 경제 질서를 옹호하겠다고 외쳐댔을까? 아니다. CDU가 내세운 것은 '사회적 시장경제'였다.

이 '사회적 시장경제'라는 용어에 대해 한국에는 몇 가지 오해와 편향이 있는 것 같다.

첫째, '사회적'이라는 수식어가 들어가 있다 보니 그것을 마치 사회주의의 변용인 것처럼 오해하는 사람들이 있다. 굳이 설명하자면, '금전'이라는 용어와 '금전만능주의'라는 말이 동의어가 아니듯 '사회'와 '사회주의'도 같은 말이 아니다. '사회'를 강조한다고 자본주의 경제 질서에 어긋나는 것이 결코 아니라는 뜻이다. 제대로 된 자본주의 국가야말로 지극히 사회적인 체제다. 이것을 언어 모순이라고 여기면 안 된다. 왜 자본주의가 사회와 동떨어진 용어여야 하는가? 왜 시장경제와 '사회적'이라는 수식어는 결합할 수 없다고 생각하는가? 그렇게 생각하는 사람들은 자신의 사고 회로를 되돌아볼 필요가 있다.

둘째, 1949년 독일 총선 당시 SPD가 사회주의 계획경제를 내세우고 독일 국민 상당수가 이에 동조하는 것 같으니까 CDU가 여론에 편승하는 차원에서 사회적 시장경제라는 신조어를 만들어냈을 것이라고 상상하는 사람들이 있다. 독일 역사와 정치경제학의 계보를 잘 모르는 데서 비롯된 오해다. 일단 1949년 독일 총선의 분위기가 그렇게 좌파 친화적이 아니었을뿐더러, 사회적 시장경제는 단발성으로 만들어낸 선거 구호가 아니다. 사회적 시장경제라는 용어는 1949년 이전부터 있었고, 현대 독일 역사를 관통하는 개념이기도 하다. 오늘의 독일 경제는 사회적 시장경제의 결과다.

'사회적 시장경제'는 독일의 보수 정당 정치인들이 보수주의적 신념 아래 CDU의 정강 정책으로 흔쾌히 받아들인 개념이다. 전후 CDU의 노선을 확정할 때 "사회적 시장경제는 사회주의적인 개념이니까 보수 정당의 정책으로 어울리지 않는다"라며 반대한 정치인은 아무도 없었다. 만약 그렇게 주장했다면 아마도 무식한 사람 취급을 받았을 것이다.

이참에 지적하자. 한국에서는 '사회'라는 용어만 들어가도 사회주의의 동의어처럼 생각하거나 자본주의에 어긋나는 것처럼 여기는 자칭 보수 진영 사람들이 있다. 그렇게 생각하는 사람들은 사회라는 용어의 의미뿐 아니라 '자본주의'라는 용어의 의미조차 모르는 사람들이다. 자본주의의 역사와 성장 과정에 대해서도 전혀 모르는 것이다.

1987년 우리나라에서 새로운 헌법을 만들 때의 일이다. 내가 '경제민주화' 조항(헌법 제119조 2항)을 입안하고 그것을 사회적 시장경제의 개념으로 설명하자 전경련(전국경제인연합회)을 비롯한 일부 경제 단체 사람들이 나를 "사회주의자"라고 지칭했다. 지금도 그렇다. 사회적 시장경제를 말하면 좌파니 사회주의자니 하면서 색

안경을 끼고 바라보는 사람들이 일부 있다.

이 부분에 대해서는 일단 좀 거칠게 말할 수밖에 없다. '사회적 시장경제'라는 말만 꺼내도 좌파라고 공격하는 것에서 우리나라 보수 진영의 이념적 일천함이 엿보인다. 이것은 이념의 문제가 아니라 역사 공부 자체를 하지 않았다는 뜻이고, 학교 교육 과정에 인문학적 창의성을 발휘하는 훈련이 빠져 있는 데서 비롯된 결과다. '이것 아니면 무조건 저것'이라는 식의 편협함은 올바른 보수주의자의 태도가 아니다. 세상 어느 나라 보수가 그렇게 외골수란 말인가. 기실 보수주의는 고집이나 독단이 아니라 사회를 지켜내겠다는 융통성으로부터 생겨난 사상이다. 역사상 가장 대표적인 보수주의자로 꼽히는 비스마르크가 그렇지 않은가. 우리나라의 자칭 보수는 보수주의적인 태도의 기본조차 제대로 갖추지 못한 세력이라는 생각이 들 때가 많다.

대한민국 보수의 이런 비뚤어진 인식은 이념을 명분 삼아 동족이 서로를 죽이고 결국 전쟁까지 치르면서 자유로운 토론이 오가는 정치·학문 풍토가 사라져버린 데서 비롯한다. 그리하여 대한민국의 이념 지형은 대단히 경직되고 불균형한 모양으로 자라나게 되었다. 이런 점을 이해하고 감안한다 하더라도 오늘날 대한민국의 보수는 지나치게 도식적이라고 지적하지 않을 수 없다.

독일의 사회적 시장경제는 사실 '신자유주의'에 뿌리를 두고 있다. 이런 말을 하면 도대체 무슨 소린가 하며 고개를 갸웃하는 한국의 보수 진영 인사들이 많다. 그에 대해서는 뒤에 자세히 설명할 기회가 있을 것이다. 다만 아데나워 회고록에 등장하는 다음

구절을 소개하도록 하자.

> "이 집중화 조치가 실행된다면 경제 권력이 집중되고 중소기
> 업이 위축되거나 붕괴될 것이다. CDU는 중소기업을 더욱 강화
> 해 경제 영역에 진정한 민주주의가 싹틀 수 있도록 노력할 것
> 이다."

2차대전 이후 점령국들은 독일이 더이상 산업 국가로 발전하지
못하도록 철강, 석탄, 화학 같은 기간산업을 아예 없애버리려고 했
다. 혹은 이들 산업 분야를 통폐합해서 일률적으로 관리하기 쉬
운 체제로 만들어버리려 했다. 앞의 인용문에 나오는 '이 집중화
조치'라는 표현은 그런 상황을 가리킨다. 이에 맞서 아데나워와
CDU는 '경제 영역에서의 민주주의'를 주장하며 사회적 시장경제
를 보수 정당의 모토로 앞세웠다.

한국에서 '경제민주화'를 이야기하면 "경제는 경제 용어이고 민
주는 정치 용어인데 어떻게 이 둘이 결합할 수 있느냐"라고 되묻
는 사람이 있다. 1987년 헌법을 만들 때 전경련을 비롯한 일부 경
제 단체 사람들이 그랬고, 지금도 그런 이야기를 반복하는 언론
인이나 이른바 보수 인사들이 있다. "경제는 경제 용어, 민주는 정
치 용어"라니, 세상에 이런 황당한 이분법이 어디 있을까. 사회과
학의 기초를 모르는 것이다. 정치와 분리된 경제가 어떻게 존재할
수 있으며 경제와 동떨어진 정치는 또 어디에 위치하는가. 머리와
몸통을 떼어놓고 인간을 말하는 격이다.

"경제는 경제 용어, 민주는 정치 용어"라는 국적도 없는 발언을 당당하게 하면서 국민을 선동하는 행위는 일종의 '우익 포퓰리즘'이라고 규정할 수 있다. 그럴듯한 이분법으로 사람을 속인다는 측면에서 말이다.

대한민국이야말로 정치와 경제의 강력한 결합으로 성장한 국가 아니던가. 우리나라의 산업화 과정이 그랬다. 물론 그 과정에서 정경유착의 폐해가 컸고, 그런 폐해를 극복하자는 차원에서 '시장경제의 기본질서'를 강조하는 것까지는 이해하지만, 그렇다고 '정치 따로 경제 따로'라니 애당초 있을 수도 없는 논리다. 그럼에도 불구하고 굳이 '경제 따로'를 강변하면서 경제민주화를 극구 부정하려는 사람은 그 의도를 의심해볼 필요가 있다.

특정한 이념이나 체제 혹은 정치인의 투철한 '수호자'라고 외치는 사람치고 정말로 그 대상에게 도움이 되는 경우를 본 적이 없다. 마음으로 응원을 보내면서도 그 이념·체제·인물이 비뚤어지지 않도록 자꾸 시정해주는 것이 진정한 수호자의 역할이다. 자유민주주의와 시장경제는, 그것을 지킨다면서 '경제 따로'를 외치는 사람들의 무지와 무책임, 탐욕으로 인해 무너지게 될 것이다. 좌익의 준동만 걱정할 일이 아니다. 우익의 무지도 문제다.

보수주의란 무엇인가. 보수주의의 창시자로 흔히 영국의 정치가 에드먼드 버크Edmund Burke(1729~1797) 경을 꼽는다. 그가 쓴 『프랑스 혁명에 대한 성찰』을 흔히 "보수주의의 교과서", "보수주의 이념을 처음으로 제안한 책"이라고 부른다. 그런데 잔뜩 기대를 갖고 그 책을 꼼꼼히 읽었지만 보수주의의 '보' 자도 등장하지 않아 당황스러웠다고 말하는 어느 청년의 말을 듣고 껄껄 웃은 적이 있다.

당연하다. 많은 사람들이 보수주의를 정연한 사상·이념·체계 등으로 알고 있는데 사실 보수주의는 일종의 '태도'에 가깝다. 18세기 말에 발발한 프랑스혁명의 흥분된 감정이 유럽 전역으로 퍼져 나가기 시작했는데, 서구의 보수주의는 그러한 급진주의적 흐름에 대항하는 차원에서 생겨난, 말하자면 방어적 개념이다.

다시 말해 '급진적인 변화에 반대하면서 기존의 체제와 질서를 존중하는 태도'를 보수주의라고 정의할 수 있다. 그렇다고 구태舊態를 무작정 옹호하자는 것이 아니다. "옛것에는 옛것 나름의 이유가 있을 것"이라고 '성찰'하는 태도가 올바른 보수주의자들의 자세다. "바꿀 것은 미리 바꿔서, 급진 세력이 자라나고 사회가 혼란스러워지는 사태를 미연에 방지하자"라는 '예방'의 태도가 올바른 보수주의자들의 관점이다. 나중에 보수주의가 체계화되면서 나름의 이론적 정합성을 추구하긴 했지만, 강조컨대 보수주의는 정교한 이론이라기보다는 상당 부분 '태도'에 관한 것이다. 태생으로서의 보수주의는 그렇다.

한편 우리나라의 보수는 어떤가. 한마디로 '반공 보수'다. 급진적 변화에 반대하는 차원에서 생겨난 방어적 보수가 아니라, 서로가 서로를 죽인 동족상잔의 결과로 생겨난 '적대적 보수'다. 공산주의라면 치를 떠는 지극히 완강한 '공격적 보수'이기도 하다. 나역시 공산 정권 치하를 경험해봤기 때문에 공산주의라면 지긋지긋하고, 전쟁 중에 나의 할머니가 북한 인민군에게 살해당했기 때문에 감정적 앙금 또한 크다. 하지만 공산주의와 비슷한 뉘앙스를 조금만 풍겨도 철저히 억압했던 반공 만능주의가 우리 사회의 이념 지형을 지나치게 대립적이고 경직되게 만든 원인 가운데 하나임은 부인할 수 없다.

지금 한국에서는 보수주의의 재정립이 시급하다. 아직까지 우리나라에서 '보수주의'라고 하면 여전히 반공주의와 동일어쯤으로 이해하는 사람들이 적지 않다. 주로 '자칭' 보수주의자들이 그렇다.

"자유시장경제를 무조건 옹호해야 보수"라는 엉뚱한 분위기가 보수 진영 내부에 일종의 공식처럼 자리잡고 있는 것도 문제다. 그들이 지향하는 자유시장경제가 무엇인지 이야기를 들어보면 그냥 방임경제에 가까운 경우가 많다. 경제 세력이 자기 마음대로할 수 있게 내버려두고 국가는 최대한 개입하지 말자는 것이다. 더구나 이들은 복지제도에 적대적인 태도마저 보인다.

'보수=방임경제, 무한경쟁, 반反복지'라니, 세상에 이런 기괴한 보수는 없다. 보수주의라는 이념 및 태도와는 하등 상관없는 보수다. 그러면서 스스로 보수주의자라고 착각하고 있으니, 아무리 보수주의가 각 나라의 역사와 문화 가운데 나름의 형태로 정립된다고는 하지만, 이렇게 꽉 막힌 보수는 세상에 드물지 않을까 싶다. 보수라고 자처하는 사람치고 제대로 된 보수가 없다. 보수는 입으로 만들어지는 것이 아니기 때문이다.

"보수주의가 무엇입니까?"라는 질문을 받으면 나는 늘 '조화'라
고 이야기한다. "정치는 무엇입니까?"라는 질문을 받아도 똑같이
대답한다. 조화를 추구하는 일이 정치다. 정치의 목적과 역할은
사회의 조화와 안정을 도모하는 것이고, 그래서 보수주의는 정치
의 기본이다. 제대로 된 보수라면 말이다.

극단적 시장주의자들은 모든 것을 시장에 맡겨놓으면 만사형통
일 것이라고 주장한다. 그렇다면 국가(정부)의 역할은 무엇인가. 정
치의 역할은 무엇인가. 정치와 국가의 본연의 역할은 조화를 추구
하는 일이다. 개입을 통한 조화와 질서를 추구하지 않고 자연(?)에
맡겨두자는 주장은 그냥 정치를 포기하자는 말과 똑같다.

사회주의자들은 계획경제니 국유화니 계급독재니 하는 이상한
방식으로 조화가 아닌 인위적 평등을 추구하다 결국 몰락의 길을
걸었다. 이른바 사회주의 이론이란 것을 살펴보자. 사회주의자들
의 전매특허였던 계획경제는 기본적으로 생산력의 급격한 증강을
목표로 한다. 그리하여 풍족해진 물질적 결과를 인민에게 균등하
게 나눠주겠다는 것이 사회주의자들이 추구하는 이상향이다. 그
런데 계획경제를 추진하려면 생산수단(토지, 공장 등)을 빼앗아 국
가(집단)의 소유로 만들어야 한다. 그러면 이미 생산수단을 갖고
있던 사람들(자본가, 지주 등)이 반발하는 것이 당연하다. 그러한 반

발을 '인민의 독재'를 통해 제압하겠다는 것이 사회주의자들의 사고방식이다.

사회주의자들의 몽상이 현실에서 완전히 파탄났다는 것은 굳이 소개할 필요조차 없다. 그런데 앞에서 사회주의 이론에 관해 듣다가 고개를 갸우뚱한 사람이 많을 것이다. 1960~1970년대 우리나라의 산업화가 사실은 사회주의 발전 방식이었기 때문이다. 당시 우리나라는 생산력 증강을 무엇보다 우위에 두었고, 그 목표를 달성하기 위해 국가가 많은 것을 집중적으로 통제하고 관리했다. 정권에 반발하는 세력은 공권력으로 내리눌렀다. 우리나라가 온통 '자본주의적으로' 발전해온 나라가 아니라는 뜻이다. 처음부터 자본주의가 융성해 우리나라가 이만큼 발전한 줄 알고 있는 사람이 있다면 자신의 착각을 깨달아야 한다.

그러나 몰락한 사회주의 국가와 우리나라 같은 자본주의 신흥 공업국 사이에는 중대한 차이점이 있다. 우리의 계획경제는 기본적으로 시장경제를 인정하는 바탕 위에서 이루어졌다는 사실이다. 욕망이 숨 쉴 수 있는 구조를 만들어놓고, 그러한 구조의 토대 위에 추진력의 엔진을 달았다고 표현할 수 있겠다.

사회주의자들이 저지른 가장 큰 실수는 무엇인가. 그들에게는 인간의 욕망을 인정하지 않으려는 묘한 습성이 있다. 인간에게는 두 가지 본능이 있다. 하나는 생존의 본능이고, 다른 하나는 탐욕이다. 생존의 본능은 '욕심'이라고 말할 수 있는데, 욕심이 지나치면 곧 탐욕이 된다. 사회주의자들은 인간의 욕심을 무조건 탐욕으로만 치부하면서 욕망 자체를 제어하려고 했다. 인간에 대한 이해 자체가 부족했던 것이다. 개별적 인간이 모인 구성체가 곧 사회인데, 인간에 대한 이해가 잘못되어 있으니 사회에 대한 그들의 시각 또한 왜곡될 수밖에 없었다. 그렇게 사회를 잘못 인식했던 사람들이 사회주의자라고 자처했으니 그 또한 역사의 아이러니다.

하지만 사회주의자들의 생각이 완전히 틀린 것은 아니다. 지나친 욕심, 즉 탐욕은 사회적으로 제어해나갈 필요가 있다. 다른 사회 구성원들의 욕망을 잠식하며 사회의 조화로운 발전을 방해하는 탐욕은 제어하는 것이 제대로 된 자본주의 사회에서 국가가 해야 할 일이다. 정부가 시장의 지배자나 플레이어가 될 필요는 없지만, 일종의 심판으로서 시장의 '질서'를 유지해줘야 하는 것이다.

요컨대 인간의 본능인 욕망과 욕심을 실현하는 차원에서 시장경제는 자유롭게 보장되어야 하지만 거기에는 '사회 전체의 이익에 장기적으로 부합하는'이라는 전제조건이 반드시 따라붙어야 한다. 그것이 바로 사회적 시장경제다.

사회적 시장경제는 보수주의와 충돌하는 개념이 결코 아니다. 보수주의자일수록 사회적 시장경제에 충실해야 마땅하다. 그것이 오히려 보수의 원류源流에 가깝다.

나는 개인적으로 독일 SPD보다는 CDU에 더 많은 친구를 두고 있다. 그런데 CDU의 친구들 가운데 스스로 보수라고 내세우는 이는 없다. 이야기를 나눠보면 태도 면에서 독일의 보수가 한국 보수보다 훨씬 더 진중한데, 그들은 스스로 보수라고 칭하지 않는다. 사회의 조화롭고 안정된 발전을 추구하려는 경향이 독일의 보수주의자들에게서는 강하게 느껴진다.

SPD 또한 그렇다. 독일의 SPD가 계획경제나 국유화 노선을 버린 지는 꽤 오래되었지만, SPD 소속 의원들을 만나보면 근로자의 편이 되려고 노력하고, 노동의 사회적 가치를 앞세우려는 태도가 여전하다는 느낌을 갖는다. 한국의 자칭 진보 진영 정치인들보다 훨씬 진보적이다. 그럼에도 SPD 당원 누구도 스스로 진보를 앞세우지 않는다.

독일에는 보수도 없고 진보도 없다. 오로지 '정책'이 있을 따름이다. 각각의 사회적 과제를 놓고 그것을 어떻게 풀어나갈 것인지 선후차를 고민하고 미래를 논증할 따름이지, 특정한 잣대에 따라 '보수라면 마땅히 이렇게 해야 한다', '진보라면 당연히 이래야 한다' 같은 도그마가 없다. 독일인들은 고집스럽고 이론적인 것 같으면서도 실용적이다. 보수든 진보든 좌파든 우파든 어떤 계층에 속해 있든, 독일인들은 입으로만 행세하려는 사람을 기본적으로 경멸하는 경향을 보인다.

우리는 어떤가. 우리나라에는 유난히 자칭 보수도 많고 자칭 진보도 많다. 그럼에도 제대로 된 보수도 없고 제대로 된 진보도 없다. 이것이 두 나라의 아주 큰 차이다.

3

'변해야 산다'를 깨달은
독일의 좌파

'변해야 산다'를 깨달은
독일의 좌파

이른바 공산주의 이론을 정립한 사상가 카를 마르크스가 독일 사람이라고 하면 적잖은 사람들이 "생각해보니 그렇네요" 하면서 고개를 끄덕인다. 종교개혁을 이끈 마르틴 루터도 독일 사람이고 세계 혁명을 선동한 카를 마르크스도 독일 사람이다. 독일에서는 왜 이렇게 반항아(?)들이 많이 탄생한 걸까. 의아하게 생각할 사람도 있을 것이다.

얹어 말하자면 '낭만주의'가 태동한 국가도 독일이다. 계몽주의를 대표하는 사상가가 프랑스의 장자크 루소라면 낭만주의의 시조로는 흔히 헤르더*를 꼽는데, 이 헤르더가 독일 사람이다.

계몽주의는 프랑스어 뤼미에르lumières를 한자문화권에서 번역하다 보니 생겨난 용어고, 낭만주의는 로

맨티시즘romanticism을 한자로 옮긴 것이다. 뤼미에르는 원래 '빛'을 뜻하는데, 그것을 '계몽주의'로 바꾼 것은 썩 괜찮은 번역이지만, 로맨티시즘을 그저 낭만주의로 음차한 것은 약간 아쉬운 대목이 아닐 수 없다.**

계몽주의를 한자 그대로 해석하면 무언가를 '일깨우는' 사상이다. 프랑스혁명의 도화선이 된 계몽주의는 천 년 동안 유럽을 지배하던 신과 왕의 속박으로부터 벗어나 '사람(혹은 개인)의 가치'를 일깨운 사상이라고 말할 수 있다. 즉 계몽주의는 기존의 사회질서와 관념, 권위에 대한 일체의 반발로부터 시작된 이념이다. 사람은 누구나 태어나면서부터 자유와 평등의 권리를 가졌다는 사고 또한 계몽주의에서 비롯됐다.

범박하게 해석하자면 낭만주의는 지나친 계몽주의에 반대하는 기류에서 시작했다. 계몽주의가 인간의 권리를 발견한 것까지는 좋았는데 정도가 지나쳐 오히려 인간 개개인의 심성을 무시하고 비인격적으로 타락하면서 편향되어가자, 이에 대한 비판과 반성으로부터 출발한 것이 낭만주의다. 프랑스혁명의 결과는 나중에 얼마나 참혹하게 굴절되었는가. 초기에는 왕을 쫓아내고 인민의 나라가 되었다고 좋아했지만 서로 죽고 죽이는 비극이 오랫동

---

* 요한 고트프리트 폰 헤르더Johann von Gottfried Herder(1744~1803). 칸트와 함께 낭만주의의 시원을 이루는 철학자. 세계 철학사의 측면에서는 칸트의 이름에 미치지 못하지만, 독일 내부적으로는 괴테, 셸링, 슐레겔, 헤겔 등 수많은 학자와 예술가들에게 영향을 미쳤다.

** 로맨틱에서 로망roman은 발음에서 연상되다시피 고대 '로마'를 어원으로 하고, 낭만浪漫은 '로망'을 발음 그대로 한자로 옮기는 과정에 생겨난 말이다.

안 계속되었고, 결국 나폴레옹이라는 군정軍政을 맞이하게 되었다. 그러자 혁명에 대한 회의감마저 생겨났다. 그럴 때 지나치게 이성적인 것, 지나치게 절대적인 것, 지나치게 원칙적인 것을 거부하고 인간 본연의 감성을 강조하며 등장한 사조가 바로 낭만주의다. 또한 개인의 정치적 권리도 좋지만 '공동체(사회)의 가치가 얼마나 소중한지 다시 돌아보자'라는 주장이 낭만주의적 발상이기도 하다. 낭만주의는 나중에 민족주의에 상당한 영향을 미친다.

독일은 철학의 국가다. 흔히 '근대 철학' 하면 독일을 떠올릴 정도로 온갖 철학 사조가 독일에서 태어나고 집대성되었다. 독일에서는 왜 그렇게 철학이 흥성했을까. 일단은 지리적인 요건 때문 아닐까. 과거 독일은 유럽인이 오가는 길목에 있어 온갖 사상가들이 의견을 주고받기 좋았던, 사상 유통의 허브와도 같은 나라였다.

또 다른 이유도 있다. 지금은 지도를 펴놓고 보면 독일이 유럽의 중심에 있는 것처럼 보이지만, 고대 문명의 발상지인 그리스나 로마 입장에서 보면, 나아가 영국이나 프랑스의 입장에서 보면 독일이라는 나라는 유럽 변방에 있는 지역이었다. '춥고 음습한 지역에 사는 게르만'이라는 인식이 수천 년 동안 유럽인들의 머리에 각인되어 있었다. 그러한 소외감이 독일 나름의 민족의식을 낳았고, 독일인들은 '우리끼리 잘살아보자'는 생각과 함께 일종의 대외적 반항심을 내면 깊숙이 쌓아두고 있었다. 자아와 세계를 인식하기 좋다는 것은 철학이 탄생하기 좋은 환경이라는 뜻이다. 독일은 홀로 조용히 생각하고 캐묻기 좋아하는 사람들의 나라가 되었다.

그렇게 독일인들의 사고에는 '독일인'이라는 자각과 '유럽인'이라는 생각이 공존해왔다. 어떤 때는 독일인이라는 주체성이 앞서고, 다른 때에는 유럽인이라는 보편성이 앞섰다. 어느 쪽의 생각이 어떤 식으로 압도적이냐에 따라 독일의 역사는 부침을 겪었다.

하나 더 살펴볼 점이 있다. 독일은 산업화를 늦게 겪었다. 영국에서 발생한 산업혁명은 제임스 와트가 증기기관을 발명한 1769년을 기점으로 19세기 초반에 대폭발을 이루었다. 영국에서 시작한 산업화는 다음으로 프랑스로 건너갔다. 프랑스의 산업화는 정치적 혁명과 내전으로 인한 사회적 혼란이 조금 잠잠해지는 1820년 즈음에 본격적으로 시작됐다. 독일은 프랑스보다 더 늦어, 비스마르크가 부국강병을 전면에 앞세운 19세기 중반에 이르러서야 산업혁명이 시동을 걸었다. (물론 아시아는 이보다 더 늦어 19세기 말~20세기 초중반에 가서야 산업화가 시작된다.*)

뭐든 이렇게 늦게 변화를 받아들인 지역은 나름의 소외감과 함께 열정적인 추월 의지를 갖기 마련이다. 19세기 중후반 독일이 그랬다. 흔히 말하는 사회 내부적으로 굉장히 '다이내믹한' 시대가 그 무렵의 독일이었다. 영국, 프랑스, 독일 등의 국가에서 민족주의,

---

* 영국, 프랑스, 독일은 각각 50년 정도 시차를 두고 산업화를 이루었고, 아시아는 거기서 다시 100년 정도가 늦었다. 특정한 국가나 지역이 성장하는 과정에 100년의 격차는 실로 엄청난 것이다. 따라서 '산업화'에 있어 세계가 어느 정도 평준화를 이루었다고 말할 수 있는 시기는 인류의 역사에 비추어보면 극히 최근의 일이다. 100~200년을 두고 산업화의 성과를 천천히 응축시킨 국가, 그것을 40~50년 사이에 짧게 압축적으로 이루어낸 국가 사이의 정치·사상적 거리는 상당하다. 지금 세계는 지식정보사회로 진입하는 또 다른 경쟁이 계속되는 중이다. 현재 대두되는 여러 가지 국제적인 이슈는 이러한 역사와 현실 사이에서 벌어지는 사건들이다. 무릇 정치인이라면 이러한 시야 가운데 대한민국의 진로를 그려볼 수 있어야 한다.

제국주의가 언제 어떻게 싹텄는지를 각국의 산업혁명 시기와 견주어 살펴보면 우리는 묘한 교훈을 얻을 수 있다. 개인이든 국가든 먹고살 만해지면, 갑자기 부자가 되면, 사람은 '다른 것'을 꿈꾸게 된다.

다시 마르크스로 돌아와보자. 현실에서 공산주의를 표방했던 국가들이 워낙 처참하게 무너지다 보니 마르크스의 이론 전체를 헌신짝처럼 취급하는 경향이 있지만 마르크스라는 '학자' 자체가 환기시킨 문제 자체는 참고할 만하다. 마르크스는 당시 독일과 유럽의 경제 발달 상황을 정교하게, 실증적으로 분석한 연구자였다. 분석은 잘했는지 모르겠으나 해결 방법이 워낙 엉터리라서 인류 역사에 커다란 민폐를 끼쳤지만.

지금 우리는 자본주의라는 용어를 아주 자연스럽게 사용한다. 그런데 "자본주의는 무엇인가?" 또는 "자본주의 이론을 누가 발명했는가?" 물으면 모두가 고개를 갸웃한다. 그도 그럴 것이 자본주의는 공산주의처럼 정형화된 이론이 아니기 때문이다. 자본주의는 개념 자체가 애매하고, 자본주의의 창시자라는 것은 더더욱 존재하지 않는다. 자본주의는 하나의 현상 또는 흐름으로, 어느 순간 우리가 자본주의라고 부르는 것이 자연스레 태동(혹은 본격화)했을 따름이다.

사실 자본주의란 19세기 중후반 공산주의자들이 유럽 산업사회를 비꼬는 의미에서 만들어낸 말이다. 마르크스의 대표적인 저작의 제목이 『자본Das Kapital』 아니던가. 흔히 '자본론'이라고 부른다. 공산주의 혁명을 주장하고 노동의 가치를 역설한 마르크스의 저작 제목이 '평등론'이나 '분배론' 혹은 '혁명론'이나 '노동론'이 아니고 왜 하필 '자본론'이었을까. 그것이 바로 마르크스의 뛰어난 점이자 한계이다. 마르크스는 산업혁명과 함께 비약적으로 역할이 드러난 '자본'의 성격에 주목해 그것을 분석하고 비난하는 일에만 집중했다. 마르크스의 자본론을 필두로 '지금은 자본(돈)이 모든 것을 지배하는 사회'라는 경멸의 의미로 공산주의자들이 '캐피탈리즘capitalism'이라는 용어를 사용했고, 그것이 오늘에 이른다. 물론 지금은 자본주의라는 용어를 그러한 경멸의 뜻으로 사용하는 사람이 별로 없지만 유래 자체는 그렇다.

첨언하자면, 이런 이유로 과거에는 이른바 자유시장경제학을 표방하는 어떤 경제학 이론서에도 '자본주의'라는 용어가 등장하지 않았다. 상대방이 우리 진영을 경멸하려고 만든 용어를 우리 스스로 사용하는 것은 좀 어색하지 않은가. (냉전 시기에도 서방은 '자유 진영'이라 자부했지 '자본주의 진영'이라고 자임하지는 않았다.) 학문적으로도 자본주의가 무엇인지 설명하는 일은 꽤 곤혹스럽다. 뚜렷이 학술적인 용어라고 말하기 어렵기 때문이다.

학술적 차원에서 마르크스 이론이 갖는 특징이라고 한다면 자본주의를 정태靜態가 아니라 동태動態로 분석하고 설명했다는 사실이다. 현상을 그저 분석만 한 것이 아니라 거시적으로 바라보면서 앞으로 어떻게 나아갈 것인지 예측까지 한 것인데, '자본은 성격상 끊임없이 증식할 수밖에 없다'라는 사실을 마르크스는 나름대로 논리적으로 입증했다. '자본은 끝없이 증식한다'는 말을 다르게 표현하면 "(자본)투자가 지속적으로 이루어지지 않으면 소득도 일자리도 생겨나지 않는다"라는 뜻이다. 우리는 여기서 역설적인 사실을 하나 발견할 수 있다. 마르크스 자신도 '자본주의가 생산력 증대에 있어서는 역사상 최고의 체제'라는 사실 자체는 인정하고 있었다는 것이다. (마르크스는 자본주의 체제를 찬양한 사람이었다?) 그러나 마르크스는 '끊임없이 증식하는 자본주의는 결국 괴물이 될 것이니 뒤집어엎어야 한다'는 엉뚱한 결론에 다다른다.

마르크스의 치명적 잘못은 자본주의가 민주주의와 결합해 스스로 모순을 시정할 가능성이 있다는 특성을 배제한 것이다. 마르크스가 자유주의나 민주주의 이념의 존재를 몰랐던 것은 아니다. 그러나 그는 자본주의 사회에서 정치는 자본가들의 앞잡이 노릇만 할 것이며, 자본주의가 정치적 자유주의와 민주주의를 압도할 것이라고 내다봤다. 현실은 어떤가. 마르크스의 예상이 전혀 틀린 것만은 아니었지만 역사의 결과는 달랐다. 자본주의는 살아남기 위해 자기 수정을 거듭했다. 반면, 마르크스의 선동으로 만들어진 현실에서의 사회주의-공산주의 국가들은 그러지 못했다.

마르크스는 그런 부분을 너무 얕잡아봤다. 당면한 현상에 대한 분석은 잘했을지 모르나 인간과 세상에 대한 통찰은 부족했던 것이다.

❖

마르크스주의는 이른바 자유시장경제학에도 적잖은 영향을 미쳤다. 경제학 이론은 마르크스의 주장을 받아들이면서 혹은 반박하면서 더욱 풍성해졌다고 말할 수 있다.

대표적인 인물이 오스트리아 출신 경제학자 조지프 슘페터*다. 마르크스가 죽은 해에 태어난 묘한 인연을 갖고 있는 슘페터는 29세에 발표한 『경제발전론Theorie der wirtschaftlichen Entwicklung』을 통해 경기변동 이론을 도입하여 마르크스와는 완전히 다른 방향에서 자본주의를 동태적으로 설명한다. 그러면서 "자본주의는 혁신을 통해 살아남을 것"이라고 주장한다. 20세기 경제학에 한 획을 긋는 역사적인 저작이다.

보다 원숙한 나이가 된 59세에 출판한 『자본주의, 사회주의, 민주주의』에서 슘페터는 '기업가 정신entrepreneurship'이라는 용어를 사용하면서 기업가의 창조적 혁신이 자본주의를 지켜낼 것이라고 예언한다. 한편으로 민주주의와 제대로 결합하지 않으면 성과의 분배로부터 밀려난 불만 세력에 의해 자본주의가 위험한 상황에 처할 수도 있다고 경고한다. (그래서 슘페터는 경제학자이자 정치학자로도 불린다.)

슘페터는 자본주의를 지극히 사랑한 나머지 자본주의의 미래

---

* 　조지프 알로이스 슘페터Joseph Alois Schumpeter(1883~1950). '창조적 파괴'라는 개념으로 유명하다. 1·2차 대전을 겪으며 여러 나라를 옮겨 다니며 살다가 최종적으로는 미국에 안착했다. 케인스와 함께 현대 경제학의 양대 거두로 꼽힌다.

를 걱정한 학자라고 표현할 수 있다. 방직공장을 운영하는 신흥 자본가 집안에서 태어난 슘페터가 젊은 시절에 천착했던 문제는 "자본주의란 무엇인가?"였다. 자본주의의 첫 위기라고 불리는 대공황의 시대를 겪으면서 그는 '자본주의는 과연 살아남을 수 있을까?' 하는 점을 고민했다. 결과적으로 슘페터는 자본주의는 영원할 것이라고 예측한다. 오늘의 자본주의는 어제의 자본주의를 부정하는 가운데 끊임없이 발전할 것이라고 내다본 것이다. 요컨대 슘페터는 자본주의를 형태가 고정된 기계가 아니라 끊임없이 모습을 바꾸면서 생명력을 유지하는 유기물이라 여겼고, 그것이 자본주의의 위대함이라고 역설했다.

슘페터 하면 떠오르는 용어는 역시 이노베이션innovation이다. 지금이야 일상적으로 쓰이는 표현이지만 슘페터는 자본주의의 생존과 발전을 보장하는 핵심적인 단어로 이 '혁신'을 언급하면서, '혁신이야말로 자본주의의 모든 것'이라고 역설했다. 그는 혁신하지 않으면 자본주의는 살아남을 수 없고, 혁신의 요체가 바로 기업이며, 한편으로 자본주의 자체가 혁신을 부르는 체제라는 점을 논증했다.

슘페터는 자본주의 사회의 혁신 요소로 다섯 가지를 제시한다. 새로운 상품, 새로운 기술, 새로운 시장, 새로운 자원, 기업의 새로운 운영 방법. 그리고 그것을 민주주의와 연결해서 강조한다. 슘페터는 민주주의 또한 '경쟁을 통해 집권하는 것'이라고 자유시장의 원리에 따라 표현하면서, "경쟁을 통해 집권하려면 결국 민심을 끌어와야 한다, 그러려면 국민에게 '제공하는 것'이 있어야 한다"라고 방향을 제시했다.

경제학에서 가계는 효용을 극대화하고 기업은 이윤을 극대화하는 주체다. 그렇다면 정당은 무엇을 극대화하기 위해 노력하는 존재인가? 정당은 국민의 지지를 극대화해 살아남는 존재다. 국민의 지지를 극대화하려면 결국은 정치가 국민의 효용을 증대시킬 수 있다는 믿음을 줘야 한다는 것이 슘페터의 주장이다. 효용을 다투는 경쟁(선거)이 민주주의를 발전시킨다. 슘페터는 정치에서 경쟁은 '선거'로 집약되며, 따라서 민주주의가 발전하려면 무엇보다 선거 제도가 잘 구축되어야 한다고 강조한 인물이기도 하다.* 선거 결과에 담긴 민심을 올바로 헤아려야 혁신적인 정치도 가능할 것이다.

간단히 다른 인물을 한 명 더 언급하자. 마르크스에 앞서 독일의 경제학자 프리드리히 리스트**는 『정치경제학의 국가적 시스템 Das nationale System der politischen Ökonomie』에서 '정치경제학'이라는 용어를 사용한다. 정치와 경제가 따로 떨어져 있지 않고 밀접히 결합되어 있다는 주장이다. 그는 또 근대 민주주의가 발전하는 과정에서 정치와 경제가 국가를 단위로 펼쳐지는 현상에 주목하며 '국가적 시스템'***을 강조한다. 그리고 그 과정에서 국가가 어떤

---

* 선거가 없는 정치는 결국 망한다. 사실 그것은 '정치의 실종'이다. 현실의 사회주의 국가들이 망한 이유다.

** 게오르크 프리드리히 리스트Georg Friedrich List(1789~1846). 경제가 주관적 의지와는 상관없이 일정한 법칙과 단계를 밟아 발전한다는 이른바 경제발전 단계론으로 마르크스 이론에 상당한 영향을 미쳤다.

*** '국민적 시스템'이라고 번역할 수도 있다.

역할을 해야 하는지 우회적으로 논증한다.*

이제 우리나라 현실로 돌아와보자. 우리는 늘상 정치 따로, 경제 따로다. 정치가 경제에 미치는 영향 혹은 경제가 정치에 미치는 영향이 지대할진대 "경제는 경제 나름대로 돌아가게 내버려두고 정치는 자기 역할만 하면 된다"라는 식의 엉뚱한 분리론을 펼치는 사람들이 있다. "정치경제학은 마르크스주의에서나 하는 말"이라는 근본 없는 이야기를 하는 사람마저 있다. 그러면서 자유시장경제의 옹호자라고 자처한다. 그런 건 옹호가 아니라 방치다. 정치의 역할을 방기하는 것이다.

정치와 경제는 한 묶음으로 나아가야 한다. 정치와 경제는 하나일 수밖에 없다. 정치와 경제가 각각 자기 영역에서 존재하되, 경제가 엇나가려고 할 때 (혹은 엇나가기 전에) 이를 끊임없이 바로잡아주는 것이 정치의 역할이다. 정치가 잘못되었는데 경제가 스스로 바로 서는 나라는 세상에 없다. 특정한 국가의 경제는 결국 그 나라의 정치를 반영한다. 한편 정치의 성격과 흐름을 보면 그 나라의 미래 또한 짐작할 수 있다. 그런 의미에서 지금 대한민국은 어떤가. 이대로 계속 가도 되는지 심각하게 되돌아봐야 할 시점에 와 있다.

---

*   리스트는 보호무역주의를 주창했다.

1949년으로 시선을 옮겨보자. 앞에서 1949년 독일 총선에서 CDU가 SPD를 이긴 것을 '전혀 예상치 못한 일이 기적적으로' 일어난 것처럼 표현했는데, 여기에는 일부 보정이 필요할 것 같다.

1945년에 창당해 아직 전국 조직도 갖추지 못한 상태였던 CDU가─심지어 당시 CDU는 기본 강령조차 완비하지 못한 정당이었다─1875년에 생겨난 역사적인 정당 SPD를 이긴 것은 놀라운 일이 아닐 수 없다. 하지만 1949년 총선을 기억하는 독일 친구들에게 물어보면 당시 독일 국민들은 CDU가 이길 것이라는 예측 정도는 하고 있었다고 입을 모은다. 오히려 CDU가 더 크게 이기지 못한 것을 의아하게 생각하는 사람마저 있었다고 한다.

어떻게 4년짜리 정당이 70년 된 정당을 이길 수 있었을까. 어쩌면 그것은 '예정된 결론'이었는지도 모른다. 물론 CDU는 독일제국과 바이마르공화국 시절에 있었던 독일민주당이나 자유당, 중앙당, 인민당 등의 인적 자원과 전통을 이어받았으니 어느 날 갑자기 하늘에서 뚝 떨어진 정당은 아니다. 그러나 우리는 여기서 다른 측면, 곧 어느 사회에나 기본적으로 존재하는 보수의 주류성에 대해 살펴볼 필요가 있다.

국민은 대체로 변화를 기대하지만 '안정 속의 개혁'을 바라지 자신의 삶이 흔들리는 듯한 과격한 변화까지는 바라지 않는다. 그래서 어느 나라 어느 시대든 보수 정당은 절반쯤 우위를 차지하고 출발하기 마련이다. 보수 정당이 개혁을 약속하고 국민이 그 진정성을 믿어줄 때 국민은 보수를 선택한다.

반대로 생각하자면, 그런 차원에서 좌파 리버럴(이른바 진보) 정당은 좀 불리한 측면이 있는 것도 사실이다. 보수가 '개혁'을 말하기는 쉽지만 좌파가 '안정'을 이야기하면 국민은 어색하게 생각한다. '급진적 안정'과 같은 형용모순이 느껴질달까?

1949년에 SPD는 CDU에게 왜 졌을까? 좌파 정당의 원초적(?) 불리함과 함께 SPD는 몇 가지 치명적 실수를 저질렀다.

앞에서 언급한 대로 당시 SPD는 일단 상당히 오만했다. SPD는 2차대전을 우익의 잘못으로 여기며, 앞으로 독일에서 보수 우익은 발을 붙일 수 없을 것이라고 자신했다. 전혀 틀린 생각은 아니지만 그들이 간과하고 있는 것이 하나 있었다. 보수가 환골탈태를 할 수 있다는 가능성이었다.

느닷없을지 모르지만 이런 질문을 한번 던져보자. "2차대전은 나치의 잘못인가, 독일 국민의 잘못인가." 그 말이 그 말 아니냐고 할 사람이 있을 것이고, 둘 다 해당하는 것 아니냐고 할 사람도 있을 것이다. 그게 무에 그리 중요한 차이냐고 고개를 갸웃할 사람도 많을 것이다. 2차대전은 나치의 잘못인가, 독일 국민의 잘못인가. 강조점을 어디에 찍느냐에 따라 현실에 있어 대응이 달라진다. 그 차이로 인해 1949년 독일 총선의 결과가 달라졌고, 독일의 외교정책이 달라졌다. 나아가 독일 통일까지 영향을 받았다. 생각의 차이가 낳는 나비효과를 여기서도 발견할 수 있다.

SPD는 대체로 '나치의 잘못' 쪽에 무게중심을 뒀다. 그래서 2차대전 직후에 나치 척결을 중요한 사회적 과제 가운데 하나로 내세웠다. 한편 CDU는 대체로 '독일 국민의 잘못이자 수치'라는 쪽에 무게중심을 두었다. (강조컨대 그렇다고 나치에게 잘못이 없다는 뜻은 아니다.) 전후 독일 국민은 양당을 보면서 무슨 생각을 했을까.

무언가를 '척결'하자고 주장하는 것은 간단하고 쉬운 일이다. 모든 잘못을 한쪽으로 몰아가는 사고방식은 미래를 풀어나갈 만능의 보검처럼 보이기도 한다. 어떤 사회든 좌파들은 대체로 그러한 세계관을 갖는다. 기본적으로 계급주의적 관점을 갖고 있기 때문이다.

좌파들은 '악랄한 세력'이 사라지면 세상이 자연스럽게 정상으로 돌아올 것이라고 믿는 경향이 있다. 인간과 역사의 복잡성을 무시하고 굉장히 단편적이고 도식적으로 생각하는 태도다.

보수는 '인간의 잘못' 쪽에 무게중심을 둔다. 인간은 누구든 실수하기 마련이며, 구조적 문제를 해결하되 인간의 한계와 나약함을 인정하는 기초 위에 과거를 진단하고 미래를 모색하자는 것이 보수주의자들의 입장이다. 2차대전 이후 과거 청산 문제를 바라보는 CDU의 시각이 대체로 그랬다. 이러한 CDU의 관점과 입장은 그렇지 않아도 이래저래 나치에게 직간접적 부역을 했다고 죄스럽게 생각하는 (혹은 두렵게 생각하는) 독일 국민들에게 상대적 안정감을 주었다. 다시 한 번 강조하지만 그렇다고 독일의 보수주의자들이 '과거를 그냥 덮어두자'는 쪽이었던 것은 아니다.

전후 SPD가 나치 청산에 있어 CDU보다 강경했던 이유는 SPD 당수 슈마허의 개인적 이력과도 무관치 않다. 슈마허는 나치 독일 시절 SPD가 불법화되면서 체포되어 10년간 수용소 생활을 했다.

잠깐 석방되긴 했지만 히틀러 암살 미수 사건으로 다시 체포돼 수용소에 갇혔다가 연합군의 진주와 함께 석방된 인물이다. 그러니 슈마허는 나치에 대한 반감이 극심했고, 나치 정권에 소극적으로 협조했던 자들까지 포괄하면서 새로운 정당을 만드는 CDU에 대해 혐오감을 숨기지 않았다.

또한 슈마허는 이를테면 '독일주의자'였다. 독일 민족에 대한 자긍심이 강했다. 그래서 2차대전의 발발 원인을 말할 때도 '독일이 문제가 아니라 나치가 나빠서 그랬던 것'이라는 쪽에 방점을 찍었다. 그런 차원에서 그는 '나치 청산'을 가일층 강조했다.

슈마허와 SPD는 친서방 정책에 있어서도 CDU와 입장 차이를 보인다. 슈마허가 '독일인'에 가까웠다면 아데나워는 '유럽인'에 가까웠다. 슈마허가 '독일의 문제는 독일인 스스로 푼다'는 쪽에 가까웠다면 아데나워는 '유럽과 함께 푼다'는 쪽에 가까웠다. 그래서 슈마허는 아데나워를 가리켜 유럽(영국-프랑스)의 대변인, 미 제국주의의 앞잡이라고 조롱하는 식의 발언까지 했다.*

여기서 한 발 더 들어가 생각해보자. 2차대전이 나치의 잘못이라는 관점은 간단하고 명쾌해 보일지 모르지만 전후 반성과 청산 문제에 있어서는 의외의 결과로 이어질 수 있다. 2차대전을 나치의 잘못이라고 하면 독일인의 잘못이 오히려 희석되는 결과를 낳는다. 따라서 나치당 소속이 아니었던 독일인이 피해국 국민들에게 굳이(?) 사과할 필요성을 느끼지 못하는 것이다. 오롯이 "나치의 잘못이니까" 하면서 말이다. 하지만 역으로 독일의 잘못이라고 생각하는 사람은, 나치당 소속이 아니었더라도 "독일인이라면 누구나" 피해국 국민들에게 죄송스럽게 생각하고 사과해야 한다는 방향으로 사고가 뻗어나가기 마련이다.**

나치의 잘못이냐, 독일의 잘못이냐. 앞서 이야기를 꺼낼 때만 해도 그게 무슨 차이가 있을까 의아해했던 사람들도 이쯤 되면 아마 고개를 끄덕일 것이다. (일본의 전후 반성과 맥락을 비교해보는 일도 흥미롭다.) 독일인 입장에서 2차대전을 독일 국민의 잘못이라고 받아들이면, 내부적으로는 용서와 화해, 외부적으로는 수치와 반성을 추구하게 된다. 독일인들은 그렇게 머리를 숙이고 무릎을 꿇었다.

2차대전의 원인과 결과를 독일의 잘못이라 인식하고 서방 및 유럽 여러 나라와 함께 문제를 풀어야 한다고 생각했던 아데나워의 노선은 주변국과의 관계를 원만하게 만드는 역설적 요인이 되었다. 독일은 자존심을 굽히고 서방에 손을 내밀었다. 1989년에 독일이 통일될 것 같은 분위기가 생겨났을 때, 과거의 전승국들이 이를 너그럽게 이해하고 인정해준 것은 아데나워 시절부터 줄기차게 이어온 친서방 정책이 일군 성과다. 전승국들은 독일의 통일을 단순히 독일만의 통일로 바라보지 않고 민주주의의 승리로 받

---

* 독일의 이익을 대변하는 총리가 아니라 연합국의 앞잡이 노릇을 하고 있다는 모욕의 뜻으로, 아데나워를 "연합국 총리"라고 불렀다가 의회에서 징계를 당하기도 했다.

** 2차대전에 대한 관점의 차이는 구 동독에서 절정을 이룬다. 동독은 '나치의 잘못'을 넘어 '전쟁을 일으킨 독점자본주의의 잘못' 쪽에 치중했기 때문에 나치에 저항해 투쟁했던 사회주의·공산주의자들을 찬양하는 방향으로만 역사 교육이 이루어졌다. 따라서 동독 주민들은 유대인 학살 등의 진상을 제대로 몰랐고, 독일이 통일되고 나서야 홀로코스트 기념관 등을 둘러보고 큰 충격을 받았다. 동독 출신인 앙겔라 메르켈 총리의 회고 등을 통해 당시 동독의 상황을 알 수 있다.

아들였으며, 나아가 유럽 통합의 관점에서 해석하였다. 아데나워가 그런 초석을 깔지 않았더라면 오늘날 독일인들은 어떤 모습으로 살고 있을까. 철학과 노선의 차이는 정책의 차이를 만들고, 결과적으로는 역사를 바꾼다.

❖

1949년 총선에서 SPD가 또 하나 잘못한 것은 사회주의적인 색채를 지우지 않았다는 점이다. 당시 SPD는 '기간산업 국유화' 같은 구닥다리 사회주의 노선을 공약으로 내걸었다. 국민의 삶의 질이 달라지는 것과는 하등 상관없는 방향이었다.

오해의 소지가 있어 소개하자면 슈마허는 골수 반공주의자였다. 사회주의자인데 반공주의자라? 이것을 잘 이해하지 못할 사람이 있겠지만 사회주의자이면서 반공주의자일 수 있다. 그것을 정확히 소개하려면 사회주의와 공산주의의 역사적·이념적 차이점에 대해서까지 설명해야 하니 생략하기로 하자.* 슈마허가 싫어한 것은 소련의 공산주의자들이었다. 슈마허는 일찍이 바이마르 공화국 시절부터 공산주의자들에게 질렸을뿐더러,** 전후 소련이 동독 사민당을 공산당에 강제로 흡수해 독일사회주의통일당SED을 만들자 공산주의자들을 더욱 싫어하게 되었다.

그럼에도 불구하고 슈마허는 시대의 변화를 읽지는 못했다. 반공에만 머물고, 자신이 이끄는 정당의 시대착오적 국유화 노선을 바로잡을 생각은 하지 못했던 것이다. 게다가 1950년 한국에서 전쟁이 발발해 동서 냉전의 윤곽이 뚜렷해지면서 서독은 자유민주 진영에 속하게 되는 것이 분명한데도, 그때까지도 SPD는 사회주의에 대한 미련을 버리지 못했다. 그것이 비록 사회민주주의라 할지라도 말이다. 시대의 변화와 국제 정세의 흐름을 읽지 못하는 것은 정치 지도자로서 심각한 결격 사유다.

1953년 총선에서도 SPD는 졌다. 1949년 총선에서는 CDU와 SPD의 정당 지지율 격차가 2%p밖에 되지 않았는데,[**] 1953년 선거에서는 17%p 가까이까지 벌어졌다.[****] 1957년 총선 결과는 더 심각했다. CDU가 50.2%의 지지율로 단독 내각을 소집할 수 있을 만큼 압도적 지지를 받은 반면 SPD는 31.8%로 답보 상태를

---

[*] 따로 간단히 소개하자면 이렇다. 마르크스 이론에 따르면 인류 역사는 궁극적으로 공산주의를 향해 나아가게 되어 있다. 마르크스는 그것을 역사발전의 '법칙'이라고 말했다. 그는 자본주의가 성장하다 보면 종국에는 내부 모순에 의해 무너지고 인류 역사는 공산주의로 귀결된다고 예언하면서, 그 과도적 단계로서 사회주의를 설정했다. 즉 봉건사회→자본주의→사회주의→공산주의 식으로 나아간다는 것이다. 그런데 알다시피 세계 최초의 사회주의 혁명인 러시아혁명은 발전된 자본주의 국가가 아닌 '농업국가' 러시아에서 일어났다. 봉건사회에서 사회주의로 직행한 것이다. 마르크스 이론과 들어맞지 않는다. 이런 문제로 좌파 내부에서는 이론적 논쟁을 벌였다. 이미 권력을 잡아 기득권을 형성한 소련의 공산주의자들은 자신들의 이론과 노선에 반대하는 일체의 좌파들을 수정주의나 개량주의자들로 몰아 숙청했다. 일종의 단계적 혁명론을 주장하는 사회주의자 혹은 사회민주주의자들은 소련공산당의 숙청 1순위였다. 그렇게 공산주의자들에게 피해를 입은 사회주의자들이 많았고, 그래서 이들은 공산주의자들에 대한 반감이 컸다. 영국의 조지 오웰 같은 작가가 대표적인 인물이다. 그가 쓴 『동물농장』이나 『1984』, 『카탈루냐 찬가』 같은 작품은 사회주의자 입장에서 전체주의 소련과 공산주의, 좌우 파시즘을 맹렬히 비판한 작품이다.

[**] 바이마르공화국 말기에 공산당이 나치당과 손잡고 내각불신임 결의안을 내놓으며 사사건건 사민당 내각의 발목을 잡았다.

[***] CDU/CSU 31.01%, SPD 29.2%.

[****] CDU/CSU 45.2%, SPD 28.8%.

빠져나오지 못했다. 10년 가까이 SPD는 30%대 지지율에 머무르며 도무지 살아날 희망이 없는 정당처럼 보였다.

SPD의 지지율이 10년의 굴레를 벗어난 것은 1961년 총선부터다. 그해 총선에서 SPD는 36.2% 지지율이라는 대이변을 연출했다. 1965년 총선에서는 39.3%로 지지율이 올라가고, 1969년 총선에서는 급기야 42.7%를 득표하면서 서독 정부 수립 이후 처음으로 정권을 잡게 되었다. 1957년 총선과 1961년 총선 사이에 SPD에는 무슨 일이 있었던 것일까.

이유는 두 가지였다. 하나는 CDU-정확히 말하면 아데나워-의 인기가 사그라든 것이고, 다른 하나는 SPD가 변화한 것이다. 정치란 이런 것이다. 상대가 몰락하고 내가 변화하면 이긴다. 반대로 상대가 변화하고 내가 답보 상태에 있으면 진다. 어느 나라, 어느 시대 정치든 그렇다.

앞서 아데나워를 영웅처럼 묘사한 바 있다. 그것에도 약간의 보정이 필요하겠다. 물론 아데나워는 훌륭한 정치인이지만, 그 역시 인간이다. 결점 없는 인간이 어디 있겠나. 3연임을 하면서 아데나워의 결점은 더욱 도드라졌다. 아데나워의 결점은 "내가 아니면 안 된다"라는 지나친 고집에 있었다.

아데나워는 고집이 센 사람이다. 에르하르트가 웃으면서 고집을 관철시키는 쪽이라면 아데나워는 무뚝뚝하게 밀고 나가는 고집쟁이였다. 그러한 인물형은 위기 때는 추진력이 강하다는 평가를 받곤 하지만, 위기 상황이 지나가면 독단적이라는 비판에 직면하기 마련이다. 그러면 당사자는 "국가를 위기에서 구출해줬는데 국민들이 내 업적을 몰라준다"라면서 섭섭한 마음을 드러내기도 한다. 아데나워가 그랬다. 초대 지도자라는 점에 있어서나, 외교의 기틀을 만든 점에 있어서나, 자기가 아니면 안 된다는 고집에 있어서나 아데나워는 이승만과 비슷한 점이 많다. 아데나워와 친분이 두터웠던 프랑스의 드골도 그랬다.

집권 말기로 갈수록 아데나워는 더욱 고집스러워졌다. 아데나워의 가장 큰 문제점은 후계자를 제대로 키우지 못했다는 것이다. '못했다'기보다는 후계자를 키울 생각 자체를 하지 않았던 것으로 보인다. 심지어 후계자가 자라나는 것을 억누르기까지 했다. 고집스러운 지도자들의 일반적인 특징이기도 하다.

1949년에 아데나워가 처음 총리가 됐을 때, 사실 대부분의 사람들은 그가 4년 정도 총리직을 수행하다가 그만둘 것이라고 생각했다. CDU 당원들도 그랬고, 독일 국민도 그랬다. 그래서 당시로서는 고령임에도 불구하고 아데나워를 지지했던 것이다. 그런 아데나워가 4년 임기가 지나 재선했을 때만 해도 '그럴 수 있다'고 생각했다. 지난 4년 동안 아데나워가 거둔 성과가 워낙 컸기 때문에 재임 정도는 할 수 있다고 봤다. 아데나워는 성과로 모든 것을 보여주는 사람이었다. 그런데 3연임에까지 도전하자 아연실색할 수밖에 없었다. 한국의 이승만이나 박정희가 떠오르지 않는가. 물론 독재와 폭력, 부정선거로 3연임에 도전한 그들과 아데나워를 비교하는 것은 아데나워에게 미안한 일이지만.

당시 상당수 독일 국민들은 에르하르트가 총리에 오르기를 바랐다. 10년 넘게 경제 사령탑을 맡았으니 이제는 총리직을 한번 맡을 때도 되었다고 생각했다. 그러나 아데나워의 생각은 달랐다. 에르하르트는 총리감이 아니라고 여겼다. 아데나워의 생각이 전혀 엉뚱했던 것만은 아니다. 실제로 에르하르트는 경제부 장관으로는 적임자였을지 몰라도 정치와 외교 전반을 책임지는 총리 자리에는 어울리지 않는 사람이었다. 일단 에르하르트는 성격이 너무 좋아서 문제였다.

에르하르트는 아데나워처럼 불도저식으로 밀고 나가는 맛이 부족했다. 조직을 운영하는 데 있어서도 에르하르트는 큰 틀만 정해주고 나머지는 각 부문 책임자들에게 맡겨둘 뿐 꼼꼼하게 관리하지 않았다. 또 에르하르트는 노골적인 친미파였다. 아데나워도 물론 친미파였지만 친유럽파이기도 했고, 소련 지도자들과의 관계 역시 나쁘지 않았다. 하지만 에르하르트는 미국을 동경하는 태도를 대외적으로 숨기지 않았다.

동독 문제 때문에 소련과의 관계 또한 고려하지 않을 수 없는 서독 입장에서 에르하르트는 약간 부적절한 타입의 지도자였다. 더구나 에르하르트는 CDU 내부에 정치적 기반이 전혀 없었다.* 국민적 지지도는 높을지 몰라도 현역 의원들 가운데 그를 추종하는 세력이 없으니 그가 총리직을 맡으면 당과 내각이 겉돌 우려가 있었다. 10여 년 동안 손발을 맞춰왔으니 아데나워는 에르하르트의 그런 장단점을 누구보다 잘 알고 있었다. 아데나워 입장에서 에르하르트에게 총리직을 맡기는 일은 어린아이를 물가에 내놓는 것처럼 위태롭게 느껴졌을 것이다.

그럼에도 국민 사이에서 아데나워의 인기는 갈수록 떨어지고 에르하르트에 대한 지지는 나날이 높아졌다. 그러자 아데나워는 엉뚱한 꼼수를 내놓았다. 에르하르트를 대통령으로 추대하겠다고 선언한 것이다. 알다시피 독일에서 대통령은 상징적 존재에 불과하다. 그러니 에르하르트를 대통령으로 추대하겠다는 것은, 에르하르트를 허수아비 대통령 자리에 앉혀놓고 아데나워 자신이 실권 총리로서 남아 있겠다는 뜻이었다.** 속이 훤히 들여다보이는 이 선언으로 인해 아데나워에 대한 국민의 실망감은 더욱 커졌다.

그러자 아데나워는 또 엉뚱한 일을 벌였다. 이번에는 자신이 대통령이 되겠다고 선언한 것이다. 그것도 "국무회의에 참석하는 대통령이 되겠다"라는 조건을 붙였다. 초대 대통령 호이스 이래로 독일 대통령은 국무회의에 참석하지 않는 그야말로 명예직이었다. 돌연 국무회의에 참석하는 대통령이 되겠다니 아데나워의 의도가 뻔히 보이지 않는가. 정치 인생 끝자락에 아데나워는 다소 추한 모습을 보였다.

독일식 내각에는 '건설적 불신임' 제도가 있어서 일단 당선된 총

---

* 나중에 밝혀진 일이지만, 심지어 에르하르트는 CDU에 당적을 갖고 있지도 않았다.

** 정치적 경쟁자를 대통령 자리에 앉혀서 제거하는 수법은 나중에 독일 정치에서 빈번히 사용되었다. 물론 지금껏 독일 대통령은 인품이 훌륭한 정치인들이 맡았다. 총리직을 맡을 만한 카리스마는 부족하지만 국가원수로서 자질은 충분한 사람이 그 자리로 '밀려났다'고 표현해도 그리 틀린 말은 아니다. 존경은 받되 권한은 없으니, '형식적 대통령'이라는 자리가 나름의 좋은 역할을 하는 셈이다.

리를 쉽게 끌어내리지 못한다. 바이마르공화국 시절 잘못된 내각제로 큰 홍역을 치렀던 경험을 바탕으로 서독연방기본법을 만들 때 새롭게 추가한 제도다.* 아데나워는 이 카드를 십분 활용하면서 1961년까지 집권을 이어갔다. 그러는 사이 CDU의 지지도는 1957년 50.2%에서 1961년 45.4%로 추락했고, SPD에 대한 지지도는 31.8%에서 36.2%로 상승했다. CDU가 잃어버린 민심을 SPD가 고스란히 흡수한 셈이다.

그렇다면 SPD는 가만히 있었는데 그저 CDU가 망가져서 SPD의 지지율이 높아진 것일까. 그건 또 아니다. 'SPD의 변화'가 따라주었기 때문에 종합적으로 가능한 결과다. 1959년 SPD는 독일의 정치 도시 고데스베르크**에서 전당대회를 개최했다. 이 대회에서 SPD는 당의 헌법이라고 할 수 있는 정강 정책을 완전히 새롭게 바꿨다. 심지어 "계급주의에 기반한 노동자 정당에서 국민정당으로 전환하겠다"라고 정당의 성격까지 개변하는 선언을 한다. 마르크스주의와 결별하겠다는 공식 선언이었다.

이들은 냉전 체제를 인정한다는 내용을 강령과 선언문에 명시했는데, 이는 당시 유럽 다른 국가의 사회주의자, 사회민주주의자들에게는 가히 충격적인 결정이었다. 일부는 "변절"이라고 하면서 격앙된 반응까지 보일 정도였다. (그랬던 다른 나라 사민당들도 나중에는 모두 정당의 성격을 바꾼다.)

이른바 '고데스베르크 강령'이라 불리는 SPD의 1959년 정강 정책은 1875년 SPD가 창립하면서 채택한 '고타 강령'을 80년 만에 뒤집은 것으로, 이 대회에서 SPD는 더욱 놀라운 모습을 보인다. 계획경제니 국유화니 하는 목표를 버리고 "사회적 시장경제를 실현한다"라는 강령을 채택한 것이다. 사회적 시장경제! 이건 CDU의 노선 아니던가. 사회주의자들의 정당이 경제 노선에 있어 보수 정당에게 완전히 백기 투항을 한 셈이다. 요컨대 독일에서 사회적 시장경제는 한국의 이른바 시장주의자들이 오해하는 대로 보수가 좌파를 따라 하려고 만든 개념이 아니라, 보수가 좌파를 굴복시킨 (혹은 좌파가 보수에게 흡수된) 개념이 되었다. 그러니 CDU에게 등 돌린 국민의 시선이 SPD로 향할 수밖에. 그러면서 SPD의 지지율 또한 급격히 올라갔다.

'변해야 산다'라는 간단하고도 분명한 정치의 법칙을 SPD는 무려 10여 년 동안 국민의 외면을 받은 후에야 비로소 깨달았다. 그리고 1969년에 SPD는 마침내 집권에 성공했다.*** 서독 정부가 수립된 지 20년 만의 일이었다.

---

*   일반적인 내각제 국가에서는 현직 총리에 대한 불신임 투표를 통해 총리를 파면한다. 독일은 다르다. 후임 총리를 선출하는 투표를 해서, 그 결과를 바탕으로 현직 총리를 파면하는 '건설적 불신임' 절차를 따른다. 후임 총리를 먼저 선출해놓음으로써, 총리 교체에 따른 국정 공백 우려를 최소화하는 것이다. 따라서 독일 정치에서는 후임 총리에 대한 대안이 분명하지 않으면 함부로 총리 불신임안을 제출할 수 없다. 그런 이유로 독일식 내각제를 '총리 민주주의'라고 부르는 것이며, 총리의 직위 안정성이 상당하다. 종전 이후 2023년 현재까지 불신임안이 제출된 사례는 1972년과 1982년 두 번뿐이었고, 그나마 1982년에만 가결되었다. 독일 통일을 이룬 헬무트 콜이 그렇게 선출된 총리다.

**   본 남쪽에 있는 작은 도시로, 기민당과 사민당의 주요 정치 행사가 이곳에서 많이 열렸다. 지금은 본으로 흡수되었다. 과거 서독의 수도가 본이었다.

***   바이마르공화국 시절에 SPD는 몇 차례 집권한 바 있다.

이번 장을 마치면서 언급하지 않을 수 없는 인물이 있다. 독일의 3대 총리 빌리 브란트다.

브란트 하면 떠오르는 유명한 사건은 역시 '무릎 사과'다. 1970년 빌리 브란트는 독일 총리 자격으로 폴란드를 방문했다. 그때 그가 바르샤바에 있는 유대인 추념비를 찾아가 쏟아지는 비를 맞으며 무릎 꿇고 눈물로 사과하는 한 장의 사진이 전 세계에 공개되었다. 이 장면은 과거사 문제에 대한 독일인의 진심 어린 반성을 상징하는 풍경으로 지금도 회자된다.

이에 대해 "독일 총리니까 무릎 꿇고 사과하는 것이 당연하지 않나요?"라고 묻는 사람들이 있는데, 당시로서는 꽤 놀라운 일이었다. 서양인이 무릎을 꿇는 것은 흔한 일이 아니라서 화제가 되었던 것만은 아니다. 지금 사람들은 잘 모르겠지만 홀로코스트의 참상이 전 세계에 본격적으로 알려진 것은 1970년대 말부터다. 물론 그 전에도 피해자들의 회고록이나 일기를 통해 나치 독일 시절 유대인들이 박해를 받았다는 사실은 알려져 있었지만, 얼마나 끔찍한 일이었는지는 충분히 알 길이 없었다. 그러다 1970~1980년대에 컬러 TV가 널리 보급되고, 스케일이 큰 영화들도 제작되기 시작했다. 드라마와 영화를 통해 세계인이 홀로코스트의 참상을 알 수 있게 된 것이다. 영상을 본 관객들의 반응은 놀라웠고, 책으로 읽은 사람들의 그것과는 비교할 수 없는 효과를 불러일으켰다. 나치 독일의 학살 행위는 인류 역사상 가장 참혹한 사건 가운데 하나로 세계인의 뇌리에 인식되었다. 다시 말해 브란트 총리가 폴란드를 방문한 1970년은 나치 독일의 잔혹 행위가 대외적으로 그리 널리 알려진 시기가 아니었다. 그럼에도 브란트는 자발적으로 과거사 문제를 화제에 올려 반성했던 것이다. 바로 이것이 주목할 지점이다.

사과 방식도 굉장히 처연했다. 빌리 브란트가 SPD 출신이기 때문에 무릎 사과의 의미는 더욱 컸다. 이번 장을 읽은 독자들은 SPD 출신의 총리가 나치의 만행에 사과한 행위가 얼마나 특별한 의미를 갖고 있는지 이해할 수 있을 것이다. 그래서 "브란트는 참 훌륭한 정치인"이라고 이구동성으로 말하는 것이다.

브란트의 인생 이력 또한 주목할 만하다. 브란트는 나치에 대항해 맹렬히 투쟁한 인물이었다. 나치 독일 시절 대부분을 수용소에 갇혀 있던 슈마허가 '구속의 상징'이라면, 브란트는 유럽 전역을 누비며 치열하게 싸운 '투쟁의 상징'이었다. 브란트는 17세에 SPD에 가입한 청소년 당원이었다. 스페인 내전 당시에는 종군기자로 달려가 절반쯤 참전하다시피 했다. 그로 인해 나치당에게 독일 국적을 박탈당하기도 했다. 2차대전 중에는 노르웨이 국적을 갖고 나치와 싸웠는데, 그야말로 진정한 국제주의자이자 양심 있는 사회주의자가 아닐 수 없다. 그는 전쟁이 끝나고 1948년에야 국적을 회복해 정치 활동을 재개할 수 있었다.

따라서 나치라면 치를 떨 만한 사람이 빌리 브란트다. 그런 그가 나치의 죄악을 대신해서, 독일 국민을 대표해서 피해자들 앞에 무릎을 꿇었으니 감동이 배가하는 것이다. 비유하자면, 일제강점기에 군국주의에 반대하며 맞서 싸웠던 일본의 어느 진보적 지식인이 나중에 총리가 되어, 한국 국민들 앞에서 "저희가 잘못했습니다" 하면서 무릎을 꿇은 격이다.

전쟁이 끝나자 조국으로 돌아온 빌리 브란트는 1949년 총선에서 베를린 지역 의원에 당선되면서 본격적인 정치 활동을 시작한다. 당시 베를린 지역 의원은 연방 하원 회의에 참석은 할 수 있어도 의결권이 없었다. 그러니 브란트는 국민에게 특별히 주목받을 일이 없었다. 1957년 베를린 시장이 되었을 때도 그랬다.

그러다 1961년 베를린에 장벽이 세워질 때, 브란트는 '별의 순간'을 맞는다. 국가적 위기 상황이 벌어졌는데 총리인 아데나워는 베를린에 방문조차 하지 않는 가운데,[*] 베를린 시장이라는 마흔여덟 살의 젊은 정치인이 동분서주하는 모습이 독일 국민들에게 큰 인상을 남긴 것이다. 케네디 대통령에게 베를린 주둔 미군 병력을 늘려달라고 요청한 인물 또한 아데나워가 아니라 브란트였다. SPD 출신 정치인이 그런 태도를 보이니 더욱 인상적이었다. 독일이라는 나라는 정치 시스템의 성격상 신인이 갑자기 혜성처럼 떠오를 수 없는 구조다. 그럼에도 브란트는 일약 스타 정치인으로 떠올랐다. 17세부터 정치 활동을 계속해온 오랜 경험이 아니었으면 이룰 수 없는 결과다.[**]

이력으로만 보자면 브란트는 SPD의 강경파가 되어야 맞는 사람이다. 그러나 그는 소장파로서 당내 개혁을 이끌었다. 1959년 SPD의 노선을 완전히 전환한 고데스베르크 강령은 브란트를 비롯한 당내 소장파들의 주도로 만들어졌다. 1964년 브란트는 SPD 대표가 됐다. 그의 나이 51세 때였다.

브란트가 CDU와 대연정을 구성해 부총리가 된 해는 1966년, 그의 나이 53세 때였다. SPD가 마침내 제1당이 되어 브란트가 총리로 선출된 해는 1969년, 56세 때였다. 독일 정치는 이렇게 정치인이 '계단을 하나씩 올라가는' 과정을 지켜보는 묘미가 있고, 보수와 좌파가 서로 어젠다를 뺏고 뺏으면서 발전하는 양상을 바라보는 매력이 있다. 빌린 브란트가 그런 역사를 보여주는 대표적 인물이다.

"정당은 어떻게 바뀌는가."

시대가 정당을 바꾸고 정당이 시대를 바꾼다. 국민의 선택이 정당을 바꾼다. 시대와 국민의 요구를 알고 변화의 방향을 발 빠르게 좇아간 정당은 살아남고, 변화를 거부하는 정당은 국민의 심판을 받아 사라지기 마련이다. 독일의 정당들은 그러한 변화를 거듭하며 오늘에 이르렀다.

CDU는 이제 80년 역사에 빛나는 정당이 되었고, SPD의 역사는 자그마치 150년을 헤아린다. 하루가 멀다 하고 정당의 이름을 갈아치우는 우리의 시선으로는 그저 부럽기만 한 풍경이다.

---

* 베를린장벽은 소련이 일방적으로 세운 콘크리트 장벽이다. 베를린에 장벽을 축조할 때 아데나워가 현장을 방문하지 않은 이유는 지나치게 소련 측을 자극해 긴장을 격화할 수 있다는 우려 때문이었다. 아데나워가 현실적으로 잘 판단한 측면도 있지만, 독일 국민은 총리가 유약하다면서 크게 실망했다.

** 정치 경력으로 따지면 베를린장벽 사태 당시 브란트는 30년 차 베테랑이었던 셈이다. 독일 정치의 우수함은 10대 후반부터 정치 경력을 쌓아나가 40대 중반쯤 되면 지도자로서 원숙함마저 엿보인다는 데 있다.

CDU가 80세가 되었다고 늙은 정당이 아니고 SPD 또한 그렇다. 연식은 오래되었으나 오늘도 끊임없이 변화하고 혁신하는 과정을 거치는 중이다. 그런 점을 더 부러워해야 한다.

4

좌파와 우파가
공동정부를 구성하는 나라

좌파와 우파가
공동정부를 구성하는 나라

1969년 총선에서 SPD는 서독 정부 수립 이후 처음으로 집권 여당이 되었다. 1930년 헤르만 뮐러* 내각으로부터 따지면 거의 40년, 1949년 새로운 정부 수립으로부터 세어보면 20년 만에야 집권에 성공한 것이다. 1875년에 SPD가 생겨났으니 창립 94주년을 맞는 해에 이루어진 집권이었다.

그런데 여기서 '1969년 처음으로 집권했다'라는 표현은 빈틈없이 정확한 말은 아니다. 1966년 SPD는 연정 파트너로 내각 구성에 이미 한 번 참여한 적이 있기 때문이다. 그렇게 3년간 준準여당으로 집권하다가

---

*   헤르만 뮐러Hermann Müller(1876~1931). 바이마르공화국 시절 SPD 대표로 외무장관, 총리 등을 지냈다. 나치의 집권을 막기 위해 노력했다.

다음 총선에서 완전한 여당이 됐다. 이것이 무슨 뜻인지 간단한 설명이 필요하겠다.

정치 구조가 내각책임제(의회중심제)인 국가에서는 행정부를 구성하는 방법이 여러 가지다. 특정 정당이 과반을 확보하면 단독내각을 구성할 수 있지만, 과반에 미치지 못한 경우에는 다른 정당을 파트너로 끌어들여 연립내각(공동 정부)을 구성한다. (특정 정당이 홀로 과반을 확보했어도 다양한 이유로 일부러 연립내각을 구성하기도 한다.)

여러 정당이 연립내각을 구성하는 경우, 의석수가 가장 많아 연정을 주도하는 정당을 리더 정당이라고 부른다. 연정에 협조하는 정당은 주니어파트너Junior partner가 된다. SPD는 1966년에 주니어파트너로 연정에 참여한 것이다. 그러므로 그때는 준여당의 지위에 있었다고 표현할 수 있다. 1969년의 집권을 첫 집권이라고 잘라 말할 수만은 없는 이유다. 물론 1969년에는 리더 정당이었으니 완전한 의미에서의 첫 집권은 맞다.

1969년 총선에서 SPD가 승리할 수 있었던 이유는 앞서 소개한 바 있다. 정강 정책을 바꾸고 완전히 새로운 정당으로 거듭난 것이 가장 큰 이유였다. 거기에 하나를 덧붙이자면 '독일 국민이 SPD의 집권 능력을 신뢰했기 때문'이다.

1966년에 SPD가 주니어파트너로 연정에 참여하지 않았더라면 그들에게 과연 정부를 이끌어갈 능력이 있는지 독일 국민이 어떻게 가늠할 수 있었겠는가. 3년간 준여당으로 수권授權 능력을 보여줬기 때문에 "어? SPD에게 정권을 맡겨도 안심할 수 있겠네?"라고 생각한 것이다. 1966년에 끝내 단독 과반 같은 것에만 집착했다면 SPD는 1969년 총선에서도 졌을지 모른다. 이것이 내각책임제, 혹은 연정이라는 정치 시스템이 갖는 긍정적인 면모다.

다른 한편으로 생각해보자. CDU 입장에서는 1966년 내각 구성에 SPD를 끌어들였기 때문에 1969년 총선에서 졌다고도 할 수 있겠다. SPD를 계속 야당으로 놔두고 싶었으면 1966년에 CDU는 SPD에게 연정 파트너가 되어달라고 손을 내밀지 말았어야 마땅하다. 그럼에도 CDU는 SPD에게 연정을 제안했다. 왜 그랬을까? CDU가 애국심이 투철한 정당이라서 그랬던 것만은 아니다.

자유시장경제의 원리를 설명할 때 우리가 늘 인용하는 말이 있다. "당신이 푸짐한 저녁 식사를 할 수 있는 이유는 푸줏간 주인이나 빵집 주인의 자비심 때문이 아닙니다." 푸줏간 주인이 아침 일찍 일어나 고기를 썰고 빵집 주인이 빵을 굽는 것은 그들이 유난히 착해서도 동네 주민들에 대한 애정이 많아서도 아니다. 거칠게 표현하자면 '돈을 벌려고' 그러는 것이다. 사람의 마음속엔 그러한 이기심(욕망)이 존재하기 마련이고, 자신의 욕망을 실현하려는 과정이 타인에게 저절로 이익이 되는 결과로 나타나는 것이 자유시장경제의 기본 원리 아니던가. 애덤 스미스가 『국부론』에서 했던 말이다. 이런 원리는 정치 영역에도 그대로 적용된다. 정치 참여자의 선의를 끌어내려고 억지로 노력하지 말고 '선의를 유도하는 시스템'을 만들어야 한다. 독일식 내각책임제는 그것을 가능하게 만드는 시스템이다.

1965년 총선에 CDU가 제1당이 되었음에도 SPD에게 손을 내민 이유는 '상황이 그럴 수밖에 없었기 때문'이다. 원래 CDU는 자민당과 연정을 구성하고 있었다. 그런데 에르하르트 내각이 무너지니 하릴없이 SPD에게 대연정을 제안할 수밖에 없었던 것이다. 그렇더라도 꼭 대연정을 구성할 필요까지는 없었는데 말이다. 결국 그것은 패착이 되어 스스로를 정치적 외통수의 상황으로 몰고 간다. 그에 대한 이야기는 뒤에 자세히 하도록 하자. 어쨌든 CDU는 SPD에게 연정을 제안했고, SPD는 국가를 이끌어가는 능력을 국민에게 보여줄 수 있는 절호의 기회를 얻었다. 그것이 1969년 완전한 집권으로 이어졌다.

화제를 잠깐 돌려보자. 흔히 "좌파는 도덕성은 높지만 능력이 떨어지고, 보수 우파는 능력은 뛰어나지만 도덕성이 떨어진다"라고 말한다. 그럼 좌파는 이런 불만을 가질 것이다. "능력을 펼쳐 보일 기회를 줘야지, 원." 우리나라 일부 정치인 혹은 정치 지망생들이 잘하는 푸념이기도 하다.

내각책임제는 소수 정당 혹은 좌파 정당이 갖는 이러한 불만을 상쇄할 기회를 제공한다. 연립내각에 참여해 장관직 하나라도 배정받아서 능력을 펼쳐 보이면 되기 때문이다. 그러면 다음 총선에서 국민은 "맡겨봤더니 잘하네" 하면서 그 정당을 지지할 것이다. 이것이 내각제의 가장 큰 장점이다. 한편, 내각책임제는 대체로 중대선거구제도와 결합해 의원을 선출한다. 이른바 '돈 있고 백 있는' 사람만이 아니라 돈 없고 연줄 없는 '흙수저'도 정치를 시작할 수 있는 가장 좋은 통로가 중대선거구에 기반한 내각책임제다.

그러니 소수 정당이나 좌파 정당 입장에서는, 혹은 흙수저로 태어난 정치 지망생 입장에서는 정치 구조를 내각책임제로 변경하는 것이 훨씬 유리하다. 그러나 우리나라 예비 정치인들은 이런 상식을 잘 모르는 것 같다. 내각책임제를 그저 보수 세력의 장기 집권 의도 정도로 편협하게 바라본다. 이웃 나라 일본의 잘못된 사례를 보고 자랐기 때문에 그러는 것 같은데, 독일을 보라.

1949년 서독 정부 수립부터 2023년 현재에 이르기까지 독일 총리 9명 가운데 CDU 출신이 5명, SPD 출신이 4명이다. 총리 집권 기간으로 따지면 전후 74년 가운데(1949~2023년) CDU가 52년, SPD가 22년으로 보수 쪽의 집권 기간이 압도적으로 긴 것 같지만, SPD가 주니어파트너로 연정에 참여했던 시기까지 포함하면 좌파의 집권 및 동거 기간은 38년으로 늘어난다. 거의 절반씩 정권을 운영한 것이다. 이게 어디 보수 세력의 장기 집권인가. SPD가 비록 사회주의 노선을 버리고 국민정당으로 거듭나긴 했지만 이념적 색채는 우리나라 여느 진보 정당보다 좌파적이다. 개인적으로 만나본 SPD 소속 정치인들은 자신의 좌파적 소신을 숨기지 않는다. 그럼에도 독일의 좌파들을 만날 때마다 느끼는 점은, 그들이 한국의 좌파보다 훨씬 더 현실적이라는 사실이다. 국가를 이끄는 '경험'을 해봤기 때문이다. 이념을 현실에 투영해 내면적으로 다듬고 발전시킬 수 있는 기회가 많았던 것이다.

독일 좌파가 갖고 있는 현실 감각은 저절로 생겨난 것이 아니다. 꾸준히 '집권'을 해봤기 때문에 가능한 감각이다. 그런 것은 국가 차원에서도 소중한 자산이다. 이른바 좌파라고 하여 정치 영역에서 무조건 배제할 수는 없지 않은가.* 그들의 주장 중에도 맞는 부분이 있고, 그들을 천년만년 야당으로 만들어 장외의 '투사'로 키우는 것보다 어떻게든 체제 안으로 끌어들여 현실을 깨우치도록 하는 것이 국가 전체로 봐서는 훨씬 더 건전한 방향이다.

우리나라를 보자. 우리가 추구하는 대통령중심제는 구조적으로 양당제로 수렴된다. 대통령중심제는 승자 독식의 제도이기 때문에 '이것 아니면 저것'이라는 양당제로 좁혀질 수밖에 없다. 한편, 안정을 추구하는 것이 사람의 기본적인 욕망이기 때문에 양당은 결국 보수적이 될 수밖에 없다. 보수 중에서도 약간 리버럴한 보수와 약간 경직된 보수의 차이가 있을 따름이다.

대통령중심제에서는 좀 더 강경한 좌파, 혹은 좀 더 강경한 우파가 끼어들 자리가 없다. 그렇게 되면 좌파는 계속 장외에 머물 수밖에 없고, 사회 안정을 흔들어대는 요소가 된다. 보수 양당은 이들을 회유하거나 탄압하는 수밖에 없는데, 그러다가 또 무리수가 벌어진다. 대통령중심제 국가가 안정적인 것 같지만 끊임없이 혼란에 휩싸이고 사회통합이 잘 이루어지지 않는 이유는 정치 시스템 자체가 갖고 있는 이런 문제점 때문이다. 그렇다고 선거 제도

---

* 보수 우파들이 좌파를 배제하려다가 등장한 것이 나치 정권이다. 독일 국민들은 그에 대한 역사적 트라우마가 크다.

를 바꾸어서 인위적 다당제를 추구할 경우 혼란은 더욱 커진다. 내각책임제라면 모를까 대통령중심제 아래서 다당제는 최악의 정치 구조가 된다.*

나라가 본질적으로 안정되고 다채로워지려면 극좌든 극우든, 그 어떤 소수 정파가 되었든 최대한 정치권 안으로 끌어들여 체제 내부에서 정견을 흡수할 수 있도록 만들어줘야 한다. 그렇다고 경험 없는 소수 정파에게 정권을 통째로 맡길 수는 없으니 내각에 일부 참여하는 과정을 통해 현실을 깨닫게 만들어야 한다. 그런 측면에서 내각책임제는 장점을 발휘한다.

이웃 나라 일본은 이런저런 역사적 배경 때문에 '1당 내각제'가 되었다. 하지만 세상 어디에도 일본과 같은 내각제 국가는 없다. 일본의 사례가 아주 특수한 것인데, 그것을 마치 내각제의 보편적인 결과인 양 착각해서는 안 된다.

우리가 내각제를 실시하면 일본처럼 될 것이라는 예상은 대체 무엇을 근거로 한 것인지 모르겠다. 우리나라 사람들이 갖고 있는 반일 감정을 이용해 겁을 주려는 것이거나, 내각책임제가 무엇인지 전혀 모르는 데서 나오는 말이라고 생각한다. 내각제 포비아 phobia를 통해 대체 무엇을 얻으려고 하는 것인지 의도를 의심하지 않을 수 없다.

우리나라 소수 정당이나 진보 정당 사람들이 내각책임제, 의회

---

* 물론 예외적인 경우도 있다. 거대 양당으로 수렴할 수 없는 중도층의 의사를 반영한 제3당이 출현해 지렛대 역할을 하는 것이다. 그러려면 그 제3당은 단순히 지역이나 인물에 기반할 것이 아니라 뚜렷한 정책적 방향성을 가져야 한다.

중심제를 폄훼하거나 거부하는 것을 보면 더욱 이해가 가질 않는다. 보수 양당이 만들어놓은 '대통령중심제만이 유일하게 좋은 제도'라는 이데올로기 공세에서 벗어나지 못하는 것이라고밖에 달리 해석할 길이 없다.

우리나라의 이른바 진보 정당 사람들을 만나보면 '국회의원 배지 몇 개에만 만족하면서 만년 야당으로 살고 싶은 것일까' 하는 생각이 들 때가 많다. 과거를 명함으로 내밀면서 오늘도 투사로 살아가는 것에만 만족하는 '정신 승리' 정당이 되었다.

한국의 진보 정당, 좌파 정당이 처참하게 몰락한 이유 가운데 핵심은 바로 이것이다. 경기장의 노면이나 구조 자체가 자신들에게 원천적으로 불리한데도 경기장을 바꿀 생각은 하지 않고 선거제도 같은 부수적인 것만 바꾸려고 한다. 그리하여 국회의원 몇 자리 더 얻어내는 것에 정당의 명운을 걸다시피 한다. 대체 왜 저러는 걸까 싶다. 정치를 큰 틀에서 장기적으로 바라보지 못하는 좁은 시야가 아쉽다.

대통령중심제 자체가 바뀌지 않으면 국회의원 몇 자리 더 얻어낸다고 한들 진보 정당은 영원히 야당으로만 살게 될 것이다. 내각은 경험해보지 못하고 "시대에 뒤떨어진 사람들"이라는 비난만 받으면서 살게 될 것이다. 그런 비난을 또 '고독한 투사'의 징표로 삼을 것이다. 그리하여 계속 그 자리를 돌고 도는, 윤회의 지옥과도 같은 '진보 없는 진보 정치'가 이어지는 중이다.

좌파뿐 아니다. 극좌가 되었든 극우가 되었든, 성소수자, 페미니스트, 환경주의자, 민족주의자들의 정당이 되었든, 우리나라에서 다양한 성격의 정당이 힘을 쓰지 못하고 지난 수십 년 동안 늘 그 모양 그 자리였던 이유는 바로 대통령중심제 때문이다. 대통령중심제는 다양성이 틈입할 수 없도록 봉쇄해버리려는 의도를 갖고 태어난 제도라고 설명해도 과언이 아니다. 양당이 교대로 권력을 나눠 갖도록 만든, 지극히 보수적인 제도다.

안정성을 추구하는 측면에서는 20세기 한때 대통령제가 좋았을지 몰라도, 이제 인류 역사에서 대통령이라는 이름은 이별을 고할 때가 되었다.

다시 독일의 민주주의 역사를 살펴보자.

전후 70여 년이 지난 지금까지 독일은 아홉 명의 총리와 스무 번의 총선을 겪었다.* 그 가운데 특정 정당이 단독 과반 의석을 획득한 선거는 딱 한 번 있었다. 1957년 실시된 3대 총선에서였다. 당시 독일 의회는 총 497석으로 과반은 249석이었는데, CDU는 무려 270석**으로 과반을 훌쩍 뛰어넘었다. 그럼에도 CDU는 단독 내각을 수립하지 않았다. 그때 아데나워가 했던 유명한 말이 있다. "이전에도 없고 이후에도 없을 예외적 상황이다."

아데나워의 예언은 정확히 들어맞았다. 그후 독일 총선에서 특정 정당이 과반을 획득한 사례는 한 번도 없다. 독일 정치 역사상 처음이자 마지막(일지도 모를) 단독 과반이었던 것이다. 여기서 아데나워의 위대함이 빛난다. 그러한 '예외적 상황'을 받아들이는 지도자의 자세다. 일반적인 지도자라면 예외적 상황에 욕심을 부리기 마련이다. 단 한 번밖에 없는 기회이니 절대 놓치지 않겠노라고 팔을 걷어붙이고 나설 것이다. 우리나라 정당들이 떠오르지 않는가. 과반 의석을 차지하게 되면 이번 기회에 개혁 입법을 하겠다면서 온갖 입법 폭주를 서슴지 않는다. 그러나 아데나워는, 독일은, 그러지 않았다.

'정도正道에는 예외가 없다'라는 논리를 앞세워 아데나워는 예외를 더욱 빛나게 만들었다. 단독 행정부를 구성할 수 있었는데도 연정을 선택한 것이다. 당시 CDU는 17석에 불과한 독일당DP을 주니어파트너로 끌어들이며 '연립내각 구성'이라는, 굳이 하지 않아도 되는 결정을 했다. 권력을 나눠준다는 것은 말처럼 쉬운 일이 아닌데도 말이다. 그리하여 아데나워는 '연정'을 독일 정치의 원칙이자 전통으로 만들었다. 한편 압도적 과반을 확보했음에도 입법 폭주 따위는 없었다. 야당의 의견을 수렴하고, 반드시 정상적인 절차를 밟았다. 아데나워가 길을 닦은 훌륭한 정치 전통이다.

그 뒤로 독일에서는 단독 과반을 획득한 정당이 없었을뿐더러, 연정으로 압도적인 과반을 획득하더라도 언제 어디서 어떤 형태의 연정이 수립될지 모르니 금도襟度를 유지하는 선에서 현실 정치가 이루어진다. 생각이 다른 국민들의 심기를 일부러 건드리는 행동을 하지 않고, 상대방을 박멸하려는 태도로 덤벼들지도 않는다.

•   2023년 6월 현재 기준.

••   정확히 표현하자면 CDU 215석, CSU 55석이었다.

독일 국민이 유난히 착해서가 아니다. 내각제라는 시스템이 정치를 그렇게 만들고, 조화로운 정치가 통합적인 사회 분위기를 만들어내는 선순환이 이루어졌기 때문이다.

❖

독일 정치를 소개할 때 자주 등장하는 표현이 있다. 흑황 연정, 적황 연정, 신호등 연정, 자메이카 연정, 대연정, 적적록(R2G)* 연정 등이 그것이다.

CDU의 상징색이 검정이다. SPD의 상징색은 빨강이다. 독일 정치사에서 주니어파트너로 자주 등장하는 자민당FDP의 상징색은 노랑이다. 그에 따라 CDU와 자민당이 연립내각을 구성하면 흑황 연정, SPD와 자민당이 연립내각을 구성하면 적황 연정이라고 부른다.

신호등 연정은 빨강-노랑-초록으로 구성된 연정으로, SPD-자민당-녹색당이 연정을 구성한 경우다. 2023년 6월 현재 독일 내각이 역사상 최초로 연방 차원에서 탄생한 신호등 연정이다. 자메이카 연정은 검정-노랑-초록으로 구성된 자메이카 국기 색깔에서 나온 이름이다. CDU-자민당-녹색당이 연합한 경우인데 지금껏 연방 차원에서 이 연정이 구성된 적은 없다. 케냐 연정도 있다. 케냐 국기는 검정-빨강-초록이다. CDU-SPD 대연정이 이루어지고 거기에 녹색당이 가세하면 케냐 연정인데, 이 또한 지금까지 연방 차원에서는 구성된 적이 없다.

이념을 기준으로 연정을 소개하면 대연정과 소연정으로 나뉜다. 대연정Große Koalition은 말 그대로 '거대한' 연정이다. 이념을 뛰어넘어 연립내각이 구성되는 경우다. 그렇다고 소연정Kleine Koalition이 작은 연정이라는 뜻은 아니다. 네다섯 개 정당이 연합해서 내각을 구성하는 경우에도 소연정이라고 부른다. 요컨대 이념적 색채가 비슷한 정당끼리 뭉치면 소연정, 이념을 뛰어넘으면 대연정(위대한 연정)이 된다. 그렇다면 "옛 사회주의자들의 정당인 SPD와 친기업 정당인 자민당이 결합한 적황 연정 또한 대연정이라고 말할 수 있지 않은가?"라고 질문할 수 있다. 지금은 통상적으로 CDU–SPD 양대 정당이 합쳐지는 경우만을 대연정이라 부르고 나머지는 모두 소연정이라고 한다.

지금까지 독일에서는 모두 네 번의 대연정이 있었다. 1966년에 CDU가 총리를 맡고 SPD가 부총리를 맡은 대연정이 처음 만들어졌고,** 2005년에 앙겔라 메르켈이 총리가 되면서 40년 만에 다시 대연정이 성사됐다. CDU는 2009년 총선에서는 소연정으로 전환했다가, 2013년과 2017년에 다시 대연정으로 돌아갔다. 메르켈이 4연임을 거듭하면서 무려 16년 동안 총리직을 수행했는데 그런 총리는 앞으로 독일 역사에 드물 것이고, 재임 기간에 대연정을 세 번이나 이루어낸 총리도 쉽게 찾아보기 어려울 것이다. 여러모로

•　　'Red정당 둘, Green정당 하나'라는 뜻. 사민당, 좌파당, 녹색당이 구성하는 범좌파 연정이다.

••　　그때 부총리가 빌리 브란트다.

메르켈은 대단한 정치인이다.

많은 사람들이 묻는다. "이념적 성향이 다른 CDU와 SPD가 왜 연정을 하는 겁니까?" SPD가 이념적 성향이 비슷한 좌파당Linke 이나 녹색당을 주니어파트너로 끌어들여 이른바 적적록 연정을 구성할 수도 있는데, 왜 군이 정치적 성향이 정반대인 CDU와 연대하느냐는 것이다. 실제로 그런 사례가 있었다. 2013년 독일 총선 결과에 따른 의석 분포를 보면 SPD 193석, 좌파당 64석, 녹색당 63석으로, 이른바 좌익 3당을 합치면 320석이 되어 과반(316석)을 넘길 수 있었다. SPD가 리더 정당이 되어 총리를 배출할 수 있었던 것이다. 그럼에도 SPD는 적적록 연정을 선택하지 않고 CDU가 주도하는 내각에 주니어파트너로 들어가는 굴욕적인(?) 선택을 했다. 왜 그랬을까?

반대의 경우도 있다. 2017년 총선 때였다. 이번엔 CDU가 같은 우파인 자민당과 독일을위한대안AfD을 끌어들여 보수 연합 정부를 구성할 수도 있었다. 그러나 CDU는 그렇게 하지 않았다. 대신 SPD를 끌어들여 대연정을 구성했다.

이유는 간단하다. SPD가 좌파이긴 하지만 그들 입장에서도 좌파당은 극단적인 좌익이다. 단순히 집권 한번 해보겠다고 그들을 끌어들여 연립내각을 구성하면 중도층의 민심을 잃어 다음 총선에서 많은 표를 잃을 수 있다. CDU 입장에서도 그렇다. AfD는 이른바 극우로 불리는 정당이다. CDU가 아무리 마음이 급하다 한들 그런 정당과는 연정을 구성할 수 없다. 극우와 극좌를 무리하게 탄압하지 않으면서 그들이 현실 정치권에 진입할 수 있도록 만들어주기는 하되, 내각을 맡기는 일은 연정 구성 단계에서 걸러내는 정치적 합리성을 발휘하는 것이다. 처음부터 끝까지 국민의 정서가 반영되는 정치라고 할 수 있다. 한편, 좌파당이나 AfD 같은 극좌-극우 정당이 내각에 들어가려면 어떻게 하면 될까? 자신들의 정강 정책을 다듬어 '국민적으로' 변모하는 수밖에 없다. 1949년의 CDU와 1959년의 SPD가 그랬던 것처럼 말이다. 그렇게 되면 언젠가는 연정 파트너로 참여할 수 있는 날이 올지 모른다. 집권을 하는 날도 있을 것이다.

하나 더 소개하자. 앞에서 독일의 여러 연정 유형을 소개하는 과정에, 이른바 R2G 연정이나 자메이카 연정, 케냐 연정 등에 대해 "지금까지 연방 차원에서 구성된 적이 없다"라고 표현하였다. 그렇다면 "연방이 아닌 '다른 차원'에서는 그런 연정이 구성된 적이 있다는 말인가?"라고 질문하는 독자가 있을 것이다. 그렇다. 독일은 연방뿐 아니라 주써 의회에서도 연정이 이루어진다. 지방의회에서는 R2G 연정이 성사된 사례가 많다. 자메이카 연정과 케냐 연정도 여러 번 구성되었다.

독일식 정치 시스템의 우수성 가운데 하나가 바로 이런 점에 있다. 지방의회 단위에서 다양한 정치 실험이 이루어진다. R2G 연정이 정상적으로 작동하는지, 자메이카나 케냐 연정은 과연 어떤지 일단 지방에서 먼저 실험해보고 그 결과를 연방 정치 무대에 반영하는 것이다. 실험이 반복되다 보면 언젠가는 연방 차원에서도 R2G 연정이 실현될지 모른다. 독일에서는 다양한 형태의 연정 모델이 지방에서 시작해 중앙으로 쏟아져나온다. 아래로부터의 정치가 실현되는 셈이다. 2023년 현재 독일 서남부에 있는 바덴뷔르템베르크주에서는 녹흑綠黑 연정까지 만들어져 운영되는 중이다. 녹색당이 리더 정당이고, CDU가 주니어파트너로 참여하는 연정이다. 독일 녹색당이 얼마나 성장했는지 알 수 있는 대목이다. 이 연정이 성공한다면 앞으로 독일 중앙 정치 무대에서도 녹색당이 리더 정당으로 도약할 수 있을 것이다.

독일 정치의 포용력과 창의성은 이런 부분에서 돋보인다. 어떤 세력이든 "저 정당 사람들과는 상종도 할 수 없다"라는 배타성이 독일 정치에는 없다. 앞에서 "언제 어디서 어떤 형태의 연정이 수립될지 모르니 정치적 금도를 유지한다"라고 표현한 바 있다. 중앙에는 없는 연정 유형이 지방에서는 실시되고, 특정한 지방에서의 연정 경험은 독일 전역에 널리 알려진다. 한마디로 '어디서 어떻게 만날지 모르는 사이'인 것이다. 자연히 정당과 정당 사이, 정치인과 정치인 사이에 서로 정중하고 신중한 관계가 형성된다. 그런 것이 과연 정치 아닐까.

다양한 정치 실험이 밑에서부터 위로 올라오는 방식으로 진행되니 그야말로 '풀뿌리민주주의'가 아닐 수 없다. 반면 우리의 지방 정치는 어떠한가? 우리의 지방자치, 특히 지방의회는 외국의 것을 모양만 받아들여 가장 나쁘게 활용하고 있는 예가 아닐까 싶다.

하긴 지방 정치를 탓해서 뭐하겠는가. 대통령선거 때는 국민 통합 정부니 공동 정부니 하면서 통합의 정치를 실현하겠다고 온갖 좋은 말은 다 하다가, 막상 정권을 잡고 나면 국민에 대한 약속을 헌신짝처럼 내버리는 나라에서 말이다. 대통령중심제는 성격 자체가 그럴 수밖에 없다. 일단 대통령이 되고 나면, 보장된 임기 동안에는 특정 진영이 모든 것을 누릴 수 있으니 말이다.

　자민당의 존재를 빼놓고는 독일의 민주주의를 말할 수 없다.
　독일 자민당은 참 재미있는 정당이다. 1949년부터 2023년 현재까지 74년에 이르는 독일 정치 역사상 자민당이 연정 파트너로 참여하지 않은 기간은 23년에 불과하다. 만 50년 넘게 독일 정부 구성에 참여한 셈이니 경력으로 따지면 SPD보다 훨씬 많고 CDU와도 맞먹는다. 그러나 단 한 번도 리더 정당이 된 적은 없다. 만년 3등이거나 4등인데 늘 내각 구성에 참여하고, 정책의 방향을 결정하는 데 적잖은 영향을 미친다. 사실 오늘의 독일은 자민당이라는 '중도'가 만들어냈다고 해도 될 정도다.
　더 놀라운 사실이 있다. 1960년대 이후로 자민당은 지역구에서는 단 한 번도 당선자를 낸 적이 없다. 독일의 선거법에는 5% 봉쇄 조항이 있다. 정당 투표에서 5%를 넘지 못하는 정당은 비례대표 당선자를 내지 못한다.[*] 하지만 역으로 이 조항 덕분에 5%만 넘으면 지역구에 당선자가 없어도 득표율에 따라 의석을 얻을 수 있다. 자민당은 그렇게 비례대표에만 의존하는 '비례 전문 정당'이라

---

[*]　바이마르공화국 시절에는 이 5% 봉쇄 조항이 없어 숱한 정당이 난립했다. 그런 이유로, 바이마르공화국의 몰락과 나치 독일의 등장을 겪은 다음 1949년 서독 정부를 수립할 때 이 조항을 신설했다.

고 말해도 과언이 아니다. 그럼에도 독일 정치에서 자민당은 아주 중요한 균형추 역할을 한다.

당명에서 알 수 있듯 자민당은 자유주의를 추구하는 친기업적인 정당이다. 20세기 초반 독일 산업화 과정에 탄생한 신흥 자본가들과 자유주의 지식인들의 정당인 독일민주당, 독일인민당을 모태로 한다.

그런데 이 자유주의라는 이념이 꽤 독특한 구석이 있다. 왼쪽과 오른쪽 어느 쪽과도 상통할 수 있는 것이다. 좌파 자유주의가 있을 수 있고, 우파 자유주의가 있을 수 있다. CDU가 제1당이 되었을 때 자민당은 '보수적 자유주의' 혹은 '자유시장경제'를 내세우면서 CDU 쪽에 붙고, SPD가 제1당이 되었을 때는 '사회적 자유주의' 혹은 '선제적 복지' 등을 앞세우며 SPD 쪽에 붙는다. 박쥐같은 정당이라고 오해할지 모르겠지만, 강조컨대 그동안 독일 정치의 균형은 자민당이 잡아왔다고 해도 틀린 말이 아니다. 자민당은 CDU가 너무 오른쪽으로 치우친다 싶으면 SPD와 연대해 균형추를 조금 왼쪽으로 당겨놓고, SPD가 너무 왼쪽으로 달려간다 싶으면 CDU와 결합해 사회적 균형을 오른쪽으로 조금 옮겨놓는다. 참고로, 자민당은 자유시장경제를 추구하는 친기업 정당으로 알려져 있지만 기본소득제도라고 할 수 있는 시민 급여Bürgergeld를 정책으로 앞세우는 정당이기도 하다.*

---

* 독일에서는 SPD는 물론 CDU, 녹색당, 자민당, 좌파당 등이 모두 '기본소득'의 취지에 동의하고 있고, 각 정당이 다양한 기본소득 모델을 제시하고 있다.

독일의 초대 대통령 테오도어 호이스가 바로 자민당 출신이다. 독일 대통령은 형식적인 자리에 불과하기 때문에 CDU가 자민당과 연합하려고 대통령직을 양보한 측면도 있지만, 호이스 자체가 CDU는 물론 독일 정치인 모두에게 고루 존경받는 인물이었다. 호이스는 SPD 당수 슈마허와의 표 대결에서 이겨 대통령이 되었는데, 재임 기간에 각하라는 호칭 대신 그냥 호이스 씨Herr Heuss라고 불러달라고 하여 역시 훌륭한 인물이라 평가받는다.

자민당, 호이스와 관련해 흥미로운 일화가 있다. 독일의 초대 경제부 장관이자 2대 총리로 이른바 '라인강의 기적'을 일구었던 에르하르트를 기억할 것이다. 그는 원래 CDU가 아니라 자민당에 들어가려고 했다. 그래서 호이스를 찾아갔는데 호이스가 "더 큰 뜻을 펼치고 싶으면 우리 자민당이 아니라 CDU로 가라"고 하면서 입당 신청을 거절했다는 일화가 있다. 호이스의 현실적인 면모가 엿보인다.

가십거리이지만 더 흥미로운 사실도 있다. 사실 에르하르트는 CDU에도 입당하지 않았다. 에르하르트 사후에야 정확히 판명된 일인데, 그가 죽고 나서 아무리 당적부黨籍簿를 뒤져봐도 CDU 당원 명단에서 에르하르트라는 이름을 찾을 수 없었다고 한다. 그러니까 에르하르트는 무소속으로 총리직을 맡은 최초의 인물인 셈이다. 앞으로 독일 역사상 그런 총리는 나오기 힘들 테니 처음이자 마지막 무소속 총리라고 불러도 틀리지 않을 것이다.

그것이 에르하르트의 장점이자 단점이었다. 에르하르트는 기본적으로 정치를 싫어했다. "나는 정치가 싫다"라고 공공연히 말하고 다닌 사람이었다. 오직 경제만 아는 정치인이었다. 독일 정치가 광장히 유연하고 타협적인 편인데도 에르하르트는 '정치는 본질적으로 싸우는 것'이라 생각해 심지어 혐오하기까지 했다. 그것은 에르하르트의 분명한 단점이었다. 정치를 내심 싫어하는 것까지야 어쩔 수 없다지만, 일단 정치권에 뛰어든 이상 정치를 '해야만' 하기 때문이다. 정치와 떨어진 경제란 존재할 수 없는 법이다.

무소속인 데다 정치를 싫어하기까지 했으니 에르하르트는 총리가 되어서도 여당에 대한 장악력을 조금도 갖지 못했다. 아데나워는 총리직을 퇴임하고 나서도 CDU 대표 자리는 그대로 유지하면서 여전히 의원들을 좌지우지했고, 끊임없이 에르하르트를 공격했다. 아무리 독일 정치가 '총리 민주주의'라지만 내각책임제에서 총리의 '하우스 파워'*가 존재하지 않으면 상당한 혼란이 초래되기 마련이다. 독일 정치에서 총리가 소속 정당의 대표가 아니라는 이유로 당 대표와 서로 엇박자를 내는 경우는 몇 번 있었다. 그럴 때 총리가 당 대표와의 관계를 어떻게 설정하느냐에 따라 독일 정치가 요동치곤 했다.

1969년 독일 총선에서 SPD가 승리할 수 있었던 가장 큰 이유는 그만큼 독일의 경제 사정이 좋지 않았기 때문이다. SPD가 정

---

*　　자기 당에 대한 장악력.

강 정책을 바꾸고 1966년부터 연정 파트너로 참여함으로써 수권 능력을 보여준 것도 있지만 결정적 이유는 역시 경제였다. 어느 나라 어떤 선거든 핵심은 '먹고사는 문제'가 좌우한다.

전후 독일 경제는 승승장구했다. 패전국의 멍에를 안고 있었지만, 패전국에게 지나치게 가혹했던 것이 2차대전 발발의 원인이 되었다는 사실을 아는 승전국들도 이번에는 조금 관대한 태도를 취했다. 특히 세계가 동서 냉전 구도로 양분되면서 마셜플랜으로 대표되는 미국의 대대적인 지원 정책이 실시되었고, 사회적 시장경제라는 날개까지 달고 있는 독일은 가파른 경제성장을 이루었다. 1950년대 독일의 경제성장률은 연평균 약 8%에 이르렀고, 1960년대가 되면서 4~5% 수준으로 둔화됐다. 사실 그 정도만 해도 상당한 성장률인데 고도성장에 익숙한 국민은 약간의 하락에도 실망감을 드러내기 마련이다. 에르하르트가 총리로 재임하던 시기 물가상승률은 2%, 실업률 또한 2% 수준이었다. 지금이라면 그 정도 물가상승률은 그리 우려할 만한 수준이 아니고 실업률 역시 완전고용 수준이지만 당시 독일 국민들은 그렇게 생각하지 않았다. 빨리 물가를 잡고 실업 문제를 해결하라고 아우성이었다.

게다가 증세增稅가 커다란 사회적 이슈가 됐다. 경제가 발전하고 전쟁으로 인한 상처도 아물고 있으니 사회적 안전망을 다시 구축하자는 여론이 부상했다. 복지를 늘리려면 재정 구조를 조정하거나 세금을 늘리는 수밖에 없다. 그런데 당시 독일에서는 재정 적자가 발생하기 시작했다. 그러면 결국 세금을 늘리는 방법밖엔 없다. 하지만 에르하르트가 총선을 이끌면서 내세운 공약은 '감세'였다.

그러면서 복지를 확대하겠다는 다소 모순돼 보이는 양대 공약을 내세웠다. 감세 공약은 연정 파트너가 될 자민당의 입장을 반영한 것이었고, 복지 확대 공약은 시대적 요구를 반영한 것이었다.

고심 끝에 에르하르트가 선택한 길은 재정 건전화와 복지를 동시에 추구하는 방향이었다. 그는 태도를 바꾸어 증세안을 밀어붙였다. 이는 자민당과 CDU 사이에 체결한 연정 협약서를 위반하는 것으로, CDU에 대해서도 장악력이 없는 에르하르트가 자민당 쪽에서도 신임을 잃는 계기가 되었다. 결국 에르하르트는 총리직에서 내려올 수밖에 없었다. 역시 정치는 '현실'이 하는 것이다. 의지만으로 해결할 수 없는 일이 세상에는 많다.

에르하르트가 총리직을 맡은 기간은 겨우 3년 1개월에 불과했다. 1965년 총선에 승리해 에르하르트 2기 내각을 구성한 때로부터는 1년 3개월 만에 사임 의사를 밝혔다. 에르하르트는 독일 총리 가운데 두 번째로 재임 기간이 짧은 총리로 역사에 남아 있다. 경제부 장관으로서는 성공했으나 총리로서는 실패한 셈이다. 특정 분야에 유능하다고 해서 국가 전체를 통솔할 지도자가 될 수는 없다는 교훈을 에르하르트는 역설적으로 보여준다.

아데나워와 에르하르트에 이어 독일의 3대 총리가 된 인물은 쿠르트 키징거. 키징거는 꽤 교활한 인물이다. 그의 정치 경력 가운데 눈에 띄는 부분은 나치당원 전력이다. 그는 나치 독일 시절 외교부 국장급으로 일했던 인물인데, 전후 CDU가 나치에 단순 협력한 사람은 받아들이는 조치를 취하면서 간신히 정치 활동을 재개할 수 있었다. 연방 총리에 선출되기 직전 키징거는 바덴뷔르템베르크의 주지사였다. 독일 역대 총리들이 중앙 정치 무대를 두루 거쳐 총리가 된 반면 변방의 주지사를 하다가 갑자기 총리가 된 특이한 케이스다. 거기에는 역시 모종의 정치적 암수가 숨어 있었다. 가장 큰 이유는 여전히 CDU를 배후에서 쥐락펴락하던 아데나워가 가급적 유약한 사람을 총리 자리에 앉혀 스스로 상왕 노릇을 하고 싶었기 때문이었고, 일단 키징거를 임시로 총리 자리에 앉혀놓은 다음 차기 총리 자리를 기약하려고 했던 원내대표 라이너 바르첼의 계산도 숨어 있었다. 한편 중앙 정치의 권력 암투에 지쳐 있던 당원들이 지방의 이름 없는 주지사인 키징거가 차기 대권 주자로 떠오르자 '묻지 마' 지지를 했던 탓도 있었다.

나치당에 협력한 전력이 있는 키징거는 정치적 협상이나 술수에는 능숙했다. 그는 SPD를 설득해 대연정을 성사시키는, 당시로서는 누구도 상상하지 못했던 기적적인 사건을 만들어냈다. 당시 나는 독일에서 유학 중이었기 때문에 그 무렵 독일의 상황과 사회적 분위기를 비교적 소상히 알고 있다. 물론 바이마르공화국 시절에도 대연정이 이루어진 적은 있다. 하지만 1960년대 독일에서 '대연정'이란 그저 상상 속에서나 존재하는 개념이었다. CDU가 자민당이 아니라 SPD와 연립정부를 구성한다는 발표가 있자 "오보가 아니냐"며 웅성거리던 독일인들의 모습이 기억난다. CDU는 그 대연정 때문에 나중에 정권을 잃었고, 키징거도 얕은 정치적 술수를 부리다 총리 재선에 실패하고 만다.

이 점을 확실히 하고 넘어가자. 물론 이상적인 측면에서 대연정은 좋은 선택이다. 하지만 대연정이라고 무조건 좋을까. 당시 정치공학적 차원에서 키징거가 범한 가장 큰 실책은 SPD와 연정을 꾀하려다 자민당을 배려하지 않았다는 점이다. 그러잖아도 에르하르트 총리 시절 증세 문제로 CDU와 이견을 노출했던 자민당은 이 대연정 때문에 CDU에 두고두고 배신감을 느끼게 되었다. 게다가 키징거는 또 다른 치명적인 실수를 저질렀다. 선거법을 바꿔서 비례대표제도를 아예 없애려고 한 것이다. 지역구 당선자 없이 거의 비례대표에만 의존하는 자민당으로서는 이 조치를 자민당을 없애겠다는 선전포고로 받아들일 수밖에 없었다. 그 뒤로 자민당은 CDU와 멀어졌고, 묘하게(?) SPD와 가까워졌다. 중도 우파인 CDU와 중도 좌파인 SPD가 대연정을 하는 것보다 자본가 정당인 자민당과 사회주의자 정당인 SPD가 가깝게 지내는 일이 사실은 더 놀라운 풍경이다. 정치란 그런 것이다.

1969년 총선에서 CDU는 제1당이 되었다. 예전 같았으면 자민당을 연정 파트너로 끌어들여 무난히 연립내각을 구성할 수 있었다. 개표 결과가 전해지자 미국 닉슨 대통령이 전화를 걸어 키징거에게 연임을 축하한다고 인사를 건넸을 정도다. 하지만 키징거가 자민당을 배신한 대가는 컸다. 자민당은 CDU에게 느꼈던 모욕감을 그대로 되돌려줬다. SPD와 손을 잡겠다고 선언한 것이다. 그 뒤로 13년 동안 CDU는 야당 신세로 지내야 했다. 얼치기 정치인 하나가 정당을 이렇게 망가뜨려놓을 수도 있다.

❖

세상에 단순한 일은 없다. 간단하게 보이는 일도 내면을 파헤쳐보면 온갖 다양한 요소가 얽혀 있는 것을 볼 수 있다. 1969년에 자민당이 CDU 대신 SPD를 선택한 것은 단순한 한 편의 복수극이었을까? 그렇게만 이야기한다면 흥미로운 정치 만담의 한 토막은 될 수 있겠지만 거기에 얽힌 여러 정치적 동인은 살펴보지 못하는 잘못을 범하게 된다.

1968년을 기점으로 유럽에서는 훗날 '68운동'이라고 부르는 학생운동이 대대적으로 일어났다. 당시 나는 독일에 대학생 신분으로 있었기 때문에 시위 행렬을 따라가보기도 하고, 프랑스 파리까지 가서 군중들이 열띤 토론을 벌이는 광경을 지켜보기도 하면서 68의 현장을 몸으로 겪었다.

지금 적잖은 사람들이 68운동이 프랑스에서 시작된 줄 안다. 학생들의 시위로 '국민 영웅' 드골이 대통령직에서 하야하는 사태까지 벌어졌기 때문에 '68=프랑스'라는 인식이 생겨난 것 같다. 하지만 사실 68운동은 '마르크스주의의 본고장' 독일에서 발발했고 전개 방식 또한 과격했다. 그런데 최종 결과를 놓고 보면 학생운동의 사회적 충격과 피해를 가장 적게 경험한 국가가 독일이다.

프랑스와 독일은 무엇이 달랐는가. 아주 중요한 차이는 학생들의 시위에 일반 시민들이 동참했느냐 하지 않았느냐 하는 점이다. 독일에서는 학생 시위가 시민들의 시위로 확산하지 않았지만 프랑스에서는 학생 시위에 근로자들이 가세하면서 대규모 민중 시위로까지 발전했다. 그러면서 대통령이 하야하게 되었다.

당시 내게 굉장히 인상적이었던 풍경이 있다. 학교 근처 술집에 갔더니 근로자들이 맥주를 마시면서 벽에 걸린 텔레비전을 지켜보고 있었다. 학생들이 시위하는 광경이 뉴스 화면에 나오자 근로자들이 "우리가 내는 세금으로 공부하는 녀석들이 뭐가 그리 불만이 많아 시위를 하느냐"라며 불만 섞인 대화를 주고받았다. 시민들이 그렇게 말하는 것을 듣고 학생들도 조용히 수긍할 수밖에 없었다. 사소한 풍경인 듯하지만 내게는 인생에 걸쳐 잊히지 않는 장면 가운데 하나다.

독일처럼 사회가 안정되고 정치 개혁이 잘 이루어진 나라에서는 학생 시위가 찻잔 속 태풍처럼 아무런 힘도 쓰지 못하고 사그라든다. 반면 프랑스처럼 복지제도와 사회적 안전망이 선제적으로 확보되지 못한 나라에서는 시민들이 동참하면서 학생 시위가 커다란 사회적 혼란으로 이어진다. 나는 1968년의 독일과 프랑스를 지켜보면서 선제적 개혁의 정치적 효과를 뼈저리게 깨달았다.

이런 측면도 생각해볼 수 있다.

독일 사회는 68운동의 바람 앞에 크게 흔들리지 않았지만 정치권은 일정 부분 영향을 받지 않을 수 없었다. 1969년 독일 총선에서 SPD가 약진한 데는 68운동의 영향 또한 작지 않았다. 나치 당원이었던 키징거를 총리로 앞세운 CDU에게 청년들이 등을 돌린 것이다. 당시 어느 여대생이 CDU 전당대회 현장을 찾아가 연단에 앉아 있는 키징거의 뺨을 때린 사건이 크게 화제가 되기도 했다. CDU가 경제를 발전시켜 국민들에게 큰 지지를 받고 장기 집권을 하였으나 독일 국민들은 새로운 시대정신Zeigeist을 요구하고 있었던 것이다. 어느 시대 어느 정치든 그렇다. "우리가 국민을 배부르게 만들어줬는데 국민이 우리가 이끈 성과를 몰라준다"라고 억울하게 생각할 필요 없다. 올바른 정치인이라면 배은망덕하다며 국민을 탓할 것이 아니라, 시대의 변화를 부지런히 좇아가지 못한 자신의 게으름을 반성해야 한다.

1960년대 후반, 국민들의 여론이 이러하니 자민당도 무게중심을 보수적 자유주의에서 사회적 자유주의로 옮길 수밖에 없었다. 지금도 독일 자민당에는 보수파와 소장파가 섞여 있는데, 시대에 따라 어느 쪽에 사회적 가치를 둘 것인지 스탠스를 정한다. 그것이 독일 정치에서 자민당이 갖는 소중한 역할이다.

2000년대 초반, 자민당 지지율이 크게 떨어진 적이 있다. 녹색당이 중앙 무대에 등장하면서 SPD의 연정 파트너가 따로 생겨났을뿐더러, 세계적으로 양극화가 심화되는 상황에서 감세·규제 철폐·복지 축소 같은 자민당의 기조가 더이상 SPD와 접점을 찾기 힘들어진 탓이다. 그리하여 자민당은 다시 CDU와 연정을 하게 되었다. 보수주의자들의 지나친 시장 편향에 반발해 SPD 지지자들이 결집하고, 그에 맞서 CDU 지지자들이 결집하는 정치적 양극화의 분위기가 형성되니 자민당이 설 자리는 없어졌다. 결국 2013년 총선에서 자민당은 창당 이래 최초로 전국 5% 지지를 확보하지 못하는 0석의 치욕을 겪었다.*

---

*   4.7%를 얻었다.

그럼에도 자민당은 2017년 총선에서 80석을 얻으며 화려하게 부활했다. 2021년에는 자민당 역사상 두 번째로 많은 92석을 확보했다. 자본가들의 정당으로 여겨지던 자민당이 기본소득 제도에 찬성하는 등 혁신을 꾀함으로써 국민의 마음을 다시 얻은 덕분이다.

2021년 독일 총선 결과는 무척 흥미로웠다. SPD가 206석으로 제1당이 되고 녹색당은 118석을 얻었다. 전통적인 프렌들리 정당인 SPD와 녹색당을 합쳐 봤자 324석으로 과반(369석)에 모자랐다. CDU와 자민당을 합쳐도 289석으로 역시 과반에 모자랐다. 거기에 AfD가 갖고 있는 83석을 합치면 372석으로 우파 연립정부를 구성할 수 있었지만 CDU나 자민당이나 극우세력과 힘을 합치는 방향은 원치 않았다.

그럴 때 일반적인 내각제 국가에서는 재선거를 실시하기 마련이다. 그러나 독일 정치인들은 총선을 무효로 돌리면서 국민에게 선거를 두 번 치르게 만드는 무리수를 두지 않았다. 특히 2021년은 코로나19 팬데믹이 한창일 때로, 정치적 이익을 위해 국민의 생명과 안전을 감수할 수는 없는 일이었다.

이때에도 자민당이 중심추 역할을 했다. 빨강-녹색 연합 사이에 끼어들어 최초의 빨강-노랑-녹색의 신호등 연정이 생겨난 것이다. 재무부, 법무부, 교통부, 교육부 등은 자민당이 맡고, 경제부, 외무부, 환경부 등은 녹색당이 맡는 식으로 연정 합의가 이루어졌다. SPD는 총리직과 내무부, 건축부, 보건부 등을 맡기로 했다. 장관직 배분을 보면 독일의 각 정당이 어떤 분야에서 각각의 전문성을 발휘하는지 쉽게 알 수 있다. 독일식 민주주의가 갖고 있는 조화와 균형의 힘이다.

자민당의 상징색이 노랑인 것은 의미심장한 대목이다. 신호등 중간에 있는 색깔이 노랑 아닌가. 점멸하는 경고등 색깔이 노랑이기도 하다. 별것 아닌 것 같지만 안전에 큰 역할을 차지하는 색깔이다. 지금까지 독일 정치에서 자민당이 차지하는 역할이 그랬다.

❖

다시 1966년 독일로 돌아가 이번 강의를 마무리하자.

CDU와 SPD가 결합한 1966년의 대연정은 사실 그리 매끄럽지는 못했다. 일단 서독 정부 수립 이래 처음으로 만들어진 대연정인 데다, 경제·외교·안보 문제와 관련해 양당이 첨예하게 대립하는 지점이 많았기 때문이다. CDU가 당면한 정치적 위기에서 벗어나려고 정치공학적으로 선택한 대연정이다 보니 국정 운영의 방향을 충분히 공유하기 어려웠고 소통도 원활하지 않았다. 그런 가운데 68운동의 바람까지 겹치면서 CDU는 1969년 선거에서 정권을 잃었고, 독일 정치에 '대연정'이라는 이름이 다시 등장하기까지는 그로부터 40년의 시간이 필요했다.

그럼에도 키징거는 운이 좋은 정치인이었다. 대연정을 구성한 직후 경제 상황이 여러모로 좋아졌기 때문이다. 당시 대연정에서 10개 부처는 CDU/CSU가 맡고 9개 부처는 SPD가 맡았는데, SPD측 지분으로 부총리 겸 외무장관이 된 사람이 바로 빌리 브란트다. 청년 시절에는 해외에서 레지스탕스로 싸우고, 전쟁이 끝나고 나서도 한참이 지난 뒤에 귀국해 베를린에만 머물렀던 브란트가 후에 총리직을 맡았을 때 마치 '준비된 사람'처럼 직책을 수행할 수 있었던 것은 이렇게 장관과 부총리직을 이미 경험해봤기 때문이다. 한편, 재무장관은 CSU가 맡고 경제부 장관은 SPD가 맡는 식으로 황금분할이 이루어졌다. "곳간 열쇠는 우리가 쥐고 있을 테니 운영은 당신들이 해봐라" 하는 식이었다. 이때 경제부 장관을 맡은 카를 실러*가 단기간에 물가를 안정시키고 실업률을 낮추면서 키징거 내각에 대한 국민의 지지도가 높아졌다. 그러면서 SPD의 인기까지 함께 올라갈 것이라고 키징거는 미처 생각하지 못했던 것 같다.

대연정은 이렇게 서로에게 양날의 칼이 될 수도 있는 선택이다. 그럼에도 국가의 이익을 위해서는 이념을 뛰어넘는 결합까지 단행할 줄 아는 것이 바로 독일식 내각제다. 내각제라는 시스템이 그런 조화로움을 가능하게 한다.

참고로 대연정에서 재무 장관직은 CSU 출신 프란츠 요제프 슈트라우스Franz Josef Strauss(1915~1988)가 맡았다. 그는 굉장히 강경한 보수주의자다. 우리나라에 견주면 통일부에 해당하는 부처 장관직을 맡은 사람은 헤르베르트 베너Herbert Richard Wehner(1906~1990)였다. SPD 원내대표를 역임한, 강경한 사회민주주의자로 소문난 인

---

* 카를 아우구스트 프리츠 실러Karl August Fritz Schiller(1911~1994). 독일 경제 부흥의 아버지 가운데 한 명으로 꼽힌다. 1966~1969년 경제부 장관을 맡았으며, 1971~1972년에는 재무와 경제부 장관을 겸임해 '슈퍼 장관'으로 불렸다.

물이다. 슈트라우스와 베너. 이념 지형으로 따지면 각각 오른쪽 끝과 왼쪽 끝에 있는 정치인이 같은 내각에서 함께 일한 셈이다. 나쁘게 말하면 기묘한 동거고, 좋게 말하면 그것이 바로 독일식 민주주의의 힘이다.

나중에 CDU가 정권을 잃고 야당 신세가 되었을 때 슈트라우스는 이른바 '여당 공격수'로 이름을 날렸다. 공격 대상은 몇 달 전까지 같은 내각에서 함께 일했던 사람들이었다. 골수 보수주의자에 고집불통인 슈트라우스의 존재가 중도층의 지지를 잃게 만든다는 평가가 많았지만 슈트라우스는 개의치 않았다. 결국 슈트라우스는 1980년 총선을 자기 마음대로 이끌다가 CDU가 크게 패배하자 고향 바이에른으로 돌아가 연방 정치 무대에서 은퇴한다. 그렇게 슈트라우스가 사라지고 나서야 CDU 당수이자 온건파의 대표 격이었던 헬무트 콜이 보수 진영을 이끌게 되었다. 그 뒤로 CDU는 16년 동안 집권을 이어나가면서 '독일 통일'이라는 새로운 역사를 만든다. 강경한 이념의 정치인은 강성 지지자들 입장에서는 속 시원해 보일는지 모르지만 그것은 그저 '야당으로서의 통쾌함'일 뿐이라는 사실을 우리는 슈트라우스의 사례를 통해 발견할 수 있다. 만년 야당으로만 살고 싶은 정당은 그런 정치인을 대표로 내세우면 된다.

흥미로운 사실을 하나 덧붙이자. 독일 바이에른주에 있는 뮌헨 국제공항을 알고 있을 것이다. 그 공항의 공식 명칭은 '뮌헨 프란츠 요제프 슈트라우스 공항'이다. 슈트라우스는 고향인 바이에른주에서는 크게 존경받는 인물이다. 지역사회에 공헌을 많이 했고,

기부도 많이 했다.

이번 강의를 마치면서 에르하르트의 말년에 대해서도 짧게 소개하겠다.

총리직에서 물러난 뒤 에르하르트는 갈 곳이 없었다. 경제부 장관으로 14년, 총리로 3년을 근무했지만 집 한 채 장만하지 못해 호텔 단칸방에 들어가 생활해야 했다. 독일의 어느 중견 기업인이 "전직 총리로서 품위가 있는데 그래서야 되겠느냐" 하면서 국민을 대상으로 모금 운동을 벌여 뮌헨 근처에 작은 집 하나를 마련해줬다. 거기서 책 읽고 음악을 들으면서 에르하르트는 노년을 보냈다. 동네 카페에 앉아 조용히 책을 읽고 있는 뚱보 노인을 찬찬히 살펴보면 에르하르트였다고 한다.

5

연정 합의서를 보면
독일의 미래가 보인다

연정 합의서를 보면
독일의 미래가 보인다

지난 강의에서 독일 정치의 여러 연정 유형에 대해 소개했다. 흑황 연정, 적황 연정, 신호등 연정, 대연정, 자메이카 연정, 케냐 연정, R2G 연정 등 다양한 결합 방식이 있다고 설명했다. 그런데 이 이야기를 하면, 의회에서 정당들이 연립내각을 구성하는 과정을 '밀실 야합'이라고 오해하는 사람들이 있다. 정당 대표들이 요정 밀실에 마주 앉아 술잔을 부딪치면서 정치적 거래를 주고받는 영화의 한 장면을 떠올리는 것이다. 그러나 그것은 그야말로 '영화에나' 등장할 법한 이야기. 일본 같은 1당 내각제라면 모를까, 독일에서는 상상도 할 수 없는 일이다.

독일의 연정 협상은 지극히 공개적으로 이루어진다. 총선이 끝나면 언론이 앞다투어 몇 가지 연정 시나리오를 보도한다. 국민도 선거 결과를 보면 앞으로 어떤 연정이 이루어질지 대강 짐작할 수 있다. 리더 정당은 일단 CDU 아니면 SPD가 될 것이고, 거기에 어떤 정당이 어떻게 결합해야 과반 의석을 확보할 수 있을지 다양한 경우의 수를 그려볼 수 있다. 독일 정치를 지켜보는 묘미 가운데 하나다. 마치 우리 국민들이 축구 월드컵 시즌마다 '어떻게 하면 대표팀이 16강에 진출할 수 있을까' 하면서 다양한 경우의 수를 따져보는 떠들썩한 풍경과 비슷하달까. 독일의 연정 협상은 흥미로운 정치 게임이지만, 그렇다고 밀실에서 진행되는 경기는 결코 아니다. 공개적인 운동장에서 벌어지는 정당한 타협이다. 국민의 여론 한복판에서 대진표가 완성된다.

당면한 정세가 대연정을 요구하는지 소연정을 요구하는지, 소연정이라면 어떤 정책 방향이 시대정신에 부합하는지, 국민이 선거를 통해 민심을 드러냈기 때문에 예상 밖의 연립내각이 구성되는 경우는 거의 없다. 선거 때부터 특정한 연정 시나리오를 염두에 두고 유권자들이 전략적 투표를 하기도 한다. 가령 지역구는 CDU을 찍고 비례대표는 자민당—혹은 지역구는 SPD를 찍고 비례대표는 녹색당—하는 식으로 교차 투표를 하는 것이다.

총선이 끝나면 가장 많은 의석을 차지한 정당이 리더 정당으로서 연정 협상을 개시할 정치적 책임을 갖는다. 소수 정당이 주니어파트너가 되겠다고 먼저 협상을 제안하기도 한다. 이때 주니어파트너들은 협상안을 제시한다. 쉽게 말하면 "이 정책을 받아들여주면 연정에 참여하고, 그렇지 않으면 참여하지 않겠다" 하는 식이다. 그러면서 핵심적인 정책 몇 가지를 레드 라인으로 내세운다.

2021년 총선 결과에 따른 연립내각 구성 과정을 예로 들어보자. 당시 연정은 녹색당이 먼저 SPD에 협상을 제의했고, 거기에 자민당이 가세하면서 신호등 빛깔이 되었다. 협상에 앞서 녹색당이 레드 라인으로 내건 카드는 역시 '기후 변화'였다. 그들은 환경 관련 부처는 자신들이 맡게 해달라고 협상안을 제시했다. 그러면서 환경문제와 관련한 몇 개 규제 법안을 의회에서 통과시켜달라는 요구까지 끼워 넣었다.* 자민당은 태생적으로 이런 '규제'에는 일단 부정적이다. 그러나 기업의 자유로운 활동을 침해하지 않고 공익에 부합하는 규제는 흔쾌히 받아들이는 융통성을 발휘하기도 한다. 대신 자민당은 감세안을 제시했다. 역시 자민당다운 레드 라인이다.

한편 SPD가 공동 정부 구성을 위한 레드 라인으로 제시한 정책은 최저임금 인상이었다. 그러면서 자신들이 노동과 복지 파트를 담당하길 원했다. 최저임금 인상에 대해서는 자민당과 SPD가 약간 어긋나는 부분이 있지만, 무리한 인상안이 아니라면 자민당도 받아들일 수 있었다. SPD가 집권하면 어차피 최저임금을 인상할 텐데, 야당으로서 의미 없는 투쟁을 하는 것보다 내각 안에 들어가 합리적으로 조정하는 편이 낫다고 자민당은 판단했다.

이런 식으로 최종 합의가 도출되었다. 사회민주주의자-환경생태주의자-자유시장주의자…… 색채가 전혀 다른 3개 정당이 각

---

* 결과적으로 녹색당은 부총리 겸 기후(환경) 장관직을 가져갔다. 이 밖에도 외무부, 가족부, 식품농업부, 환경에너지부 장관 등을 녹색당이 맡았다.

각의 노선을 연립내각 정책에 반영하면서 합의안을 작성했다. 받아들일 일은 받아들이고 미룰 일은 미루면서 정치적 조율을 이룬 것이다. 앞 장에 소개한 것처럼, 지방의회 차원에서 신호등 연정이 실시된 바 있기 때문에 연방의회는 '경험에 따라' 협상을 진행했다. 상대가 무엇을 요구할 것인지 이미 어느 정도는 알고 있었던 것이다.

이런 협상이 밀실이 아니라 국민이 보는 앞에서 진행된다. 연립내각 구성을 위한 협상 일정이 있을 때마다 각 당은 안건과 결과를 브리핑하고, 여론의 반응을 살피면서 합의안을 도출한다. 거짓이나 은폐는 있을 수 없다.

정치는 타협이다. 협상이 곧 정치다. 타협이나 협상을 거부하는 정치는 '정치를 하지 않겠다'는 선언이나 다름없다. 그리고 정치는 상대가 있는 게임이다. 내가 원하는 모든 것을 한꺼번에 얻을 수는 없으니, 현실 속에서 이견을 좁혀가며 각자의 목적을 달성하자는 것이 우리가 정치라는 제도를 만든 이유다.

한편 대통령중심제를 보자. 둘 중 하나다. 행정부와 입법부가 끊임없이 갈등을 일으키면서 온 나라가 정치적 내전을 치르는 것처럼 365일 들끓거나, 다수 의석과 행정부까지 독점한 대통령 권력 집단이 입법부를 허수아비로 만들면서 나치 독일처럼 폭주하거나. 대통령중심제를 채택한 나라들에서 흔히 볼 수 있는 풍경 아닌가. 정치적 극단주의가 심각한 요즘은 더욱 그렇다. 갈등을 어떻게든 대화로 풀 생각은 않고, 일부러 갈등을 만들어 상대를 제압하는 일에만 온갖 정치적 역량을 쏟아붓는다. 나라를 양쪽으로 갈라놓고 맞서 싸워야 반쪽의 지지 아래 권력을 쟁취할 수 있기 때문이다. 그런 측면에서 내각책임제는 대통령중심제보다 조화롭고, 정치 본연의 이상에 부합한다고 말할 수 있다.

독일은 자신들이 유지해온 제도의 문제점을 스스로 극복하려 노력해왔다. 독일식 내각제는 독일제국 이전부터 실시되었지만 이 것이 더욱 공고해진 배경에는 역사의 실패에 대한 후회와 반성의 뜻이 담겨 있다. 바이마르공화국은 완벽을 추구하는 제도가 반反민주주의자들에게 어떻게 악용될 수 있는지 뼈아프게 깨닫는 계기가 되었다. 나치 독일을 겪고 2차대전에 패배한 후 독일은 다시는 그런 역사가 되풀이되지 않도록 정치 분야에 있어 여러 제도적 견제 장치를 만들었다. 헌법재판소 설치, 선거에서 5% 봉쇄 조항을 둔 것, 어정쩡한 이원집정부제식으로 대통령과 총리의 권한을 양분하지 않고 의회에서 합의해 선출한 총리에게 힘을 실어준 것 등이 대표적이다. 근현대 독일 정치사의 핵심은 그것이다. 내각책임제가 민주 정치 본연의 목적에 가장 잘 어울리는 제도라는 사실을 숱한 시행착오를 거치면서 똑똑히 깨달았다는 점이다.

독일식 내각제는 2차대전 이후 독일을 점령한 연합국이 독일에게 내린 형벌이기도 하다. 특정한 정당이 단독 과반을 형성하기 어려운 정치 구조를 만들어 독일 국민이 다시는 뭉치지 못하도록 설계한 것이다. 그렇게 하면 독일 내부가 끊임없이 갈등하고 모래알처럼 흩어질 줄 알았는데 전혀 의외의 결과가 나타났다. 토론하고 협의하고 성찰하는 정치 문화가 자라난 것이다. 이를테면 독毒이 되라고 만들어준 제도를 약藥으로 삼았다고 말할 수 있겠다. 연합국이 내린 형벌을 거부하지 않고 그대로 받아들이면서, 조화와 타협을 통해 단결하는 방식을 터득한 것이다.

독일에 대한 연합국의 통치 기간은 진즉 끝났다. 독일이 통일을 이룬 지도 벌써 30년 넘는 시간이 흘렀다. '전범국가'라는 멍에 또한 상당히 내려놓았다. 이제는 정치 제도를 마음대로 바꿀 수도 있으련만 독일인들은 그렇게 하지 않는다. 이것이 얼마나 바람직한 제도인지 여실히 깨달았기 때문이다. 연합국이 독일에게 준 선물이었다고 말하면 지나친 표현일까.

첨언하자면 여기서 바로 독일식 내각제와 일본식 내각제의 차이가 드러난다. 현재 독일과 일본이 서로 다른 성격의 국가가 된 배경 가운데는 정치 제도의 차이를 무시할 수 없다. 요컨대 독일식 내각제는 반성과 성찰의 자세를 기본으로 '다시 시작한' 제도이다. 점령군에 의해 모든 정당이 해산되고, 보수는 보수라는 이름조차 사용하지 못하면서, 황량한 대지 위에 기초부터 다시 닦는 형태로 자라난 '합의형' 내각제다. 반면 일본식 내각제는 그저 "전쟁에 졌구나" 탄식하면서 "다시 잘살아보세"로만 나아간 내각제라고 평가할 수 있다. 애초에 일본식 내각제는 기존의 귀족정이 의회로 이름만 바꾸는 수준에서 출발했고, 전후에도 구성이 특별히 변화하지 않았으며, 대통령중심제와 별반 다를 바가 없는 '돌격형' 내각제였다. 그리하여 한때 "경제에 있어서는 미국을 앞설 것"이라는 오만한 전망마저 나왔을 정도로 일본은 승승장구했다. 반면 독일은 유럽의 병자라는 소리를 들을 정도로 나약해 보이는 시기가 있었다. 지금은 어떤가. 독일과 일본의 경제 수준, 그리고 국제적 지위는 과연 어떻게 달라졌는가. 부자가 되기는 쉽다. 그러나 부자이면서도 존경을 받는 것은 쉬운 일이 아니다. 설령 먼 길을 돌아왔다 해도 독일의 선택이 옳았던 것이다.

❖

다시 한 번 이야기하지만 독일에서 연립내각을 구성하는 정치 협상의 모든 과정은 국민들에게 시시각각 알려진다. 각 당은 여론의 추이를 살피면서 서로 정책을 주고받는다. 핵심 지지층이 요구하는 사안을 지나치게 양보하면 다음 총선에서 표를 잃을 수 있다. 그렇다고 지나치게 고집을 부려도 수권 의지가 없는 정당이라는 인식이 높아져 역시나 다음 총선에서 표를 얻기 힘들다. 어떻게든 신중할 수밖에 없는 것이다. 그러한 과정을 통해 정치적 중용을 추구하는 감각이 늘어난다.

연정 협상이 완료되면 당원 투표로 합의안을 추인한다. 협상의 전 과정을 지켜봤기 때문에 정당 지도부가 결정한 합의안을 일반 당원들이 부결시키는 경우는 거의 없다. 부결될 것이 뻔한 합의안은 지도부가 애초에 상정하지 않고 미리 결렬을 선언하기 때문이기도 하다. 그런 식으로 협상이 결렬되는 경우는 종종 있다.

특정한 연정 모델이 결렬되면 리더 정당은 새로운 연정 모델을 찾는다. 다른 정당과 새로운 협상을 시작하고, 완전한 합의가 이루어질 때까지 협상은 계속된다. 협상이 조금 지루하게 느껴지는 경우마저 있다. 그렇다고 해서 장외 투쟁이나 압박 같은, 협상 이외의 다른 방법은 사용하지 않는다. 오로지 대화와 타협만 있을 뿐이다.

어떤 연정 모델에도 합의가 이루어지지 않아 재선거를 치르는 경우 또한 지금까지는 없었다. 정치인과 당원, 국민 모두가 '최악'은 피하기 위해 노력한다. 대저 정치뿐 아니라 우리 일상의 많은 일이 그러하지 않은가. 내 고집을 끝까지 관철시키겠다고 판을 뒤집어버리면 그야말로 이도 저도 아니게 된다. 어떻게든 타협하고, 차선이 아니면 차차선이라도 선택하는 것이 현실에서는 최선이다. 정치 또한 상식의 울타리 안에 있어야 한다. 독일의 민주주의는 최선을 추구하려다 망했던 '극단'을 극복하는 과정에 만들어진, 상식에 가장 근접한 제도다.

당원들이 추인하면 파트너 정당 사이에 연정 합의서가 채택되고 그 내용이 국민 앞에 공개되는데, 이 합의서가 또 걸작이다.

합의서라고 하니 한두 페이지짜리 각서나 선언문 형태를 상상하는 독자도 있겠지만, 독일의 연정 합의서는 자그마치 500페이지 안팎의 백과사전 분량이며 구성도 매우 체계적이다. 맨 앞에 전문前文이 있고, 작금의 국내외 정세와 시대정신에 대한 설명이 뒤따르며, 연립내각이 공동으로 수행할 각종 과제가 분야별로 꼼꼼히 정리되어 있다. 읽다 보면 소름이 돋을 정도로 구체적이다. '앞으로 우리는 이런 일을 이렇게 하겠다'라고 자세하게 적시되어 있는

데, 이는 연립내각을 이끌어가는 데 서로 간에 오해와 마찰이 없도록 하기 위함이다. 수백 페이지짜리 보험 계약서나 정밀기기 사용 설명서 같은 것에 비유할 수 있겠다.

독일 국민이든 외국인이든 이 합의서만 보면 "앞으로 몇 년간 독일은 이런 식으로 나아가겠구나" 하고 충분히 예측할 수 있다. 갑자기 예상치 못한 사건이 일어나거나 능력에 부쳐 합의가 이행되지 않는 경우는 있지만 일부러 합의를 이행하지 않는 경우는 거의 없다. 합의를 이행하지 않으면 연정이 결렬되기 때문이다. 연정 합의서는 법적인 강제력은 없지만 정치적 구속력은 충분하다. 합의서에 약속한 내용을 지키지 않은 정당은, 연방정부 차원에서든 지방정부 차원에서든, 앞으로 다른 어떤 정당과도 연정을 구성하기 어려워진다. 정치적 신뢰를 잃어버렸기 때문이다.

이렇듯 연정 합의서를 통해 정부 정책에 대한 예측 가능성이 또렷한 것이 독일 정치의 특징이자 강점이다. 흔히 내각제 국가라고 하면 정권이 숱하게 바뀌고 정부 정책이 뒤죽박죽일 것 같지만 전혀 그렇지 않다. 내각제의 정책 연속성이 대통령중심제의 그것보다 높다. 관료와 공무원들도 연정 합의서를 보면 앞으로 몇 년간 자신이 어떻게 일해야 하는지 분명히 알게 된다.

'사람'이 아니라 '정책'이 이끌어나가는 국가가 정상적인 국가다. 대통령이 누구냐에 따라 정책이 이리저리 뒤바뀌고, 장관도 여당도 공무원도 온통 대통령의 심기만 살피는 국가는 정상적이라고 할 수 없다. 그런 나라가 어찌 민주주의 국가란 말인가. 특정인이 좌우하는 인치人治 국가, 유사 왕정 국가일 따름이다. 그런 나라를 다른 국가가 과연 어떻게 신뢰할 것이며, 어떤 자본이 마음 놓고 투자할 수 있겠나. 우리가 독일 정치에서 가장 크게 본받아야 할 점은 '정책 중심', '정당 중심', '예측 가능성'이다. 권력 중심, 특정인 중심, 좌충우돌이 아닌 것이다.

2023년 6월 현재 독일 연방의회에는 모두 7개 정당이 원내에서 활동 중이다. 그중 연방 차원의 연립내각 구성에 참여해본 경험이 있는 5개 정당(CDU, CSU, SPD, 자민당, 녹색당)이 나름의 전문 분야를 갖고 있다.* 예를 들어 CDU와 CSU는 외교와 안보, SPD는 복지, 자민당은 재정, 녹색당은 환경 분야에 능통하다. 그래서 어떠한 연정 모델이 만들어지더라도 장관직 배정을 놓고는 큰 이견이 생겨나지 않는다. 상대방이 뭘 잘하는지 이미 알고 있고, 그렇기 때문에 몰상식한 요구를 하는 일 또한 거의 없다. 특정 부처는 자신이 꼭 맡겠다고 레드 라인을 거는 경우는 있지만, 이른바 '장관 자리' 하나를 차지하기 위한 아귀다툼 따위는 벌어지지 않는다. 자기 당이 요구하는 정책이 관철되었다면 굳이 그 부처를 자기 당 정치인이 맡아야 할 이유 또한 줄어든다. 예컨대 녹색당이 요구하는 환경 정책이 관철되었다면, 환경부 장관을 반드시 녹색당 정치인이 맡아야 할 이유는 없다. 그럼에도 정책에 대한 이해도가 가장 높다고 할 수 있는 녹색당 정치인이 환경부 장관직을 맡는 식이다.

---

* 극우 성향으로 분류되는 AfD와 극좌 성향의 좌파당도 지방정부 차원의 연립내각 구성에는 참여한 경험이 있다. 따라서 원내 7개 정당 모두가 행정 경험이 있다고 말할 수 있다.

연립내각에서 각 부처 장관은 각 정당의 지도부를 구성하는 정치인들이 맡는다. 역시 전문 분야가 명확하다. 예를 들어 2023년 6월 현재 독일 내무부 장관직을 맡고 있는 낸시 패저*는 3선 의원으로 변호사 자격을 갖고 있으며 의회에서 줄곧 행정 관련 상임위원회를 맡아왔다. SPD가 정권을 잡으면 그녀가 내무부 장관이 될 것이라는 사실은 익히 알려져 있었다. 복지부 장관 칼 라우터바흐**도 다르지 않다. 그는 4선 의원으로 복지 부문에서 줄곧 일해왔으며, SPD의 섀도캐비닛에 복지부 장관으로 일찍부터 이름을 올려놓고 있었다.

많은 내각제 국가들이 그렇듯 독일도 섀도캐비닛을 공개한다. 자기 정당이 집권하면 총리는 누가 하고, 각 부처 장관은 누가 맡을지를 국민 앞에 미리 보여주는 것이다. 당사자로서는 그 부처 장관직을 내일 당장 맡더라도 일할 수 있을 정도로 철저한 자기 준비를 하고 있기 마련이다. 우리나라처럼 국민들이 알지도 못하는 사람이 하루아침에 장관 후보자로 등장하여 대통령과 학연이 어떻다느니 지연이 어떻다느니, 혹은 영부인과 인연이 어떻다느니 하는 묘한 소문이 떠도는 것을 독일 정치에서는 상상조차 할 수 없다.

장관 후보자들은 이미 검증이 되었기 때문에 청문회도 특별히 필요 없을 정도다. 동료 의원들 앞에서 "앞으로 열심히 잘해보겠습니다" 하면 된다. 대신 독일에서 장관이 되려면 몇 가지 관문을 거쳐야 한다. 일단 청년 시절 입당해 오랜 시간 정치 훈련을 쌓아야 하고, 의회 활동 경험이 풍부해야 한다. 대체로 지방의회 경력이 있고, 특정 분야의 전문위원회 활동을 오래 한 사람들이다. 어쨌든 내각제 국가에서 정치를 하고 싶다면 무조건 의회부터 들어가야 한다. 의회에서 경험을 쌓고 자신의 실력을 보여주어야 새도 캐비닛에 들어갈 수 있다.

그러니 독일에서는 대통령이 임명해 하루아침에 고위 공직에 오르는 '낙하산 관료' 같은 것이 있을 수 없다. 대통령이 임명한 사람을 일부러 모욕하려고 물어뜯거나 낯간지럽게 추켜세우는 전쟁터 같은 인사청문회도 없다. 임명직 자리 하나 얻어보려고 권력자 주위에 얼쩡거리는 폴리페서polifessor***나 잡헌터job-hunter**** 같은 정치 지망생도 독일에는 없다. 독일 정치에만 있는 것이 있고 없는 것이 있다. 있는 것은 토론과 협상이고, 없는 것은 권력만 쫓아다니는 부나방들이다.

영국 총리 마거릿 대처는 "총리가 되면 24시간 이내에 조각을 완료할 수 있어야 한다"라고 회고록에 쓴 바 있다. 그래야 국민이 정부를 믿고 따를 수 있다고 강조했다. 총리가 되려면 그 정도의 준비가 되어 있어야 한다. 정당이 그만한 인재 풀을 항상 확보하

---

* 1970년생으로 1988년부터 SPD 당원으로 활동했다. 독일 최초의 여성 내무부 장관이다.

** 1963년생으로 대학에서 공중보건을 전공했다. 학생 시절에는 CDU 당원이었고, SPD에는 2001년 입당했다. 코로나19 팬데믹 시기에 감염병에 대한 해박한 지식과 쉬운 해설로 국민들의 인기를 모았다. 2021년 총선에서 최고 득표율로 당선됐다.

*** politics(정치)와 professor(교수)의 합성어로, 정치권에 연줄을 대서 출세해보려는 교수를 일컫는 말.

**** 정치적으로 주어지는 임명직을 얻으려고 기웃거리는 사람들을 이르는 말.

고 있어야 한다. 우리의 정치 현실은 어떤가. 대통령에 당선되면 그때서야 장관을 누구로 할 것인지 고민한다. 그러니 줄서기가 횡행하고, 대통령과 측근들에게 잘보이기만 하면 관직 하나쯤 쉽게 얻을 수 있으니 이렇게 '좋은' 대통령중심제가 없어지지 않도록 부단히 노력하는 사람들이 존재한다. 이토록 낙후한 정치 제도를 갖고 있는 대한민국이 오늘과 같은 경제성장을 이루었으니 그것은 오롯이 국민의 땀과 눈물이 거둔 성과다.

독일의 민주주의를 볼 때마다 '기본'이라는 단어를 떠올린다. 독일의 정치 제도를 무작정 추앙하고픈 생각은 없다. 사실 독일 정치가 완벽한 것도 아니다. 다만 독일 정치와 관련한 뉴스를 보다가 우리나라 정치 쪽으로 시선을 돌리면 '기본'이라는 단어가 자연스레 떠오르는 건 어쩔 수가 없다.

나는 이른바 예비 정치인이라고 하는 우리나라 정치 지망생들을 거의 매일 만난다. 그런데 그들 가운데 정치의 기본조차 모르는 사람이 적지 않다는 사실에 깜짝 놀란다.

정치의 본질을 투쟁이라 여기는 예비 정치인들이 의외로 많다. 상대편을 제압하고 이기기 위한 정치를 하겠다며 결연한 각오를 밝히는 젊은이들이 있다. 정치의 기본을 전혀 모르고 있는 것이다. 물론 정치에 투쟁적 요소가 있는 것은 사실이다. 마르크스주의가 그러한 적대적 세계관으로 정치를 바라본다. 하지만 그런 것은 정치를 대하는 올바른 자세가 아니다. 이른바 보수주의자를 자처하는 예비 정치인이 자신만의 정의감과 공명심에 들떠서 '○○당을 궤멸시켜야 한다'는 유의 말을 하는 것을 보면, 어쩌다 우리 사회가 이 지경이 되었나 싶어 긴 한숨이 나온다.

물론 정의는 바로 세워야 하겠지만, 정치는 기본적으로 타협이고 협상이다. 서로 뜻이 다른 사람들끼리 '말'로써 푸는 것이 정치다. 합의로 푸는 것이 정치다. 정치가 그렇게 굴러가야 사회도 조화롭게 움직이기 마련이다. 정치가 싸움터가 되면 나라 전체가 전쟁터로 변질된다. 거칠게 싸워서 이기려는 사람들만 득세한다. 그게 어디 정상적인 생각을 가진 사람들이 살 수 있는 세상인가. 그런 측면에서 나는 승자 독식의 대통령중심제보다는 독일식 내각책임제가 정치 본연의 성격에 어울리며, 인간과 사회의 본연에도 어울리는 제도라고 말한다.

알고 보면 대통령제는 일시적인 필요성, 특수한 환경 가운데 생겨난 제도다. 대통령제는 미국이 만든 정치적 발명품 아닌가. 국왕의 간섭과 통제가 싫어 바다 건너 외딴 대륙에 정착한 사람들이 만든 국가가 미국이다. 각자 자유롭게 살자는 것이 미국의 탄생 기조였지만, 그럼에도 국가(중앙정부)는 필요하다는 인식에 접근하였고, 국왕을 대체할 무언가를 찾다가 만들어낸 자리가 '대통령'이다. 그래서 초창기 미국 대통령은 연방 회의를 주재하는 선임자president 정도에 해당하는 존재였다. 그러다 국력이 강해지고 중앙정부의 역할이 강화되면서 대통령의 권한이 점차 커졌고, 남미와 아시아 일부 국가들이 이 제도를 수입해 자기들 편한 대로 변질시킨 것이 세계 각국의 대통령 제도다. 실은 그동안 대통령제를 잘 운영해온 미국조차도 지금은 제도의 한계를 여실히 드러내는 중이다.

물론 미국의 제도와 이념에는 본받을 점이 많다. 그러나 미국과 똑같이 한다고 우리가 미국이 될까. 더러 오해하는 사람들이 있는데, 미국과 똑같이 한다고 친미가 아니다. 미국이 만든 제도와 이념의 취지를 잘 이해하고, 자기 나라의 역사와 환경, 문화, 국민의 의식 수준, 그리고 민주주의의 기본 취지에 맞게 정치 제도를 잘 만들어낸다면 그것이 진정한 의미의 친미다. 대한민국에는 '미국이 하는 대로 똑같이 하면 우리도 잘살 수 있다'라는 사고를 가진 경박한 친미주의자들이 유독 득세한다. 그런 것이 오히려 미국을 욕되게 하는 일인 줄 알기나 할까.

대통령중심제도 그중 하나다. 우리 정치권에는 대통령중심제를 미국식 자유민주주의의 상징처럼 여기는 사람들이 적잖은데, 이는 대단한 착각이다. 기실 우리나라의 대통령 제도는 미국과도 닮지 않았다. 거칠게 비유하자면 나치 독일의 총통 제도와 오히려 비슷한 측면이 많다. 이렇게 굴절된 대통령 제도를 유일하고 보편적이며 효율적인 제도인 양 강변하는 사람들이 아직도 존재한다. 도대체 뭘 얻으려고 그러는 것인지 모르겠다.

선택을 바꿀 때가 되었다. 대통령이라는 낡고 극단적인 제도는 이제 역사의 뒤안길로 보내줘야 한다. 정치의 기본으로 돌아가야 한다.

❖

지금부터는 슘페터가 '대의민주주의를 완성하는 제도'라고 정의했던 선거 제도에 대해 살펴보자. 독일과 우리나라의 선거 제도는 어떻게 다른가.

2023년 초에 우리나라 대통령이 선거 제도를 중대선거구로 개편하면 좋겠다는 뜻을 밝히면서 선거 제도에 대한 여론의 관심이 높아졌다. 1987년 이래로 우리나라는 한 지역구에서 한 명의 의원을 선출하는 소선거구제를 유지하고 있다. 반면 중대선거구는 선거구의 범위를 넓히고 한 권역에서 여러 후보를 당선시켜 다양한 정당의 원내 진입을 유도하는 제도다. 예컨대 서울 강남권을 하나로 합쳐 거기서 여러 명의 국회의원을 뽑는 식이다. 그러면 보수 정당 우세 지역에서 민주당 의원이 뽑힐 수 있고, 민주당 강세 지역에서 보수 정당 의원도 선출되는 식으로 정치가 다채로워지지 않겠느냐는 뜻이다.

각설하고, 그런 제도를 도입하려면 현행 소선거구제로 뽑힌 국회의원들이 자신의 기득권을 내려놓아야 할 텐데 그것이 과연 현실적으로 가능할까? 회의적이다. 선거 제도는 입법 사안이다. 선거법 개정안이 국회를 쉽게 통과할 수 있을까. 만에 하나 중대선거구로 변경한다 하더라도 현역 의원들의 기득권을 최대한 보장하는 범위 안에서 개정을 시도할 것이다. 그러다 보면 제도의 취지 자체가 흐려질 것이다. 우리나라에 그런 사례가 어디 한둘이던가. 외국의 좋은 것을 모양만 베껴와 '도대체 이걸 왜 도입했을까'

하는 수준으로 망가뜨려버리는 일이 흔하다.

우리나라에는 독일의 정치 제도를 베낀 것이 많다. 선거 제도도 그러하다. 2020년 21대 총선을 앞두고 회자되었던 '권역별 연동형 비례대표제'가 대표적이다. 많은 언론이 그것을 "독일식 선거 제도"라고 표현했다. 그러나 2020년에 우리나라가 선택한 제도는 독일식이 아니었을뿐더러, 설령 독일식이라 할지라도 내각제 국가의 선거 제도를 우리나라 같은 대통령중심제 국가에 끼워 넣는 것이 과연 바람직한 일일까 싶다.

정치에서 선거 제도는 연료, 권력 구조는 엔진이라고 보면 된다. 엔진에 맞는 연료가 있는 것처럼 권력 구조에 맞는 선거 제도 또한 존재하기 마련이다. 대통령중심제라는 몸통이 바뀌지 않았는데 연료만 내각제식으로 바꾼다고 '독일식 정치'가 이루어질까? 휘발유 차에 경유를 넣는 것같이 위험한 일이 될 수도 있다.

생각해보자. 대통령중심제 아래에서 중대선거구나 연동형 비례대표제를 실시하면 다양한 정당이 원내에 진입할 수는 있을 것이다. 현 양대 정당 이외에 한두 개 정도의 소수 정당이 원내에 진입할 수도 있다. 외형은 독일과 비슷해지는 것이다. 그다음에는 어떤 일이 벌어질까?

원내에서 협상이 이루어지기는 할 것이다. 하지만 내각제가 아니니 그야말로 '밀실 협상'이 될 것이다. 연립내각 구성 협상을 통해 정책을 공개적으로 주고받는 제도가 아니니, 그저 '무슨 법을 받아주면 다른 법을 통과시켜줄게'라는 식의 정치 거래가 횡행할 것이다. 그러는 과정에서 권력을 나눠 갖는 야합이 벌어지고, 부정부패가 일어날 소지도 다분하다. 비밀리에 연정 합의서 같은 것을 작성할 수도 있겠지만, 애초에 대통령중심제는 연정을 염두에 둔 제도가 아니니 어느 한쪽이 일방적으로 파기한다고 해서 정치적 책임이 따르는 것도 아니다. 예전에 우리나라 국회에 잠깐 다당 구도가 형성되었을 때 익히 목격했던 풍경 아니던가.

중대선거구나 연동형 비례대표제를 실시하려면 권력 구조를 분권형 대통령제나 내각책임제로 바꾸는 개헌이 병행되어야 한다. 달랑 선거 제도만 바꿔서는 최악의 제도로 변질될 우려가 있다. 독일의 제도를 가져와 가장 나쁜 방향으로 타락시킨 사례를 2020년 총선에서 이미 경험하지 않았던가. 국민을 그런 나쁜 제도의 들러리로 만들어서는 안 된다.

다른 나라의 특정한 제도를 가져오려면 그 제도가 왜, 어떤 배경에서 생겨났는지 꼼꼼히 따져보고, 그것이 현행 우리의 제도 또는 역사적 전통이나 민도^{民度}와 어울리는지 등을 전반적으로 살펴봐야 한다. 경윳값이 싸다고, 혹은 경유가 국제적 대세라고 휘발유 차에 경유를 넣을 수는 없는 일 아닌가. 그런다고 휘발유 차가 경유 차 되는가?

❖

2020년 총선을 앞두고 선거법을 개정할 때 "연동형 비례대표제도는 굉장히 복잡하다"라는 지적이 많았다. 낯선 것을 갑자기 들여오려니 제도가 분명하게 이해되지 않을 수밖에. 그때 우리나라 진보 정당 대표라는 사람이 "국민은 (선거 제도를) 자세히 몰라도 된다"라는 식의 발언을 해서 빈축을 산 바 있다. 연동형 비례대표제가 좀 복잡한 것은 맞지만, 그렇다고 국민은 몰라도 되는 제도라니, 그런 엉뚱한 말이 어딨는가. 세상에 국민이 몰라도 되는 정치 제도는 없다.

독일의 선거 제도는 어쩌면 간단하다. 유권자 1명이 2표를 갖고 한 표는 지역구 후보에게, 다른 한 표는 정당에 행사한다. 여기까지는 우리와 똑같다. 각 정당의 득표율에 따라, 각 정당이 미리 정해놓은 비례대표 명부 순서대로 의원이 선출된다. 이것 또한 우리와 똑같다. 그런데 왜 사람들은 독일식 선거 제도를 복잡하다고 생각하는 걸까?

독일의 선거 제도를 '권역별 연동형 비례대표제'라고 한다. 원어로는 Personalisiertes Verhältniswahlrecht로, 직역하면 '개인(사람)에 맞춰진(최적화된) 비례대표제'라 할 수 있다. 누구에게, 무엇이, 어떻게 맞춰졌다는 뜻일까?

"독일에서는 지역구 선거에 출마한 후보가 비례대표 명부에도 들어간다"라는 사실로 이 제도의 차별성을 설명할 수 있다. 그것이 우리와 확연히 다른 지점이고, "대체 무슨 말이지?" "왜 그러지?" 하고 고개를 갸웃하는 독자도 많을 것이다.

독일에서는 지역구 선거에 낙선한 후보가 비례대표 의원으로 당선되는 일이 흔하다. 우리의 시선으로 보면 "무슨 그런 경우가 다 있어?" 할 일이다. 국민이 낙선시킨 후보를 정당이 비례대표로 다시 밀어주는 식이니 말이다. 부정부패의 소지가 있고 굉장히 불공정하다고 생각할 사람도 있을 것이다. 그런데 독일 사람들은 그렇게 당선되는 것을 지극히 정상으로 본다. "뭐가 어때서?"라고 반문한다. 이 대목에서 독일 국민과 우리 국민의 '관점'의 차이를 발견할 수 있다.

"독일이 옳다" 또는 "한국이 옳다" 하고 시비를 따지려는 것이 아니다. 이런 문제에 있어서 옳고 그름을 따지는 논쟁은 별로 의미가 없다. 왜 그러한 관점의 차이가 생겨났는지 '배경'을 살펴보는 것이 더 의미 있는 일이다.

권역별 연동형 비례대표제를 차근차근 설명해보자.

독일인의 관점에서 보자. 예를 들어 굉장히 훌륭한 정치인 A가 있다고 하자. CDU 소속으로 베를린 제1선거구가 지역구다. 그가 사람은 유능하고 훌륭한데 이런저런 이유로-가령 CDU가 베를린에서 인기가 없다는 이유로-지역구 선거에서 낙선했다. 국가적인 차원에서 보면 인재를 제대로 활용하지 못하는 일이니 손해다. 이때 독일 국민들은 A를 어떻게든 구제해야 한다고 생각한다. 이럴 때 활용하는 제도가 비례대표제다. 독일인들은 비례대표제를 '지역구 선거 제도의 단점을 보완하는 제도'로 바라본다.

A가 CDU 소속이 아니라 녹색당이나 자민당 혹은 여타 소수 정당 소속이라고 하면 더욱 이해가 쉽다. 지역구 선거로는 당선될 가능성이 희박한 사람을 비례대표제를 통해 뽑아주는 제도라고 보면 된다. "그렇다면 지역구와는 별개로 비례대표 명단을 만들면 되지 않는가?"라고 물을 독자가 있을 것이다. 우리나라가 과거에 그러한 방식을 따랐다. 이를 병립형 비례대표 제도라고 한다. 반면 독

일은 지역구 선거와 비례대표 선출을 연동시킨다. 그 이유에 대해서는 잇따르는 설명을 통해 이해할 수 있을 것이다.

독일과 우리나라 선거 제도에 큰 차이를 보이는 대목이 또 하나 있다. 비례대표 명부를 작성하는 방식이다.

알다시피 우리나라는 전국 단위로 비례대표 명부를 작성한다. 그것도 중앙당에서 일괄적으로 혹은 일방적으로 명부를 발표한다. 그 명단에서 상위권 순위에 들어가려고 치열한 밀실 암투가 벌어진다. 독일은 다르다. 주(州) 단위로 명부를 작성한다. 우리나라에 비유하자면, 전라남도의 비례대표 명부가 따로 있고 경상북도의 비례대표 명부가 따로 있는 것이다.

비례대표 후보 순위를 결정하는 방법도 크게 다르다. 우리는 공천심사위원회 같은 중앙당의 한시적 기구에서 후보 순위를 결정한다. 왜 순위가 그렇게 정해졌는지 특별한 기준이나 설명은 없다. 공심위가 정하면 그게 그냥 기준이 된다. 독일은 각 주 당원들의 투표로 비례대표 명부를 작성하며, 당원들의 지지를 많이 받은 순서대로 후보의 순서를 결정한다. 모든 정당이 그렇다. 기준이 명확하다.

종합해보자. 독일은 일단 지역구 후보는 소선거구제로 선출한다. 그리고 지역구 선거에서 낙선한 사람은 비례대표로 당선될 수 있다. 비례대표는 주 단위 권역별로 선출하며, 후보 명부는 당원들이 결정한다. 이것이 독일의 선거 제도다. 복잡한가?

반복해 말하지만 독일에서는 각 지역구 선거에 출마한 후보가 비례대표 명부에도 이름을 올린다. 지역구 선거와 비례대표 선출이 서로 연동하는 것이다. 비례대표 명부는 권역별로 작성되기 때문에 '권역별 연동형 비례대표제'라고 부른다.

물론 우려되는 부분은 있다. 정당의 유력 정치인이 비례대표 상위권에 이름을 올려 손쉽게 당선될 수 있다는 점이다. 제도를 악용한 이런 행태가 있을 수도 있다. 하지만 비례대표 후보 순위가 당원들의 투표로 결정된다는 사실을 알아두어야 한다. 노골적으로 무임승차를 추구하는 정치인은 당원들의 선택을 받기 어렵다. 정당을 위해 열심히 활동하는 정치인을 상위권에 올려놓는 것이 당연하다.

이러한 선거 제도가 갖고 있는 의도를 가늠해보자. 일단은 유능한 정치인이 선출될 수 있는 등용문을 이중으로 열어주는 것일뿐더러, 정당정치가 활성화되는 동기가 된다. 비례대표 명부 상위권에 오르려면 정당 활동을 열심히 해야 한다. 명부가 지역별로 작성되기 때문에 지역 정당 활동 또한 활발해진다. 따라서 당원들의 책임 의식과 권리 의식이 높아진다. 독일의 권역별 연동형 비례대표제는 그렇게 지역과 비례가 연동하고, 정당과 비례가 연동하며, 지역과 정당이 연동하는 효과를 낳는다.

독일의 선거 제도는 지역마다 비례대표를 선출하기 때문에 우리의 경험과 시선으로 보면 다소 복잡할 수 있다. 하지만 취지와 원리를 알고 보면 간단하다. 독일의 선거 제도를 우리나라에 도입하려면, 지역구와 비례대표를 연동시키지는 못하더라도 일단 권역별로 비례대표 명부를 작성하면 된다. "국민은 선거 제도를 자세히 몰라도 된다"라는 식의 발언은 대단히 부적절하다.

❖

2020년에 우리나라 국회의원들은 독일의 선거 제도를 가져와 굉장히 우스꽝스럽게 변질시켜버렸다. 그것도 선거일을 얼마 남겨 놓지 않은 시점에 급작스레 선거 제도를 바꿔버렸다. 대학 입시를 며칠 앞두고 입시 제도를 바꾼 것과 같다.

베끼려면 제대로 베낄 것이지, 결과적으로 연동도 없고 권역도 없는, 과거의 비례대표 선출 방식과 크게 다를 바 없는 선거 제도를 만들어놓았다.

결과는 어땠는가. 연동을 피하면서 1석이라도 더 건지려고 각 정당은 비례대표 선출만을 노리는 1회용 '위성 정당'을 따로 만드는 기행을 저질렀다.* 미래통합당은 미래한국당이라는 위성정당을 만들고, 더불어민주당은 더불어시민당을 만들었다. 대한민국의 양대 정당이 오로지 선거에 이기기 위해 페이퍼 컴퍼니 같은 정당이나 만드는, 기상천외한 일을 벌인 것이다. 자라나는 아이들에게 반칙과 편법을 가르친 셈이 되었다. 전 세계의 웃음거리가 된 것은 당연한 결과다.

독일에서는 이런 일이 애초에 발생할 수 없다. 앞서 말했듯 독일의 자민당은 1967년 이후로 지역구 후보를 한 명도 당선시키지

---

* 지역구와 비례대표를 연동하면 지역구 선거에서 과다하게 선출된 당선자의 숫자만큼 비례대표로 가져갈 몫이 깎이게 된다. 따라서 비례대표는 비례대표대로 가져가고, 지역구는 지역구대로 가져가려는 계산 가운데 '비례대표 전용'이라는 반反민주적 위성 정당이 만들어졌다.

못했지만 독일 국민 누구도 자민당을 비례대표 전용 정당이라고 생각하지 않는다. 자민당은 지역구에도 꾸준히 후보를 내고 있다. 지역구 후보가 있어야 그와 연동하는 비례대표 명부를 온전히 작성할 수 있기 때문이다.

녹색당도 그렇다. 녹색당은 1980년 창당해 1983년 비례대표로 첫 연방의회 의원을 배출했고, 2002년 첫 지역구 의원을 배출한 이래 2017년까지 지역구에서 당선된 의원은 단 한 명에 불과하다. 그럼에도 비례대표 의석은 수십 석을 가져가는, 지역구 당선자보다 비례대표 당선자가 훨씬 많은 정당이다. 창당 이래로 녹색당은 지역구 활동을 게을리하지 않는다. 지역 활동을 열심히 해야 비례대표도 당선될 수 있다는 사실을 잘 알기 때문이다. 만약 여론의 바람에 의지하는 비례대표 당선에만 안주했다면 오늘의 녹색당은 없었을 것이다. 2021년 총선에서 녹색당은 지역구 선거에서만 16명의 후보가 당선되는 최고 성과를 거뒀다. 제도의 편리성에만 안주하지 않은 결과다.

참고로 독일과 우리는 투표용지 형태가 다르다. 우리는 1인 2표제를 한다면서 지역구 투표용지와 정당 투표용지를 따로 주지만, 독일은 우리와 같은 1인 2표제인데도 지역구와 정당 투표 기표란이 하나의 용지 안에 함께 있다. 왼쪽에는 지역구, 오른쪽에는 정당 투표를 하는 형태다. 작은 사안 같아 보이지만 둘 사이에는 상당한 '생각'의 차이가 숨어 있다. 우리는 지역구와 정당이 분리된 느낌이지만, 독일은 지역과 정당이 하나로 연동되는 느낌을 준다. 어느 쪽이 전적으로 옳다는 뜻은 아니다. 작은 차이를 너무 크게 봐서도 안 되겠지만, 때로는 작은 차이에 담긴 깊은 뜻을 헤아려 볼 줄도 알아야 한다. 개인과 국가의 성패는 어쩌면 이러한 작은 차이로부터 생겨나는 법이다.

❖

그럼 독일의 지역구 선거와 비례대표 제도는 과연 어떻게 연동하는지 좀 더 자세히 살펴보자.

독일의 선거 제도가 지향하는 바를 한 문장으로 요약하자면 이렇다. "선거 결과를 최대한 민심과 가깝게."

예를 들어 2020년 실시된 우리나라 21대 총선 결과를 보자. 당시 더불어민주당이 수도권에서 얻은 정당 득표율은 33.4%였다.* 그런데 민주당이 수도권에서 가져간 지역구 의석은 103석으로 수도권 전체 121석 가운데 85%에 달한다. 그러니까 33.4%의 민심을 얻는 정당이 85%의 의석을 가져간 것이다. 이것을 과연 공정한 결과라고 말할 수 있는가? 민심을 제대로 반영한 선거 제도라고 말할 수 있는가? 수도권에서 다른 정당 후보가 당선되기를 바랐던 66%의 마음은 무엇으로 보상받을 것인가. 독일의 비례대표제는 '무시당한 66%'의 마음을 비례대표를 통해 보정해주려는 장치라고 말할 수 있다.

---

* 더불어민주당이 위성 정당으로 만든 더불어시민당의 정당 득표율까지 포함한 것이다. 민주당 계열의 또 다른 비례대표 전용 정당이었던 열린민주당까지 포함하면 약 40%다.

2023년 현재 독일 연방의회 의석 정원은 총 598석이다. 독일은 일단 이 598석을 인구 비례에 따라 각 주별로 할당한다. 예를 들어 인구가 가장 많은 노르트라인베스트팔렌주는 128석을 연방의회 의석으로 배정받고, 다음으로 인구가 많은 바이에른주는 93석을 갖는 식이다.

30석을 갖고 있는 라인란트팔츠주를 예로 들어보자. 독일의 선거 제도는 정당 투표를 의석 배분의 핵심 기준점으로 삼는다. 정당 투표 결과가 CDU 40%, SPD 30%, 녹색당 20%, 자민당 10%로 나타났다고 하자. 그럼 라인란트팔츠주에서 CDU는 12석, SPD는 9석, 녹색당 6석, 자민당은 3석을 가져가는 것이 '기본적으로' 맞다고 본다. 독일인들의 사고방식은 그렇다.

맞으면 그냥 맞는 것이지 '기본적으로' 맞다는 건 또 뭘까? 정당 투표만이 아니라 지역구 선거가 있기 때문에 조금 복잡해진다.

예를 들어 라인란트팔츠주의 각 지역구 선거에서 CDU 후보가 15명 당선되었다고 하자. 원래 정당 지지율대로라면 12명이 당선되어야 맞는데 3명이 초과 당선된 것이다. 그렇다면 "민심이 왜곡됐다"라면서 지역구 당선자 가운데 3명을 탈락시킬 것인가? 그럴 수는 없는 일이다. 15명의 당선을 그대로 인정한다. 이것을 초과의석Überhangmandate이라고 부른다. 그래서 독일 연방의회 정원은 598명이지만, 언제나 정원을 넘는 수의 의원이 선출되곤 한다.

한편 정당 투표대로라면 라인란트팔츠주에서 녹색당은 6석을 배정받아야 맞는데 지역구에서는 한 명도 당선되지 못했다고 하자. 그렇더라도 정당 비례대표 명부에 올라 있는 상위 6명이 의원으로 당선된다.

그런 식으로 연동해봤더니 최종적으로 CDU 15석, SPD 9석, 녹색당 6석, 자민당에게는 3석이 정해졌다고 하자. 이 결과는 과연 합당한가? CDU 40%, SPD 30%, 녹색당 20%, 자민당 10%라는 정당 투표 비율과 맞지 않는다. CDU가 3석의 초과 의석을 가져 갔기 때문이다. 독일 헌법재판소는 이것이 비례성의 원칙에 어긋난 다며 위헌 판결을 내렸다. 그렇다면 어떻게 할 것인가?

헌재의 판결에 따라 독일 정치권은 선거 제도를 개편했다. 특정 정당이 가져간 초과 의석 비율만큼 다른 정당에게도 초과 의석을 줘서 최종적인 의석 비율을 정당 투표 비율에 정확히 맞추기로 한 것이다. 앞에서 가상의 예로 든 라인란트팔츠주 선거 결과에 따르 면 CDU 15석을 기준으로 CDU 40%, SPD 30%, 녹색당 20%, 자 민당 10%이 되도록 정확히 맞추는 식이다. 그렇다면 결과적으로 CDU 15석, SPD 11석, 녹색당 8석, 자민당 4석이 된다. 라인란트팔 츠주에 원래 배정된 30석보다 8석이 많아진 것이다. 그렇더라도 38석 모두를 인정한다. 그렇게 늘어난 의석을 독일에서는 보정 의 석Ausgleichsmandat이라고 부른다.

이렇게 초과 의석에 보정 의석까지 있는 관계로 독일 연방의회 에는 늘 정원을 훌쩍 뛰어넘는 의석이 발생한다. 정원은 598석이 지만 2021년 총선에 따른 최종 의석은 736석이었다. 2017년 총선에 서는 최종 의석이 709석이었고, 2013년에는 631석이었다. 선거 결 과에 따라 적게는 5명, 많게는 138명이 정원을 초과한다. 최악의 경우를 가정하면 연방의회 의원 숫자가 1,000명에 이를 수도 있다는 보고서까지 나왔을 정도다. 우리의 상식으로는 왜 이런 제도를 유지하는 것인지 이해가 되지 않을 수도 있다. 의원 수가 늘어나는 한이 있더라도 '민심의 비율'에 맞추어야 한다는 의지의 표현이라 설명할 수 있겠다. 여기서 독일인들의 집요함과 완벽주의적 성향을 엿볼 수 있다.

우리나라 같으면 국회의원 숫자가 이렇게 고무줄처럼 늘어나는 현상부터 국민이 달가워하지 않을 것이다. 그러나 독일인들은 이를 비교적 대수롭지 않게 생각한다. 정치인에 대한 혐오감이 크지 않기 때문이다. 독일 연방의원이 갖고 있는 사회적 특권도 그리 많지 않다. "더 많은 사람이 의회에 진출해 나라를 위해 봉사하겠다는데 무엇이 문제인가?"라고 말하는 사람마저 있을 정도다.[*]

하지만 문제는 문제. 의원 수가 지나치게 늘어나니 의사당에 자리가 부족할 정도고, 의원들의 집무 공간도 부족하다. 세비 지출 증가로 인한 예산 문제 또한 무시할 수가 없다.

결국 독일 의회는 문제 해결에 나섰다.

2017년부터 독일 정치권은 선거 제도 개편을 위한 협상에 들어갔다. 각 정당이 다양한 의견을 내놓았다.

---

[*] 특히 소수 정당 지지자들이 그런 의견을 펼친다. 어떻게든 더 많은 의원을 의회로 보내 소수파도 목소리를 낼 수 있는 제도이기 때문이다.

초과 의석이나 보정 의석을 없애고, 지역구에서 초과된 당선자는 당선을 인정하지 않는 방식이 제안되었다. 그렇게 하면 598석 정원을 지킬 수 있다. 꽤 깔끔해 보이는 제도이지만 실은 다소 과격한 방법이다. 이미 선거에 당선된 후보자를 어떻게 탈락시킨단 말인가. 주로 초과 의석이 발생하는 양대 정당으로서는 받아들일 수 없는 방안이고, 위헌의 소지마저 있다.

그 외에도 지역구 정원을 줄이고 비례대표 정원은 늘리는 방법, 아예 의석 정원을 늘리는 방법, 초과 의석이 발생하더라도 일정 의석까지는 보정하지 않는 방법 등 다양한 의견이 제출되었다. 그리하여 2020년 CDU-SPD 대연정 시절, 지역구 의석을 줄이고 보정 의석에 한계치를 두는 나름의 절충안을 마련해 의회에서 선거법을 통과시켰다. 이 선거법은 2024년 총선부터 적용될 예정이었다. 문제는 그렇게 봉합되는 듯했다.

그런데 2021년 총선에서 사상 최대 의석이 발생하는 사태가 일어났다. 그냥 적당히 절충해서는 의석 인플레이션 현상을 막을 수 없다는 의견이 비등했다. 논의는 원점에서 다시 시작됐다.

2023년 3월, 이번에는 SPD-자민당-녹색당으로 구성된 신호등 연정에서 새로운 방안을 제시했다. 의원 정수를 630명으로 확대하되 고정하고, 초과 의석 및 보정 의석 제도는 폐지하며, 초과된 당선자에 대해서는 당선을 취소하는 방안이다. 신호등 연정에 속한 3개 정당을 제외한 모든 정당이 반대했지만 법안은 다수결로 통과되었다.

사실 새로운 선거법에는 기존 독일식 선거 제도의 근간을 흔드는 원리가 담겨 있다. 원래 독일식 선거 제도는 지역구 선거 결과를 그대로 인정하면서 비례대표 제도를 연동하는 혼합형이었는데, 정원을 고정하고 초과 의석과 보정 의석을 폐지하면 그저 단순히 정당 투표율대로만 의석이 배분되는 결과를 낳는다. 지역구 선거의 의미가 없어지는 것이다.

CDU가 곧장 위헌소송을 걸었다. 이 글을 쓰고 있는 지금도 소송은 진행 중이다. 헌법재판관들의 판단 결과가 어떻게 나올지 모르겠다. 다소 복잡하고 의석이 팽창하는 결과를 낳긴 하지만 어쨌든 '역사상 가장 이상적인 선거 제도'라고 평가받았던 독일식 선거 제도가 헌법의 심판대에 오른 사건이기 때문에 전 세계의 이목이 집중되고 있다. 개인적으로는 헌법불합치 판결을 받지 않을까, 조심스레 전망한다.

앞에서 볼 수 있듯 독일의 선거 제도가 무작정 이상적인 것은 아니며, 여러 문제가 드러나고 있다.

하지만 여기서 우리가 주목할 점은 따로 있다. 독일은 제도와 절차에 따라 문제를 풀려고 노력한다는 점이다. 수차례 심의와 공청회, 의회에서의 협상을 통해 선거법 개정 논의가 진행되고, 비록 특정 정당 입장에서는 만족스럽지 못한 결과가 나오더라도 불만을 푸는 방식 또한 제도와 절차에 따른다. CDU가 선거법을 즉시 헌재의 판단에 맡겼듯이 말이다. 결정이 어떻게 나오든 독일의 정치는 그에 따를 것이며, 새로운 합의안을 만들기 위해 또다시 협상 테이블에 마주 앉을 것이다. 독일은 그러한 '예측'이 가능한 나라다.

독일식 제도를 가져오면 우리도 독일처럼 될 수 있을까. 그렇지 않다. 하루아침에 어찌 그런 변화가 일어날 수 있겠나. 독일이 수십 년 동안 시행착오를 거치면서 갈고닦은 제도인데 말이다.

그러나 분명히 시도해볼 필요는 있다. 어떤 것부터 우리나라에 적용할 수 있을지, 어떤 것이 우리 풍토에 맞는지 면밀히 따져가면서 말이다. 정치와 사회는 그러한 건설적 실험(constructive experiment)의 과정을 통해 발전한다.

독일식 정치 제도를 도입하려면 일단 정치에 대한 국민의 불신이 없어야 한다. "우리를 좀 믿어주십시오"라고 한다고 정치적 신뢰가 생기는가. 무엇보다 정치인 스스로 특권과 기득권을 내려놓아야 한다.

그리고 기본적으로 정당정치가 자리 잡아야 한다. 정당정치가 자리 잡지 않았는데 제도만 가져온다고 '독일식'이 되지는 않는다. 그렇다고 마냥 정당정치가 자리 잡기만을 기다릴 수도 없는 노릇이다. 모든 변화는 복합적으로, 점진적으로 추진되어야 한다.

때로는 제도가 현실을 견인한다. 초기에는 시행착오를 겪겠지만, 제도라는 하드웨어를 바꾸면 소프트웨어도 그에 맞춰 천천히 변해가게 되어 있다. 그러한 다면적이고 입체적인 시각 아래 정치 제도와 풍토를 서서히 바꿔나가야 한다.

선거 제도 또한 그렇다. 앞에서 중대선거구나 연동형 비례대표제가 대통령중심제와는 맞지 않는다고 조금 부정적으로 소개했지만 일단 바꿔보면 그에 맞게 적응할 수도 있을 것이다. 그러다가 차차 대통령중심제를 바꾸는 방향으로 나아갈 수도 있다. 선후차를 가늠하면서 점진적 제도 개혁을 이루어나가는 것도 그리 나쁘지는 않다.

문제는 욕심이고 욕망이다. 욕심이나 욕망 자체가 나쁜 것은 아니지만 자기 이익만 챙기면서 공익을 돌아보지 않는 태도가 잘못이다. 정치 제도의 개혁 또한 그렇다. 어떤 제도든 정치인들이 현재 자신이 지닌 권력을 내려놓지 않으려는 범위 안에서만 활용하니 종국에는 본래의 모양이 변질되어버린다.

결론적으로 유권자가 현명해야 한다. 정치인이 유능하고 양심이 있어야 한다. 허망한 결론이라 말할지 모르겠지만, 가장 단순한 것이 가장 진실한 법이다.

"정치란 무엇인가."

이번 강의를 마치면서 그것을 되묻지 않을 수 없다. 정치의 기본은 "함께 잘살자"이다. 상대방을 내리눌러 없애버려야 잘살 수 있다는 발상은 정상적인 사고회로가 아니다. 그런 사람은 정치를 하면 안 된다. 공화共和라는 말의 의미를 끊임없이 되새겨봐야 한다.

독일의 연정 합의서, 다소 복잡하더라도 비례성의 원칙을 최대한 보장하려는 선거 제도, 그리고 끝까지 제도와 절차에 따르는 태도 등은 정치에서 공화가 갖는 의미를 돌아보게 만든다.

우리나라 헌법 제1조는 '대한민국은 민주공화국'이라는 조항으로 시작한다. 민주와 공화는 대한민국이라는 자전거를 달리게 만드는 두 바퀴와도 같은 가치다. 그런데 민주는 알아도 공화는 모르는 사람이 적지 않다. 우리나라를 외발자전거로 만들어버리려는 정치인들이 있다. 공화가 없는 나라에 민주가 작동할 리 없다. 올바른 생각을 갖고 있는 정치인이 조금만 늘어도 우리의 정치 풍토는 많이 달라질 것이다.

6

독일은 어떻게
노동개혁에 성공하였나

독일은 어떻게
노동개혁에 성공하였나

언젠가 한 경제연구소에서 나온 보고서를 보고 긴 한숨을 내쉰 적이 있다. 독일의 노동개혁과 관련한 보고서였는데, 독일 경제가 '사회주의적인 정책으로' 인해 오랫동안 침체에 빠졌다가 '노동시장을 개혁해서' 되살아났다는 내용이었다.

여기서 노동시장의 개혁은 노동시장을 유연화했다는 측면에 집중되어 있었다. 기존에 독일은 근로자에 대한 고용 보호가 철저했는데 그것을 완화했으며, 비정규직인 단기 계약 근로자를 양산해서 경제가 다시 살아날 수 있었다는 설명이다. 그러니 우리도 그렇게 해야 한다는 주장이었다.

처음부터 끝까지 틀린 이야기가 너무 많아 일일이 지적하기 어려웠을뿐더러 보고서에는 핵심적인 사실

하나가 빠져 있었다. 독일은 기본적으로 '동일 노동 동일 임금' 원칙이 지켜지는 국가라는 점이다. 독일은 같은 업종에서 비슷한 노동을 하고 있는 근로자라면 기업에 상관없이 임금이 엇비슷하다. 최저임금이 산업별로 결정되고, 임금협상도 산업별로 이루어진다. 제도와 조건이 그러하니 고용 보호를 완화해 해고를 쉽게 한다 하더라도 독일 근로자 입장에서는 크게 달라지는 점이 없다. 단기 계약 근로자도 마찬가지다. A기업에서 구조조정 등의 이유로 해고되었다면 정부에서 지급하는 실업급여를 받으면서 재충전의 시간을 갖다가 그보다 규모가 작은 B기업에 가더라도 임금은 기존과 크게 달라지지 않는다. 독일 어느 지역에 가더라도 같은 업종에 종사하면 그렇다.*

제도가 그러하니 유연성**을 추구하는 노동정책의 변화를 독일 국민들은 무리 없이 받아들인다. 우리는 어떤가? 분명 엇비슷한 일을 하고 있는데 기업에 따라 임금 격차가 너무 크다. 지역별 격차도 존재한다. 더구나 우리나라 기업은 어렵고 힘든 일은 하청업체 근로자들에게 몰아주다 보니 원청-하청, 대기업-중소기업 간에 임금은 물론, 노동강도, 근로조건 등의 격차가 극단적이라 할 수 있을 정도로 크다. 나아가 대기업이나 공기업의 경우 강력한

---

* 동일 업종이라도 지역별로 격차가 약간 있지만, 그 차이는 대체로 10% 미만에 불과하다.

** 실제 그런 정책이 실시된다 하더라도 독일 기업들은 인적 청산을 통한 구조 조정 방식을 거의 최후의 수단으로 인식하는 경향이 있기 때문에 대규모 실업 사태 같은 것이 발생하지도 않는다.

노조를 통해 고용 안정과 근로 복지 조건을 상대적으로 잘 보장받고 있지만 중소기업 이하에서는 노조 자체가 없는 경우가 허다하다. 독일 같은 제도와 조건이 준비되어 있지 않은 상태에서 고용 보호를 완화하면, 노동시장을 유연화하면 대체 어떤 일이 벌어질까? 수영을 못하고 안전 장비조차 없는 사람을 "저 사람처럼 하면 된다"면서 바다 한가운데에 밀어 넣는 것과 똑같다. 옆에 있는 사람은 수영에 능숙하고 구명조끼도 걸치고 있는데 말이다.

우리나라에는 이런 유형의 연구 보고서가 많다. 외국의 좋은 제도나 성공 사례를 '배경'은 싹 무시하고 "우리도 이렇게 하면 성공한다"라는 식으로 도입하려 한다.

노동시장을 유연화하는 것은 좋다. 그러자면 동일 노동 동일 임금 원칙이 어느 정도는 지켜져야 할 것 아닌가. 그런 이야기는 일절 하지 않으면서 오로지 노동시장만 유연화하자고 한다. 결국 그것은 누구의 이익에 부합하는 일일까? 내가 실망했던 그 보고서를 작성한 곳은 전국경제인연합회 산하의 연구소였다. 용역비를 받고 보고서를 썼을 교수는 학자적 양심을 돌아봐야 한다.

이런 사례는 수없이 많다.

교육 개혁과 관련한 분야를 보자. 우리나라의 교육 문제를 지적하면 다짜고짜 "우리도 독일식 교육 제도를 도입하면 된다"라고 주장하는 사람들이 있다. 독일처럼 대학의 서열을 없애고 완전한 무상교육을 실시하자는 것이다. 좋다. 할 수만 있다면 그렇게 하면 된다. 그런데 우리나라에서 과연 그런 개혁이 가능할까? 한국인과 독일인은 '사회적 성공'을 바라보는 기준이 다르다. 어떻게든 남보다 뛰어나고 남을 이겨야 성공할 수 있다는 사회 분위기가 만연한 국가와 굳이 그렇게 아등바등 살지 않아도 자기 성취감만 충분하면 된다는 생각이 존중받는 국가의 차이는 거대하다. 그 차이는 하루아침에 생겨나는 것이 아니다. 어느 쪽이 절대적으로 옳고 어느 쪽은 절대적으로 나쁘다고 선악의 개념으로 말하고 싶지는 않다. 각 나라의 역사와 전통, 사회 구성원들의 사고관이 쌓이고 굳어져 그렇게 된 것이니 변화를 도모한다 하더라도 하루아침에 바뀔 수 있는 것이 아니라는 말이다. 세상 어떤 일이든 조건을 감안하지 않는 급격한 변화는 무리가 따르고 반발을 초래하기 마련이다.

그럼에도 "우리도 독일식 교육을 받아들이면 성공할 수 있다"라는 식의 꿈같은 주장이 되풀이되곤 한다. 개중에는 맞는 부분도 있지만 현실을 망각한 내용 또한 적지 않다.

이참에 독일의 교육 제도에 대해 간단히 소개하자.

독일의 교육 제도는 어떤 면에서 좀 비인간적으로 느껴질 정도다. 10세 무렵에 한 사람의 인생이 결정되기 때문이다. 독일의 초등학교를 그룬트슐레Grundschule라고 부른다. 만 6세에 입학하는 4년제 의무교육 과정이다. 4학년이 되면 상급학교 진학을 결정하는데, 선택지는 크게 두 가지다. 나중에 대학에 진학할 것이냐, 대학에 진학하지 않을 것이냐. 그걸 10세에 결정한다. 우리로 말하면 초등학교 3~4학년 때다.

결정하는 방식도 어떻게 보면 비인간적이다. 대체로 성적을 기준으로 정한다. 성적이 높은 학생은 김나지움Gymnasium으로 가고, 성적이 낮으면 레알슐레Realschule, 그보다 더 낮으면 하우프트슐레Hauptschule로 간다.

김나지움을 나와야 대학 입학 자격시험인 아비투어Abitur에 응시할 수 있는데, 레알슐레나 하우프트슐레에 입학한 학생들도 나중에 편입을 통해 김나지움에 들어가 아비투어를 치를 수 있지만 그런 선택을 하는 학생은 많지 않다. 10세 때의 결정이 인생에 그대로 이어지는 것이다.

우리나라에 이런 제도를 도입하면 어떤 일이 벌어질까? 참고로 독일에서 김나지움에 진학하는 학생의 비율은 전체의 절반 이하다. 그리고 독일에는 '아비투어 입시학원' 같은 것이 없다. 독일에는 사교육이나 과외라는 개념 자체가 거의 없다. 모든 것이 공교육의 범위 안에서 움직인다.

그렇게 어린 나이에 인생이 결정된다니 대단히 비인간적인 교육제도라고 할 수 있지만 독일 국민들은 이걸 또 순순히 받아들인다. 독일인이 유난히 온순하고 순응적인 민족이라서 그런 것일까? 아니다. 사회·역사·문화적인 이유가 복합적으로 작용하지만, 현실적인 이유는 역시 경제적인 측면에 있다. 독일에서는 대학을 졸업했든 실업계 고교를 나왔든 일반 기술학교를 나왔든 임금 격차가 그리 크지 않다. 물론 독일에서도 대학 학위를 가진 사람은 지식인이자 사회 지도층으로 존경받는다. 그중 일부는 고소득층이 되기도 한다. 하지만 독일은 전반적인 임금 수준이 평준화되어 있고, 주택 및 육아, 교육 복지제도가 잘 되어 있으며, 노후의 사회 안전망이 확실하다. 그러니 굳이 아등바등 대학에 갈 이유가 없다. 정말 학문을 열심히 탐구해서 '최고 지성'이 되겠다는 학생만 대학을 선택한다.

한편으로, 이른바 육체노동을 하는 근로자에 대한 독일인들의 사회적 인식 또한 우리와 많이 다르다. 독일 국민은 노동자들을 일종의 장인^{匠人}으로 여긴다. 자동차 정비공장에서 일하면 정비 분야 전문가로 여기고, 구두공장에서 일한다고 하면 '아무나 할 수 없는 일을 하는 사람'으로 대우하는 사회 분위기가 존재한다. 물론 사회적으로 존경받는 직업은 있지만 특정한 직업을 가졌다고 고소득층이 되는 것은 아니며, 그러니 자신의 적성에 맞지 않는데 굳이 그 직업을 선택할 이유 또한 없다. 적성과 취향이 어떻게 되었든 의대나 로스쿨에 들어가려고 몸부림을 치는 우리나라하고는 사뭇 다른 풍경이다. 독일 국민들은 자기 직업에 대한 만족도와 자긍심이 대체로 높다.

이 모든 것은 단순히 직업관이나 노동관 같은 '관념'의 문제가 아니다. "우리도 의식 계몽을 하자"라고 해서 풀릴 문제가 아니라는 뜻이다. 독일은 '동일 노동 동일 임금' 원칙이 지켜지는 사회·경제적 배경 안에서 자연스레 그러한 의식이 만들어졌다.

독일의 대학을 보자. 독일에서 학위를 취득한 한국인 가운데 무슨무슨 대학을 나왔다고 자랑하는 경우가 있는데, 독일에서는 특정한 대학을 마냥 좋은 대학이라고 여기지 않는다. 그 대학의 어떤 학과에서 공부했느냐가 중요하다. 대학마다 전통적으로 유명한 학문 분야가 있다. 예를 들어 뮌헨대학은 인문학이 유명하고, 뮌헨공대는 공과 계통에서 최고 대학으로 치며, 홈볼트는 예술, 만하임은 경영학 쪽으로 유명한 학자들을 많이 배출했다. 특정대학에서 특정 학문을 공부했다 하더라도 어느 교수의 지도를 받았느냐에 따라 또 달라진다. 단순히 졸업장 하나가 그 사람을 표현해주는 사회가 아니라는 말이다.

독일은 세계에서 세 번째로 노벨상 수상자를 많이 배출한 국가다. 하지만 독일 대학 가운데 세계 100위권에 이름을 올린 대학이 있던가? 거의 없다. 독일에는 명문 대학이라 할 만한 대학이 없다. 그럼에도 무수한 노벨상 수상자를 배출해낸다. 그것이 내포하는 의미를 되돌아볼 필요가 있다. 덧붙여 소개하자면 독일에서는 아비투어 점수를 갖고 대학에 가는 것이 아니다. 아비투어를 우리나라 수능과 비교하는 사람들이 있는데, 그리 적절한 비유가 아니다. 아비투어는 점수 자체가 없다. 합격, 불합격만 있을 따름이다. 아비투어는 대학에서 공부할 수 있는 자격을 부여하는 시험으로, 아비투어에 합격하면 원하는 대학, 원하는 학과에 마음대로 들어갈 수 있다. 독일 대학에는 정원이 없기 때문이다.

들어가기는 쉽지만 졸업하기는 어려운 곳이 독일 대학이다. 유학생도 독일 국민과 똑같은 대우를 받는다. 학비가 거의 없고, 원하는 대학에서 마음껏 공부할 수 있다. 유학생도 독일 내국인과 똑같이 대학에 입학하기는 쉽지만 졸업하기는 어렵게 되어 있다. 그래서 독일에서 유학했어도 학위는 받아오지 못했다는 사람이 적지 않다. 특히 독일 대학의 박사 과정에서는 '교수가 곧 신'이라고 할 정도로 엄격한 도제식 교육이 이루어진다. 그러다 보니 자신과 생각이 다른 교수를 만나면 굉장히 고생하기 마련이며, 독일인들은 이를 당연하게 여긴다.

이렇듯 독일과 우리나라의 교육 제도 사이에는 현격한 차이가 있다. 그에 앞서 사회구조가 다르고, 구성원들이 사회를 바라보는 시각 자체가 많이 다르다. 사회가 다르니 교육을 바라보는 시각 또한 다르다. 독일인들은 전통적으로 교육을 '사회가 책임지는 공적인 영역'으로 보고, 대학은 최고 지성인들이 모이는 '학문의 전당'으로 여긴다. 그러한 전통과 관념은 하루아침에 생겨난 것이 아니다. 바이마르공화국 이전부터 수백 년의 역사에 걸쳐 쌓여온 것이다.

앞에서 독일식 정치 제도를 도입한다고 우리나라 정치가 저절로 달라지는 것은 아니라고 강조한 바 있다. 교육 또한 그렇다. 그렇다고 "어쩔 수 없다" 하면서 포기할 수만도 없는 노릇이다. 제도를 바꿔 점진적으로 변화를 유도하는 노력을 기울여야 한다. 시간이 오래 걸리고 간혹 고통도 따르겠지만 먼 미래를 봐서는 그렇게 해야만 한다.

독일의 제도와 정책을 모양만 본떠 수입했다가 실패한 것들이 우리나라에는 많다. 그중 하나가 이른바 '햇볕정책'이다.

김대중 정부 이래로 북한을 유화적으로 포용하겠다면서 실시한 정책을 우리나라에서는 햇볕정책이라 부르는데, 독일의 동방정책을 흉내낸 것이다. 그런데 독일의 동방정책이 과연 어떤 배경에서 어떻게 생겨났는지, 또 어떤 문제를 겪었는지, 당시 독일과 지금 우리 현실은 어떻게 다른지 등은 전혀 감안하지 않고 그저 "독일이 동방정책으로 성공했으니 우리도 햇볕정책으로 성공할 수 있다"라고 말하는 정치인을 종종 만난다. 독일의 동방정책과 우리나라의 햇볕정책은 사실 특별한 공통점이 없다.

일단 분단의 이유부터 다르다. 독일의 분단은 자의가 아니라 승전국들의 강요에 의한 것이었다. 거꾸로 말하면 독일은 승전국들이 동의해주면 통일이 되는 것이었지만 우리는 서로 간의 화해가 절실한 상황이다. 물론 우리도 처음에는 자의에 따른 분단이 아니었다. 그러나 통일을 하겠다고 북한이 전쟁을 일으키는 바람에 3백만 명 넘는 사람이 죽거나 다치는 큰 희생을 겪었다. 지금 남북한이 갖고 있는 감정적·경제적·문화적 간극은 옛 동서독 국민들이 갖고 있던 거리감과 성격이 전혀 다르다. 동서독 국민은 서로에 대한 적대감이 별로 없었고, 그럴 만한 이유도 없었다. 동서독 주민들의 생활 격차가 상당했지만 지금의 남북한처럼 극단적이지는 않았다. 동독의 공산 독재 체제가 폭압적이고 반인륜적이기는 했지만 지금 북한의 김씨 왕조하고는 비할 바가 아니다.

1960~1970년대 서독의 고민은 '서방 국가들의 따가운 시선 가운데 동독 문제를 어떻게 처리할 것인가' 하는 문제였다.

CDU의 중심 기조는 일종의 동독 고립 작전이었다. 원천적으로 동독을 합법적인 국가로 인정하지 않았고, 이른바 할슈타인원칙에 따라 '동독과 수교한 국가와는 상대하지 않겠다'는 정책을 밀어붙였다. 오늘날 대만 문제를 다루는 중국의 태도와 비슷하다고 볼 수 있다. SPD의 생각은 달랐다. 그들은 동독을 국가로 인정하려고 했다. 1민족 2국가는 어차피 현실이니 받아들이고, 대등한 관계에서 통일을 추구해나가겠다는 것이다. 그래서 SPD의 동방정책은 통일 정책이면서 일종의 분단 정책이기도 했다. 그런 측면에서 CDU와 SPD의 의견이 내내 대립했다. CDU와 SPD가 대연정을 구성한 키징거 내각에서(1966~1969) 양 정당이 갈등을 겪은 가장 큰 이유 가운데 하나도 그것이었다.

CDU는 대놓고 통일을 추구하지는 않았다. 당시 CDU가 흡수 통일을 목표로 했는지도 분명치 않다. 다만 CDU는 '독일의 합법 정부는 서독이 유일하다'는 강력한 원칙론을 고수했다. '하다 보면 통일은 어떻게 되겠지' 쪽에 가까웠다. SPD는 독일의 합법 정부는 서독이 유일하다는 주장은 현실에 부합하지 않는다고 생각했다. 당시만 해도 공산 진영은 세계의 절반을 차지하고 있었다. '저쪽 진영과 교류하면 우리는 절교하겠다'라는 선언은 자유무역 국가로서는 사실 자해 행위나 다름없었다. SPD의 주장은 어정쩡한 동거를 계속하느니 서로 다른 국가라는 사실을 분명히 하자는 쪽이었다. 그런 측면에서 SPD의 동방정책을 '분단 고착화 방안'이라고 보는 시선이 있는 것이다. 1·2차 대전을 겪은 독일 좌파로서는 차라리 따로 사는 편이 세계 평화를 위해 낫겠다는 생각마저 있었던 것 같다.

SPD에도 다양한 사람들이 있었으니 동방정책이 통일을 목적으로 했는지 분단 고착화를 노렸는지는 분명하지 않다. 다만 확실한 것은, 동방정책을 실시할 때에도 SPD는 '독일 민족이 자결권을 갖고 재통일을 달성하기 위해*'라는 표현을 외국과의 협정 등에 빠뜨리지 않았다는 사실이다. 즉 극단으로 치우치지 않았다는 뜻이다.

동방정책을 실시하는 과정에 SPD는 대외 관계에도 소홀하지 않았다. 서방과의 관계를 온전히 유지하려 노력했고, 소련도 가급적 자극하지 않으려 애썼다. 서방과 소련 양측의 협조가 있어야 동방정책이 성공할 수 있다는 상식을 독일 정치인들은 알고 있었다. 우리나라의 노무현-문재인 정부가 이른바 대북 평화정책을 펼치면서 미국과 대립하는 듯한 인상을 준 것은 커다란 패착이 아닐 수 없다. (중국과 지나치게 대립각을 세우려는 보수 정부도 마찬가지다.) 동방정책의 진행 과정을 전혀 들여다보지 않은 것이다. 아무리 남북 관계가 동서독 관계와 성격이 다르다고 해도 강대국의 협조 없이는 남북 문제 해결이 불가능하다. 간단한 사실을 한국의 자칭 진보주의자들은 간과하고 있다. 통일은 '우리 민족끼리'만 외친다고 해서 되는 일이 아니다.

한편으로, 독일의 동방정책은 국민의 지지가 있었기 때문에 성공할 수 있었다.

1972년 빌리 브란트가 동서독 기본조약**을 체결하려고 하자 CDU가 격렬히 반대했다. 우리나라 문재인 대통령이 김정은을 만나 종전선언 같은 것을 하려고 할 때 보수 세력이 반대했던 것보다 더 지독히 반대했다. 의회에서 총리 불신임 투표를 해서 브란트를 낙마시키려 했지만 불과 2표 차이로 실패했을 정도로 대립은 첨예했다. 결국 조기 총선을 치렀고, 총선에서 SPD 의석은 더 늘어났다.*** 국민이 동방정책의 손을 들어준 것이다.

독일 정치의 묘한 점은 여기서 등장한다. 독일 정치의 '훌륭한 점'이라고 말할 수도 있을 것이다. 총선에서 국민이 그런 판단을 내린 뒤로 CDU는 동방정책에 대해서는 쓸데없는 정치적 공격을 하지 않았다. SPD 13년 집권이 끝나고 1982년에 CDU 내각이 탄생했을 때에도 동방정책의 기조는 그대로 유지되었다. 결국 1990년, 독일 통일이 이루어졌다. 통일 당시 CDU 소속 총리였던 헬무트 콜은 '통일 총리'라는 예상치 못한 호칭까지 얻으면서 장장 16년이나 재임할 수 있었다. SPD가 뿌린 씨앗을 CDU가 열매로 수확한 셈이다.

그렇다고 독일 통일이 전적으로 동방정책 덕분인 것만은 아니다. CDU가 추구한 친서방 정책, SPD가 추구한 동방정책 노선이 절묘하게 맞아 떨어졌기에 가능한 일이었다. 그럼에도 지금 독일에서, CDU가 되었든 SPD가 되었든, "통일은 전적으로 우리의 공로"라고 주장하는 정당은 없다.

서독 총리로 임기를 시작했다가 '최초의 통독 총리'라는 기록을

---

*   빌리 브란트가 총리로 재임하던 시기 서독과 소련이 체결한 모스크바조약에 들어 있는 문구다.

**   동서독이 서로를 승인하고 유엔에 동시 가입하는 것을 주요 내용으로 한다.

***   1969년 총선에서 SPD가 얻은 의석은 224석이었다. 동방정책의 가부를 묻는 성격이 짙었던 1972년 총선에서는 230석을 얻었다. 당시 연립내각의 주니어파트너였던 자민당의 의석도 30석에서 41석으로 늘었다.

남긴 행운의 사나이 헬무트 콜은 최장수 총리라는 기록까지 세웠다. 통일의 과정 가운데 무려 16년, 4연임을 했다. 그 기록은 이후의 독일 정치사에서 결코 깨지지 않을 줄 알았다. 그런데 콜이 퇴임하고 7년 후 취임한 '독일 최초의 여성 총리'가 콜과 동일한 기록을 세웠다. 16년, 4연임을 한 것이다. 그가 여성일 뿐 아니라 동독 출신이고, 더구나 물리학자라는 사실이 놀랍다. 콜에 의해 발탁돼 중앙 정치 무대에 등장했다는 사실 또한 흥미롭다. 그가 총리가 되자마자 정치적 스승인 콜의 비리 의혹에 단호한 조치를 취하면서 국민적 지지도가 높아졌다는 사실 역시 주목할 만하다. 그의 이름은 앙겔라 메르켈이다.

앞에서 독일 노동시장 개혁에 대해 우매한 주장을 펼친 한국의 어느 경제단체 보고서를 언급한 바 있다.

그 보고서에서 결정적으로 놓친 부분이 또 하나 있다. 독일의 노동개혁을 이끈 '어젠다 2010'이라는 정책은 슈뢰더 내각에서 만들었다. 슈뢰더는 SPD 소속 정치인이다. 이른바 좌파라고 불리는 SPD가 노동개혁안을 만든 것도 독일 정치를 잘 모르는 외부인의 시각에서는 놀라운데, SPD가 만든 노동개혁안을 CDU가 그대로 받아들였다는 사실은 더욱 놀랍다. 그러한 '정책 연속성'이 갖는 의미를 그 보고서는 빠뜨리고 있다.

이쯤에서 독일 총리의 역사를 간단히 정리해보자.

초대 총리 아데나워, 2대 에르하르트, 3대 키징거에 대해서는 앞에서 자세히 소개했다. 키징거가 물러나고 SPD 대표 브란트가 총리가 됐다. 브란트는 몇 가지 스캔들이 겹치면서 1974년 사임했지만 SPD가 중심이 된 연립내각은 유지되었다.* 경제 전문가 헬무트 슈미트가 브란트의 뒤를 이었다. 슈미트는 1982년까지 총리직을 맡았다. 이것이 '독일 좌파 13년 연속 집권'의 역사다.

슈미트의 뒤를 이은 총리가 CDU 출신 헬무트 콜이다. 콜은 초기에는 '바보 총리'라고 불릴 정도로 말솜씨가 변변찮고 정책 추진력도 없어 보였지만 정치적 천운을 타고난 사람이었다. 그의 집권기에 경기가 살아나고, 결정적으로는 동서독 통일이 이루어졌기 때문이다. 콜은 평상시에는 유약한 지도자였는지 모르지만 위기가 닥쳤을 때 결단력 있게 대응하는 의외의 면모를 보여줬다. 평시에는 두각을 드러내지 못하다가 위기에 강한 지도자가 있고, 평시에는 강해 보여도 위기에 쩔쩔매는 지도자가 있다. 콜은 전형적인 전자였고, 그것은 독일 국민에게 커다란 행운이었다. 콜은 높은 국민적 지지를 받으면서 1998년까지 총리직을 이어갔다. 한번 특정한 정당을 선택하면 가급적 '안정' 쪽으로 밀고 나가는 것이

---

* 브란트는 그의 최측근 비서가 동독의 간첩이었다는 사실과 함께 섹스 스캔들 등이 터지면서 퇴임했다. 그럼에도 SPD가 내각을 유지할 수 있었던 비결은 자민당이 여전히 SPD와 연정을 추구했기 때문이다. 브란트 후임 총리인 슈미트가 사회민주주의자이면서도 케인스 경제학을 추종하는 경제 전문가라 자민당과의 접점이 확실했다. 참고로, 브란트는 총리직에서 물러났어도 SPD 대표직은 유지했다. 브란트는 1964~1987년까지 23년간 SPD 대표 자리를 지켰다. SPD에서 브란트가 차지하는 위상을 짐작할 수 있다.

독일 국민들의 투표 성향이기도 하다.

콜의 뒤를 이어 다시 SPD 정권이 등장했다. 통독 이후 국가적 과제와 사회적 갈등을 해결하는 데 SPD가 적격이라고 독일 국민들이 판단한 것이다. 슈뢰더는 7년간 재임했는데 그 기간에 '어젠다 2010'이 만들어졌다. 슈뢰더가 물러나고(2005년) 총리직에 오른 인물이 CDU 출신 앙겔라 메르켈이다. 메르켈이 퇴임하고(2021년) SPD가 집권하면서 2023년 오늘에 이른다. 이 글을 쓰고 있는 현재 독일 총리는 올라프 숄츠다.

현대 독일 정치의 역사는 70여 년에 이르지만 이렇게 총리의 역사를 놓고 보면 어쩌면 간단하다. 아데나워 12년, 에르하르트 3년, 브란트-슈미트 13년, 콜 16년, 슈뢰더 7년, 메르켈 16년. 총리 한 명이 10년 내외, 길게는 20년 가까이 집권했지만 누구도 독일 정치를 '총리 독재'라고 말하지는 않는다. 당연히, 국민이 선출했기 때문이다. "내각제에서 총리는 국민이 선출하는 총리가 아니지 않습니까?"라고 묻는 사람이 있을지 모른다. 독일 국민들은 결코 그렇게 생각하지 않는다. "우리가 뽑은 총리"라고 당당히 말한다. 간선제 총리라고 해서 국민이 뽑은 지도자가 아니라고 생각하지 않는다. 국민이 선출한 의회에서 정치적 합의에 의해 선출된 총리이기 때문이다. 총선 과정에서 이 정당을 지지하면 누가 총리가 될 것인지 명확히 알고 투표했기 때문에 국민이 선택한 총리라고 여기는 측면도 있다.

후보자를 세워놓고 반드시 국민이 직접 뽑아야 정통성이 있다고 믿는다면 민주주의에 대한 이해가 조금 편향된 것이 아닐까.

국민이 직접 뽑았어도 국민의 대통령이 아니라 "특정 진영의 대통령"이라고 비난하는 말을 듣는 나라가 있는가 하면, 간선제 총리로 보일지언정 국민의 지도자로 존경받는 나라가 있다. 선출 방식은 그리 중요한 자격 요건이 아닐 수 있다.

독일 정치에도 문제는 있다. 특정인이 10년가량 총리직을 맡다 보니 국민이 권태로움을 느낄 때가 있고, 그만 물러나라는 여론이 비등한 시기 또한 있다. 그러나 지금까지 독일 정치 역사상 불명예스럽게 끌려 내려간 총리는 거의 없다.

CDU에서 SPD로, 혹은 SPD에서 CDU로 정권 교체가 이루어질 때에도 독일은 평화롭고 순조롭다. 정부 인수인계를 방해하는 사례가 없고, 기존 정권에 협조했다는 이유로 관료나 정치인들을 사법 처리하는 경우가 없으며, 정권이 바뀌었다고 기존의 정책을 완전히 뒤집어버리는 일 또한 거의 찾아볼 수 없다. 기존 내각에서 수립한 정책이 현 내각의 입장과 일정 부분 배치되더라도 장기적 안목에서 수립된 것이라면 받아들인다. 일단 정권을 잡으면 특정 진영의 정치인을 넘어 독일이라는 '국가'를 이끄는 책임자가 되기 때문이다. 내각에서 수립하고 의회에서 승인했으므로 전임 정부의 정책이라도 국가의 정책으로 존중하고 따른다.

독일에서는 특정 내각이 등장했다고 국가에서 이미 수립한 정책을 아예 폐기하는 수준으로 뒤집지 않고, 뒤집을 수도 없다. 정책을 수립할 당시 국민의 여론이 충분히 반영되었을 것이라 믿고 견해의 차이를 존중한다. 한편으로, 뭔가를 확 뒤집어엎겠다는 주장을 앞세우는 정당을 독일 국민들은 애초에 신뢰하지 않는다. 나치의 폐해로부터 얻은 교훈이기도 하다.

　다시 '어젠다 2010'을 보자. 슈뢰더 내각이 작성한 '어젠다 2010'은 사실 좌파 정부가 내세울 만한 정책은 아니었다. 주요 골자를 살펴보면 △소득세율을 인하하고 △실업급여를 엄격히 하고 △의료보험을 축소하고 △연금 지급 시기를 늦추는 등 보수 연립내각에서 수립한 정책이 아닌가 할 정도로 오른쪽으로 치우쳐 있다는 것을 알 수 있다. 그럼에도 SPD는 개혁을 단행했다. 아군인 SPD가 입안한 정책이기 때문에 좌파 진영에서도 어느 정도 순조롭게 받아들일 수 있었다. 물론 핵심 지지층이 실망하면서 SPD가 다음 총선에서 정권을 잃기는 했지만 그 정책을 CDU가 계승했다. 이것이 우리가 독일 정치에서 본받을 만한 점이다. 좌파가 보수적인 정책을 입안하고, 보수가 그것을 계승한다. 반대로 보수가 좌파적 정책을 도입하고, 좌파가 그것을 계승한다. 이렇게 좌우를 넘나들며 정책을 탁구공처럼 주고받는 것에는 '사회(국가)의 미래를 위한다'라는 일관된 가치관이 깃들어 있다. 공동체의 이익을 위해 꼭 필요한 정책이라면 좌우 이념적 잣대를 따지지 않고 도입하는 것이다. 앞에서 강조했듯이, 그러한 정치 문화가 만들어지려면 정치 시스템 자체가 포용적이어야 한다. 승자 독식의 구조가 아니어야 한다는 말이다. 정치 시스템이 독점적인데 '함께 잘살자'라는 사회적 가치관이 생겨날 수 있겠는가.

　내각책임제가 실시되면 정치에 대한 국민의 관심이 떨어질 것이라고 말하는 사람들이 있다. 이웃 나라 일본을 보고 그런 생각을 하는 것 같다. 사실과 전혀 다르다. 독일 국민의 정치 관심도는 우리 국민의 정치 관심도보다 훨씬 높다. 독일인들은 정치에 적극적으로 참여하고 자기 목소리를 낸다. 정치에 대한 무관심은 '말해봤자 뭐해?'라는 생각이 쌓이다 보면 자라나기 마련인데 독일 의회에는 '말하면 들어주는' 다양한 세력이 진출해 있다. 그러니 현실 정치에 대한 관심의 끈을 놓을 수가 없는 것이다.

❖

정치에 대한 독일 국민의 관심과 참여가 높을 수밖에 없는 이유는 '정당정치'가 확고하게 정착되어 있기 때문이다.

독일에서는 정치에 뜻을 둔 사람이라면 대체로 10~20대 청소년 시절부터 정치 활동을 시작한다. 역대 독일 총리를 역순으로 살펴보자. 현재 총리인 숄츠는 고등학생(김나지움)인 17세 때부터 SPD 활동을 시작했다. 메르켈은 동독 출신이라서 다른 총리들과 동일 선상에서 비교할 순 없지만 16세에 공산당 청년 조직에 가입했고, 동서독 통일과 동시에 CDU 활동을 시작했다.* 슈뢰더가 SPD에 가입한 나이는 18세, 콜 역시 CDU가 창립된 1946년에 18세의 나이로 입당했다. 슈미트는 28세**, 브란트는 17세에 SPD 활동

---

*   정확히 소개하자면 메르켈은 동독 민주화 이후 생겨난 '민주적 각성Demokratischer Aufbruch(DA)'이란 정당에서 정치 활동을 시작했다. DA가 나중에 CDU와 통합했다.

**   슈미트는 청소년 시절 나치 독일을 겪었다. 나치 유겐트에 가입했고, 나치당원으로 적극 활동했다는 의혹 또한 있다. 그러니 정치 입문이 늦었다. 그의 할아버지가 유대인이라는 사실이 나중에 밝혀졌다.

을 시작했다. 나치 협력자였던 키징거와 정치에 무관심한 학자 출신인 에르하르트는 예외로 하자. 아데나워는 29세에 쾰른시 의원이 되었다. 이렇게 독일 정치인들은 정당을 활동 기반으로 삼아 이른 나이부터 정치인으로서의 경력을 쌓아나가는 것이 일반적이다.

독일은 '정당 국가'라고 불릴 정도로 정당이 정치와 사회의 중핵을 이룬다. 정당 조직이 사회 곳곳에 뿌리를 내리고 있다. 각 정당이 대학에 학생위원회 조직을 두고 있는 것은 물론, 김나지움 시절부터 정치에 관심을 갖고 참여하는 학생도 많다. 지역이나 주택단지를 단위로 정당의 풀뿌리 조직이 무수히 활동한다. 각종 공익재단 역시 CDU 계열, SPD 계열 등으로 확연히 구분된다. 그럼에도 '독일 사회가 정치적 갈등과 분열로 몸살을 앓는다'라는 식의 뉴스 보도를 본 적 있는가? 모든 것을 드러내놓고 있기 때문에 언제나 '다름'의 의미를 인식하고 있는 것이다. 독일인들은 생각이 다른 사람들과 토론하고 협력하는 훈련이 어렸을 때부터 학교 교육을 통해 꾸준히 축적되어 있다. 이 또한 나치의 폐해로부터 얻은 교훈 가운데 하나다.

독일은 숱하게 선거를 치르는 국가다. 내각제 국가는 정치가 불안해서 수시로 선거 상황이 발생한다고 오해하는 사람들이 있는데,* 그런 뜻이 아니다. 독일은 행정 최소 단위에 해당하는 게마인데Gemeinde—우리의 읍, 면, 동장—에 해당하는 사람까지 모두 주

---

* 1949년 서독 정부가 수립된 이래 2023년 현재까지 독일이 치른 총선은 20번이다. 우리는 1948년 정부 수립 이래 21번 총선을 치렀다. 오히려 독일의 총선 횟수가 적다.

민이 직접 뽑는다. 물론 평범한 사람이 후보자로 나서는 경우도 있지만 대체로 게마인데 단체장도 당적을 갖고 있는 정치인들이다. 그렇다고 독일 사회가 완전히 '정치화'돼서 항상 싸움질만 하는가? 전혀 그렇지 않다. 읍, 면, 동장까지 선거로 뽑는다고 사회 전체가 대결 구도에 사로잡혀 있는 것은 아니라는 말이다. 선출된 사람은 선출된 대로 열심히 일하고, 낙선한 사람은 자기 직업에 전념하다가 다음 선거에 다시 출마한다. '일상의 정치'가 뿌리내려 있는 것이다.

우리나라는 지방선거를 전국적으로 한날한시에 실시하지만 독일은 각 주마다 따로 치른다. 그러니 독일을 여행하고 돌아와 "어떤 주는 선거 때문에 떠들썩하던데 다른 주에 갔더니 조용하더라"라며 이색적인 경험을 했다는 소감을 전하는 사람도 있다. 사실 그렇게 지방마다 별도의 일정을 정해놓고 제각기 선거를 치르는 것이 지방자치의 성격에 맞는 것 아닐까. '자치'를 추구하는 선거를 전국적으로 한날한시에 실시하는 것이 오히려 이상하고 어색하지 않은가. 독일은 지방선거를 제각각 실시하니 지방 정치에 중앙 정치의 바람이 훨씬 덜 미치게 된다.

우리는 어떤가. 선거 직전 어떤 정치적 이슈가 형성되었는가에 따라 후보자들의 당락이 좌우된다. 대통령 선거 직후에 있는 지방선거면 여당에 유리하고, 대통령 임기 중간쯤에 있는 지방선거면 정권 심판 바람 때문에 야당에 유리한 식이다. 지역의 일꾼을 뽑는 선거가 대통령 권력과 대체 무슨 상관이 있단 말인가.

지방선거뿐만이 아니다. 우리나라에서는 모든 선거가 속된 말로 '복불복'이 되어버렸다. 운이 좋으면 당선되고, 운이 나쁘면 능력이 있는 사람이라도 정세의 흐름상 낙선하는 일이 빈번하다. 선거를 언제 치르느냐에 따라 떨어질 사람이 붙고, 붙을 사람도 떨어지는 '운칠기삼'이 된 것이다. 이런 사회를 과연 공정하다고 말할 수 있는가. 이런 상황에 정치가 제대로 자리를 잡을 수 있는가.

풀뿌리 자치단체장까지 각 지방의 자율적인 선택에 따라 뽑으니 독일 국민들의 정치에 대한 일상적 관심은 무척 높다. 정권이 바뀌어도 정책의 일관성이 유지되니, 한번 결정된 정책이 자신의 삶에 미치는 영향이 크다는 사실도 경험으로 안다. 그러니 정치에 대한 관심이 높을 수밖에 없다. 특정 정당이 당선된다고 자신에게 특별한 이익이 돌아오는 것도 아닐진대 진영 논리에 휩싸여 거친 욕설을 주고받는 우리나라 일부 '정치 과몰입층'의 행태와는 질감 자체가 다른 것이다.

한편 독일에는 정치적 스캔들이 별로 없다. 우리나라에서는 하루가 멀다 하고 정치인을 둘러싼 부정부패 스캔들이 터지지만 독일에서는 심각한 정치 스캔들이라고 해봤자 몇 년에 한 번 생겨나는 로비 스캔들 정도가 전부다. 그 수준도 우리에 비하면 "이걸로 정치인이 자리에서 물러났다고?" 할 만큼 미미하다.

예를 들어보자. 2012년에 크리스티안 볼프 독일 대통령이 불명예스럽게 퇴임한 적이 있다. 사업가인 친구에게 50만 유로를 빌린 데서 문제가 불거졌다. 볼프는 주택 구입 자금으로 빌렸다고 주장했고, 그 용도가 증명되었다. 차용증까지 있었다. 여기까지는 그럴 수 있다고 용인할 수 있다. 그런데 돈을 빌리면서 이자를 시중

금리인 3.5%보다 낮은 2.1%로 계약했다는 사실이 알려지면서 사실상 뇌물이 아니냐는 의심을 받았다. 우리나라 같았으면 "그래도 이자를 주지 않았느냐", "고작 1.4% 차이를 갖고 뭘 그러느냐"라는 등 정치적 공방을 주고받으면서 버텼겠지만 볼프 대통령은 자진 퇴임했다. 독일 대통령은 권한이 없는 명예직이니 그대로 버틸 수도 있었지만 그는 '명예직이니까 오히려 명예를 더욱 소중히 여겨야 한다'며 퇴임했다. 정치인이라면 사소한 행동 하나도 오해받을 만한 여지를 남기지 말아야 한다는 강한 선례를 남겼다.

정치가 깨끗하니 국민이 정치를 혐오의 눈빛으로 바라보지 않는다. 메르켈이 총리 재임 시절에 경호원을 대동하지 않고 홀로 동네 마트에 가서 장을 보는 모습이 우리나라 신문에 보도된 적 있다. 신문 1면에 사진이 큼지막하게 실렸다. 그때 독일 친구에게 "당신 나라 총리가 마트에서 쇼핑하는 사진이 우리나라 신문에 실렸다"라고 했더니 "당연한 일을 한국 사람들은 왜 신기하게 여기는가?" 하면서 오히려 신기하게 여겼다.

총리직에서 퇴임할 당시 메르켈에 대한 독일 국민의 지지율은 75%였다. 메르켈은 지금도 그 동네, 그 집에서 그 마트를 다니면서 조용히 지낸다.

❖

다른 나라의 특정한 정책을 받아들일 때는 정책이 수립된 배경을 꼼꼼히 살펴보아야 한다. 비판할 때도 마찬가지다.

우리나라의 이른바 보수 진영 지식인 가운데 독일의 탈원전 정책을 비판하는 사람들이 있다. 독일이 꾸준히 실시해온 원자력발전소 감축 정책을 두고 시대착오적이라고 비판하는 것이다. 우리나라 문재인 정부의 탈원전 정책을 비판하기 위해 그러는 것 같은데, 문재인 정부의 탈원전과 독일 정치권의 그것은 성격이나 추진 방식이 많이 다르다. 독일 정부의 정책을 구태여 두둔하고 싶은 생각은 없지만 비판에 깔려 있는 단편적이고 몰역사적인 시각이 안타까워 지적하지 않을 수 없다.

원전 확대든 감축이든 그것은 국가의 내정과 관련된 일이니 각국이 자기 나라의 자원 형편과 에너지 수급 상황, 국민 여론 등을 살피며 각자 특성에 맞게 결정할 일이다.

독일에서는 1986년 소련 체르노빌 원전 사고 이후 원전의 안전성 문제를 걱정하는 여론이 높아졌다. 사고가 일어난 체르노빌 지역은 현재 우크라이나에 속한 도시다. 독일인들은 러시아를 유럽의 일부이자 자신들의 인접국으로 생각하는 경향이 있다. 그러니 체르노빌에서 일어난 사고에 대한 공포감은 당시 우리가 느끼는 것에 비할 바가 아니었다. 게다가 당시 세계는 원전이 도입된 지 얼마 되지 않았던 때라 원전 안전에 대한 신뢰도가 과학적으로든 경험적으로든 그리 높지 않았다. 체르노빌 사고로부터 독일 국민이 느낀 불안과 공포를 마냥 근거 없다고 무시할 수 없는 이유다.

체르노빌 사고는 독일 녹색당이 제도권 원내 정당으로 성장하는 중요한 계기가 되었다. 독일 녹색당은 68운동 이후 태동의 싹이 보였지만* 정치적 세력화 단계로까지는 발전하지 못했다. 그러다 1980년에 창당을 했는데, 창당 직후 처음 치른 총선(1980년)에서 전국 지지율 1.5%를 얻어 전국 지지율 5% 봉쇄 조항을 넘지 못했다. 그러다 1983년 총선에서 봉쇄 한계를 넘어서는(5.6%) 이변을 일으켰다.** 그럼에도 독일 국민들은 '그저 우연이겠지' 하는 정도로 대수롭지 않게 여겼는데, 체르노빌 원전 사고 직후 실시된 1987년 총선에서 8.3%를 얻어 그야말로 "돌풍을 일으켰다". 역사와 전통에 빛나는 독일 자민당이 당시 정당 투표에서 얻은 유효표가 9.1%임을 감안할 때 실로 대단한 성과였다. (2021년 총선에서 녹색당은 무려 14.8%를 획득하면서 명실상부 제3당이 되었다.)

독일이 탈원전을 본격적으로 추진하기 시작한 것은 1998년 녹색당이 마침내 연립내각에 참여하게 되면서부터다. SPD와 녹색당이 공동정부를 구성했는데, 녹색당이 원전 감축을 레드 라인으로 내세운 것은 지극히 자연스러운 행보였다. 그리하여 1999년, 독일 연방정부와 에너지 기업들 사이의 합의에 따라 탈원전이 선언되었다. 2002년 독일 의회는 원전 가동 기간을 32년으로 제한하는 원자력법 개정안을 통과시켰다. 원전 추가 증설 계획도 없을

---

* 이념에 경도되었던 서구와 일본의 68운동 주축 세력들은 자신들의 '혁명 투쟁'이 실패하자 각자 여러 갈래의 길을 걷게 된다. 과격파 테러리스트가 되어 몰락한 운동권 세력이 있는가 하면, 제도권 정치에 진출한 운동권 청년들이 있었고, 환경문제에 관심을 기울이게 된 사람 또한 많았다. 환경운동을 '생활 속 변혁 운동' 가운데 하나로 인식한 것이다. 그것을 굳이 부정적으로 평가할 필요는 없다. 지금 독일 녹색당이 주로 대도시 지식인 사이에서 큰 인기를 누리는 이유를 숙고해볼 필요가 있다.

** 독일 정부가 수립된 이래 CDU, CSU, SPD, 자민당 이외의 정당 가운데 처음으로 5%를 넘은 일대 '사건'이었다.

것이라고 선언했다. 2005년 메르켈 내각 등장 이후에도 정책은 그 대로 유지되었다.

그러다 2009년, 메르켈 2기 내각이 원전 안전성 테스트를 실시한 결과 기존 예상보다 10년 정도는 더 사용할 수 있다는 보고서를 근거 삼아 탈원전 보류를 결정했다. 원전을 안전하게 유지 관리할 수 있는 기술이 과거보다 발전한 것이 이유였다.

그런데 그로부터 2년 후(2011년), 이번에는 일본 후쿠시마에서 원전 사고가 발생했다. 독일은 다시 탈원전으로 돌아섰다.

그러한 결정을 두고 정책적으로 오락가락했다고 비판하는 사람들이 있는데, 이는 역사책을 목차만 살펴보고 말하는 것 같은 가벼운 해석이다. 독일이 탈원전에서 원전으로 복귀한 근거는 합리적이었고, 다시 탈원전으로 돌아간 동기 또한 이해되는 측면이 있다. 2011년 무렵 세계는 원전에 대한 대중적 공포감이 극심했다. 당연하지 않은가. 민주주의 국가에서 원전은 안전하다고, 왜 그것을 이해하지 못하느냐고 국민을 윽박지를 수는 없는 일이다. 당시 세계적으로 어떤 정부든지 독일의 결정과 확연히 다른 방향으로 나아가지는 못했다. 게다가 메르켈은 물리학자다. 메르켈이 과학을 몰라 국민을 설득하지 못했겠는가. 정치와 과학은 다르다. 정치가 과학을 무시해서는 안 되는 것처럼, 과학 또한 정치가 갖는 의미를 섣불리 무시해서는 안 된다.

그러다 2022년, 이번에는 러시아가 우크라이나를 침공하는 사태가 벌어졌다. 우크라이나를 군사적으로 도와주면 유럽에 대한 가스 공급을 끊어버리겠다고 러시아가 협박하자, 러시아에게 에너지를 공급받는 유럽 국가들은 자국의 전력 문제를 걱정하지 않을 수 없게 되었다. 러시아로부터 가스를 공급받는 대표적인 국가가 독일과 프랑스다.* 가스관이 러시아에서 독일-프랑스로 직접 연결된다.

러시아로부터 각종 에너지 자원을 공급받을 수 있으니 탈원전을 선택해도 된다는 독일의 오판(?)은 또 한 번 논쟁의 도마 위에 올랐다. 이를 조롱하는 식으로 비난하는 우리나라 일부 지식인들도 있었다.

이에 대해 설명하자면 독일과 러시아의 역사적 관계를 자세히 소개해야 할 텐데, 그러자면 이번 장의 주제에서 크게 벗어나게 된다. 한마디로 말하면 독일과 러시아는 '떼려야 뗄 수 없는' 관계다. 우리에게 중국이 갖는 의미와 비슷하달까. 역사적으로도 그렇고 지리적으로도 독일은 유럽과 러시아 사이에 끼어 있어, 양자 사이에서 어떤 입장을 취하느냐에 따라 국가의 안보 상황이 달라졌다. 러시아를 유럽의 일원으로 끌어들여 온순하게 관리하느냐, 아시아 쪽으로 밀어내 유럽과 거리감을 두게 만드느냐에 따라 독일 국민의 안위가 달라질 수도 있는 일이다. 독일의 선택은 언제나 '어느 쪽으로든 과도하게 밀착하지 않는다'는 쪽이었다. 아데나워 이래로 서독이 친서방 정책을 확고히 할 때에도 최소한 소련을 적대시하는 정책은 취하지 않은 이유는 그것 때문이다. 반공주의자인 아데나워가 의전적인 수모까지 감내하면서 모스크바를 직

---

* 네덜란드, 폴란드, 불가리아 등도 러시아로부터 가스를 공급받는다.

접 방문해 소련과 외교 관계를 수립했던 이유는 그가 반공에 대한 신념이 부족했기 때문이 아니다.

독일이 소련으로부터 천연가스를 직접 공급받게 된 것도 동방정책의 결과였다. 당시로서는 분명 현명한 선택이었다. 당시에는 누가 독일의 정치 지도자였든 비슷한 결정을 내릴 수밖에 없었을 것이다. 주변국에서 값싼 에너지를 받아온다는데 어느 누가 반대하겠는가. 소련의 에너지 자원은 서방과 소련을 경제적으로 밀착시켰고, 결국 소련을 내부적으로 붕괴하게 만든 요인 가운데 하나가 되었다. 값싼 에너지 자원은 독일의 경제발전을 가속화하는 계기가 되기도 했다. 역사는 그렇게 관계의 대가(the price of a relationship)를 주고받으며 나아가는 법이다.

원전 감축 및 에너지 정책과 관련한 독일의 선택에는 이처럼 다양한 배경이 복잡하게 얽혀 있다. 1970년대의 정치 지도자가 2022년에 러시아가 우크라이나를 침공할 것을 미리 알고 에너지 자립 정책을 입안할 수는 없는 법이다. 한편 과거에 독일은 석탄 매장량이 매우 풍부해서 군이 원자력 발전 비중을 높일 이유 또한 없었다. 오늘날과 같이 탄소 중립이나 기후변화 문제를 심각하게 고민하지 않던 때였다. 당시에는 어떤 지식인이든 정치인이든 "자원이 풍부한 나라에 위험한 원전이 왜 필요한가?"라는 쪽에 손을 들 수밖에 없었던 것이다. 이런 배경은 싹 무시하고 역사를 결과론적으로 해석하거나 필요한 부분만 편취해서 원인과 결과를 뒤섞는 주장을 하면 안 된다. 지성인의 태도라고 할 수 없다.

독일의 원전 및 에너지 정책과 관련한 이야기를 이렇게 길게 소개하는 까닭은 단순히 독일을 두둔하기 위해서가 아니다. 자신의 주장을 강변하기 위해 역사적 배경을 무시하고 정보를 편취하고 왜곡하는 경향이 비단 이런 일에만 국한되지는 않는다는 사실을 말하기 위해서다. 한국 정치인, 지식인들의 심각한 고질병이다.

❖

서두에 '동일 노동 동일 임금' 원칙에 대해 언급했으니 다시 그 내용으로 돌아가 이야기를 마무리하자.

동일 노동 동일 임금 원칙이 실현되려면 일단은 노조가 산업별로 구성되어 있어야 한다. 독일이 그렇다. 독일은 △금속 △서비스 △광산·화학·에너지 △건설·농업·환경 △교육·과학 △식품·유흥·숙박업 △철도·교통 △경찰 등 8개 산업별로 노조가 결성되어 있다. 근로자들은 자기 업종에 따라 노조에 가입한다. 개별 기업에는 노조라는 것이 아예 없다. 각 기업에 직장평의회Betriebsrat라는 기구가 있지만 엄밀히 말해서 그것은 노조가 아니다.

독일은 그러한 산별노조가 각 업종 근로자를 대표해 사용자단체와 협상을 맺는다. 따라서 독일에서는 오랫동안 전체 업종에 공통된 최저임금 제도가 존재하지 않았다. 업종별로 자율적으로 임금 수준을 결정하기 때문에 굳이 국가 차원의 최저임금 개념이 필요하지 않았던 것이다. 그러다 2013년, CDU와 SPD가 대연정을 구성할 때 SPD 측이 최저임금 제도 도입을 레드 라인으로 제시하면서 2014년부터 실시하게 되었다.

우리나라에서는 독일이 이렇게 최저임금 제도를 도입한 것을 최저임금 제도의 필요성을 강조하는 논거로 삼는 사람들이 있는데, 그보다는 독일이 뒤늦게 최저임금 제도를 도입한 '더욱 깊숙한 배경'을 살펴볼 필요가 있다.

통일 후 실업률이 늘자 독일 일부 기업인들이 사용자단체를 탈퇴하는 현상이 생겨나기 시작했다. 사용자단체를 탈퇴하면 업종별 임금 기준에 따르지 않아도 되고, 저임금 근로자를 손쉽게 고용할 수 있다. 통일 전에는 사용자단체 가입률이 80% 선이었는데, 통일 후 50% 수준까지 떨어진 때가 있었다. 업종별 임금 협상의 혜택을 받는 근로자의 비율 또한 구 서독 지역 50%, 구 동독 지역은 35% 정도까지 떨어졌다.

원래 독일의 '업종별 임금 협상'이라는 말에는 "임금이라는 시장가격의 형성 과정에 정부가 개입하지 않는다"라는 속뜻이 숨어 있다. 사용자단체와 산업노조의 협상은 정부의 간섭 없이 자율적으로 이루어지기 때문이다.* 그런데 업종별 임금 협상의 혜택에서 벗어나는 근로자가 늘어나자, 정부가 임금 결정 과정에 개입할 수밖에 없게 되었다. 최저임금 개념을 도입한 것이다. 사실은 독일 경제의 큰 원칙 가운데 하나를 허무는 일이라고 볼 수도 있는데, 2014년 실시된 이래 매번** 1~2%씩 찔끔찔끔 인상하는 수준이다. 제도는 도입했으되 시장에 미치는 영향은 최소화하는 선에서,

---

*   이를 교섭 자율주의라고 한다.

**   독일의 최저임금은 2년에 한 번씩 조정된다.

여전히 '자율'을 존중하는 선에서 최저임금이 결정되는 것이다.

여기서 우리가 주목할 점이 있다.

독일의 노동조합 조직률은 2020년 기준 16.5%로 우리나라나 OECD 평균보다는 높지만 그리 높은 수준이라고는 볼 수 없다. 그럼에도 산업별 단체 협상을 실시하니 그 혜택을 받는 대상이 전체 근로자의 40~50% 수준은 된다. 독일의 임금 수준이 기업 규모나 지역에 따라 큰 차이를 보이지 않는 비결은 바로 이러한 포괄 단체협약 시스템에 있다.

그런 독일조차도 업종별 단체협약의 혜택을 받는 근로자와 그렇지 못한 근로자 사이에 임금격차 조짐이 나타나니 양극화를 막기 위해 최저임금 제도까지 도입하면서 문제를 해결하려 애쓰고 있다. 우리는 이 점에 주목해야 한다. 최저임금이 핵심이 아니라 '격차의 해소'가 핵심이라는 말이다. 물론 최저임금을 올린다고 격차가 해소되는 것이 아니다. 어쨌든 하는 데까지는 해본다는 자세로 임하는 것이다.

우리나라의 노조 조직률은 2021년 기준으로 14.2%에 불과하다. 게다가 노사 협상이 산업별이 아니라 기업별로 이루어진다. 따라서 단체협약의 혜택을 받는 근로자의 비율은 노조 조직률과 크게 다르지 않다. 근로자 가운데 14.2%만을 위한 노조인 것이다.

우리나라 노조 조직률에는 이보다 더 심각한 문제가 있다. 우리나라의 노조 조직률이 약간 높아 보이는 이유는 그중 60%가량이 공기업이나 공무원 노조이기 때문이다. 민간 부문의 노조 조직률은 11.2%에 불과한 데 비해 공무원은 75.3%, 공공 부문은 70%

의 근로자가 노조에 가입되어 있다. 그에 반해 30인 이하 기업의 노조 조직률은 0.2%에 불과하다. 이런 통계들이 종합적으로 말해주는 바는 무엇인가.

우리나라 노조는 대부분 중견기업 이상에 조직된 노조이거나 공무원 혹은 공기업 노조다. 거기에 숨어 있는 의미는 무엇인가. 근로자가 임금인상을 집단적으로 요구하려면 결국 노조를 통하는 방법밖에 없는데, 우리나라 노조는 이른바 '잘나가는 기업' 근로자 위주로 설치되어 있으니 그들의 임금은 계속 올라가고, 그렇지 못한 근로자들과의 격차는 계속 벌어진다는 뜻이다. 요컨대 노조가 양극화의 주범이다.

자, 그럼 노조를 없애면 양극화가 해소될 수 있을까? 어불성설이다. 어떻게 노조를 없앤단 말인가. 방금 노조가 양극화의 주범이라고 했는데, 정확히 말하면 '기업 노조'가 양극화의 주범이다.

우리나라 사람들은 기업 노조만 노조의 전형이라고 생각하는 경향이 있는데, 원래 우리나라도 산별노조 시스템이었다. 1970년대 말까지 우리나라는 산별노조를 기본으로 했고, 기업 노조는 용인하지 않았다. 독일과 비슷했다. 그랬던 것이 1980년대에 노동조합법을 개정하면서 오늘과 같은 형태로 바뀌었다.

갑작스레 시스템이 바뀐 이유는 무엇일까. 재벌 기업 총수들의 요구가 있었기 때문이다. 재벌 기업 총수들은 왜 산별노조를 싫어하고 기업 노조를 원했을까. 산별노조를 용인하면 '같은 업종'이라는 이유로 자기 기업이 아닌 다른 기업의 근로자들과도 협상 테이블에 마주 앉아야 하는데 그게 싫었던 것이다. 그래서 "내 회사의 노조는 내가 알아서 처리할 수 있다"라는 식으로 정부에 노동조합법을 바꿔달라고 로비했다. 그들의 요구를 순순히 들어준 당시 국무총리는 우리나라 경제에 가장 큰 해악을 끼친 인물이라고 평가할 수 있다.

그 결과 어떻게 되었나. 민주화 바람이 불면서 1980년대 중후반 우리나라에도 노조가 급속도로 생겨나기 시작했다. 그동안 억눌렸던 요구가 한꺼번에 터져나오니 노동쟁의가 들끓었다. 정부와 기업은 회유도 하고 탄압도 하면서 노조에 양면 대응했는데, 노조의 임금인상 요구를 받아들일 여력이 있는 대기업들은 대체로 회유하는 방법을 썼다. 노동쟁의가 발생할 조짐을 보이면 조기에 '돈'으로 회유하는 편이 낫다는 사실을 경험으로 터득한 것이다. 우리나라에 이른바 '대기업 귀족 노조'가 탄생하게 된 배경이 거기에 있다. 그리하여 노조가 잘 갖춰진 대기업에 다니는 근로자들의 임금과 복지 수준은 갈수록 나아지고, 그렇지 못한 근로자의 생계는 제자리걸음을 걷는 양극화 현상이 나타나게 되었다.

물론 양극화의 원인을 기업 노조 시스템 하나에서만 찾을 수는 없다. 그러나 기업 노조 시스템이 양극화를 재촉한 것은 분명한 사실이고, 반드시 바꿔나가야 할 제도 가운데 하나다. 노동개혁의 핵심으로 삼아야 할 부분이다.

우리나라는 노조가 기업 중심으로 되어 있다 보니 노총이나 산별노조가 특별히 하는 일이 없다. 그럼에도 기업 노조로부터 갹출하는 회비는 많다. 노총과 산별노조는 무엇을 할 것인가.

우리나라 노총이 유난히 정치투쟁을 일삼는 이유가 따로 있지 않다. 노조 본연의 역할은 임금협상 주도인데, 기업 노조가 제각기 협상을 진행하니 노총으로서는 특별히 할 일이 없다. 따라서 과격한 정치 투쟁을 통해 상급 단체로서의 존재감을 유지하려는 것이다.

독일의 노조를 보자.

독일의 노조는 세계에서 가장 협조적인 것으로 유명하다. 영국의 노조가 대표적인 컨플릭트Conflict(투쟁적) 노조라면, 독일 노조는 대표적인 코퍼레이션Corporation(협조적) 노조다. 그 이유가 뭘까? 독일은 근로자 2천 명 이상을 고용하는 기업의 경우 감사회Aufsichtsrat의 절반을 근로자들로 채우도록 정해놓고 있다. 이른바 '공동결정제도'다.

감사회를 더러 '이사회'라고 오역하거나 우리나라 기업 이사회에 참석하는 감사쯤으로 오해하는 사람이 있는데, 감사회는 독일 기업만의 독특한 기구다. 독일의 기업은 대체로 주주총회, 감사회, 이사회 이렇게 세 개의 기구를 갖추고 있다. 주주총회와 이사회는 일반적인 국가의 기업에 설치된 기구와 똑같다. 감사회는 한마디로 이사회를 감독하는 역할을 한다. 독일어 aufsicht가 감독이라는 뜻이니, Aufsichtsrat는 '감독회'라고 직역하는 편이 적절하다. 감사회는 이사회가 역할을 제대로 수행하고 있는지 상시 감독하고, 이사 지명권과 해임권도 갖는다. 회사는 대규모 투자를 할 때나 임원을 채용 또는 해임할 때 감사회의 동의를 얻어야 한다. 그 감사회의 절반을 근로자들로 채우도록 하는 것이다.* 사용자와 근로자가 기업의 주요 사안을 공동 결정한다는 의미에서 이를 '공동결정제도'라고 부른다.** 1976년 SPD가 집권했을 때 공동결정법 Mitbestimmungsgesetz이 제정된 이래 오늘에 이른다.

공동결정법의 유래는 사실 1951년으로 거슬러 올라간다. 지금은 2천 명 이상의 근로자를 고용하는 모든 기업에 해당하지만, 원래는 석탄·철강 산업 분야에서 1천 명 이상을 고용한 기업에게만 해당하는 제도였다. 업종과 규모를 크게 확장한 것이다.

1951년의 공동결정법은 '몬탄공동결정법'이라고도 부른다. 독일어 몬탄montan은 광산업을 이르는 말이다.

독일의 노조도 원래는 굉장히 투쟁적이었다. 아무렴 그렇지 않겠는가. 마르크스주의가 탄생한 나라다. 그러다 2차대전 이후 서독 정부 초기에 특히 철강 노조의 파업으로 큰 혼란을 겪었고, 그때 정부와 노조가 합의해 만들어낸 것이 '몬탄공동결정법'이다. 기업의 경영 활동에 근로자들이 참여할 수 있도록 보장하는 대신, 노조도 지나치게 투쟁적인 활동을 중단하기로 한 것이다.

이렇게 소개하면 정부가 크게 양보한 측면만을 편취해 강조하는 사람들이 있는데, 노조도 크게 양보했다. 기업 내에 노조를 설

---

* 다만 노사 양측의 의견이 팽팽히 대립하는 경우 캐스팅보트를 쥐는 차원에서 감사회 의장은 사용자 쪽에서 임명한다.

** 한편 독일은 감사회와 별개로 이사회에도 근로자 대표 1인이 노동이사Arbeitsdirektor 로 참석한다.

치하지 않고 직장평의회로 대체하기로 한 것이다. 독일의 직장평의회는 기업 내에서 근로자를 대표해 노조와 엇비슷한 역할을 하지만 쟁의권이 없다.

참고로, 독일에서는 개별 기업 단위의 파업이 금지되어 있다. 노조가 산업별로 구성되어 있으니 당연한 일이다. 또한 파업을 하려면 조합원 4분의 3 이상의 동의를 얻어야 한다. 그러니 웬만한 사안이 아니면 파업은 거의 불가능한 일이라고 봐야 한다. 독일에서 특정 업종의 근로자들이 총파업을 했다는 건, 그만큼 전체 근로자들의 절박한 요구라는 뜻이다. 독일에서 정치적인 이슈를 앞세운 파업은 원천적으로 금지되어 있다.

앞에서 한 문단만 발췌하여 "독일 노조는 온건한데 한국의 노조는 지나치게 투쟁적이다"라고 말하는 사람들이 있다. 견강부회라는 것은 이제 굳이 설명하지 않아도 될 것이다.

독일에 몬탄공동법이 제정된 데는 사실 연합군의 공로(?)가 컸다. 독일을 점령한 승전국들은 독일이 다시 전쟁을 일으키지 못하도록 하는 데 집중했고, 독점자본가들이 히틀러 정권의 물주 역할을 했다는 분석 아래 재벌을 모두 해체하도록 명령했다. 독일과 일본의 재벌은 그래서 해체되었다.* 그때 마침 독일 철강 분야 근로자들의 파업이 있었고, 산업화의 중핵을 이루는 석탄·철강 분야 자본가들을 묶어두자는 생각에 몬탄공동법을 만들도록 유도한 것이다. 이 부분에 있어서도 독일은 "승전국들이 독이 되라고 준 제도를 약으로 활용"한 셈이다.

독일의 노동개혁은 노사 양쪽이 동등한 양보를 통해 이룬 결실이지 어느 한쪽의 일방적 희생을 강요한 대가가 아니었다. CDU 집권 시기에 몬탄공동법이 만들어졌고, SPD는 그 범위를 더욱 확대했다. 다시 CDU가 집권했을 때에도 정책을 뒤집기는커녕 오히려 확대할 것을 검토했다. 1976년에 SPD는 자민당과 연정을 구성하고 있었는데, 이때 친자본 정당인 자민당이 공동결정제도를 전 업종으로 확대하는 데 협조했다는 점도 눈여겨볼 만하다. 거기에 CDU까지 동의해 노사공동결정 제도는 여야 만장일치로 통과되었다. 모두의 협조와 양보 가운데 사회적 대타협을 이룬 것이다.

독일에는 "노동운동의 아버지"라고 불리는 인물이 있다. 독일노총 초대 의장을 지낸 한스 뵈클러Hans Böckler(1875~1951)다. 그는 가난한 집안에서 태어나 13세부터 소년공으로 일하면서 여섯 식구를 먹여 살렸다. 19세에 노조에 가입했고, SPD 당원으로 열심히 정치 활동을 했으며, 나치 독일 시절에는 히틀러 암수 미수 사건에 연루돼 도망 다니기도 했다. 그리고 전쟁이 끝나자 독일노총을 만들어 초대 의장이 되었다.

강경파 노동운동가일 것 같은 이력을 가진 뵈클러는, 노총 의장이 되자 몬탄공동결정법 제정에 앞장서서 정부와 근로자를 양쪽에서 설득했다.** 결코 어느 쪽도 자극하거나 조롱하지 않았다. 그는 오늘날 독일의 협조적 조합주의를 만들어낸 창시자로 꼽힌다.

---

* 이 조치는 두 나라의 경제가 새 출발을 하는 데 역설적이게도 큰 도움이 되었다. 한편 일본은 과거의 재벌 체제로 은근슬쩍 복귀한 반면, 독일은 중소기업을 경제의 근간으로 삼는 정책을 지금껏 유지하고 있다.

** 뵈클러는 몬탄공동결정법을 만들고 3주 후에 사망했다.

독일을 여행하다 보면 여러 곳에서 뵈클러의 흉상과 기념비를 발견할 수 있다. 독일인 특유의 날카롭고 무뚝뚝한 인상 때문에 더러 레닌의 동상으로 오해받기도 하지만, 얼굴은 비슷해도 생각과 삶의 궤적은 전혀 달랐던 인물이다.

독일노총에서 운영하는 공익 재단의 명칭은 '한스 뵈클러 재단'이다. 이 재단은 각국의 노동운동을 지원하고, 사회적 시장경제와 협력적 노사 관계의 중요성을 전 세계에 알리는 역할을 한다. 2021년에는 아데나워 재단과 공동으로 몬탄공동법 제정 70주년 기념 세미나를 개최하기도 했다. 그것이 독일이다.

"개혁은 어떻게 이룰 수 있는가."

이번 장에서는 독일의 노동개혁으로부터 시작해, 독일의 교육제도, 햇볕정책과 동방정책, 독일의 총리, 정책적 일관성, 정책 변화 과정의 합리성, 정당 중심 정치, 제도가 사회에 미치는 영향, 독일의 협력적 노동조합 시스템 등에 대해 종횡으로 뛰어가며 소개했다.

특정한 개혁이 성공한 배경을 하나의 이유만으로 설명할 수 없다. 무작정 밀어붙여 성공한 개혁은 없고, 다양한 이유가 복합적으로 작용한다. 남의 나라 것을 무작정 따라 한다고 되는 것도 아니다. 현실 정치 영역에서는 '간단하게 한 줄로 설명하라'는 식의 주문은 적용되지 않는다. 현실의 복잡성을 이해하며 실타래를 하나하나 풀어가는 것이 정치다.

7

성장과 조화를
동시에 이룬 나라, 독일

성장과 조화를
동시에 이룬 나라, 독일

2차대전이 끝나고 미국은 독일을 농업과 목축의 국가로 만들어버리려 했다.

'마셜플랜'이라는 이름은 아마 익히 들어보았을 것이다. 2차대전 이후 미국이 유럽에 막대한 자금을 쏟아부어 재건과 부흥을 도모한 정책이 마셜플랜이다. 계획을 입안한 미국 국무장관 조지 C. 마셜의 이름을 따 흔히 그렇게 부르지만, 공식 명칭은 European Recovery Program(ERP, 유럽 부흥 계획)이었다.

유럽에서 일어난 전쟁을 그저 못 본 척할 수도 있었지만 미국은 참전했고*, 전쟁이 끝나자 재산을 내놓으면서까지 유럽 재건을 위해 팔 걷고 나섰다. 그것이 자유민주주의 진영을 경제적으로 발전시켜 결과적으로는 미국의 번영에도 도움이 되었고, 공산주의 세력의 확장으로부터 유럽의 자본주의를, 나아가 전 세계 자본주의를 지키는 힘이 될 수 있었다. 자본주의는 본시 이렇게 함께 살아야 번영할 수 있는 체계다. 목전의 이익에 눈이 멀어 경쟁자가 쓰러진 상황을 십분 활용해 독점적 이득을 취하려 하면 최종적으로는 함께 죽는 결과를 맞을 뿐이다. 어떻게든 시장을 넓히는 것이 자본주의의 성공으로 가는 열쇠다.

사람들은 흔히 마셜플랜만 알고 있지만 마셜플랜 이전에 '모겐소플랜'이란 것이 있었다.

1934년부터 1945년까지 미국 재무부 장관을 역임한 헨리 모겐소**가 2차대전 말기에 입안한 모겐소플랜은, 전쟁이 끝나고 연합국이 독일을 접수하면 독일 내외부 산업 기반을 철저히 파괴해 다시는 일어날 수 없도록 만들겠다는 분명한 '응징' 계획이었다.

이 계획은 1947년 마셜플랜이 도입되기 전까지는 미국 정부의 공식적인 대독 정책이었다. 독일 최대 공업 지역인 루르 지역을 완전히 파괴하고 독일을 남북으로 분단시킨 후, 독일 국민들을 해외로 보내 노동을 시킴으로써 전쟁배상금을 갚도록 하는 방안까지 포함되어 있었다. 가혹한 계획이 아닐 수 없지만, 당시 연합국이 독일에 대해 갖고 있던 증오심이 얼마나 컸는지를 엿볼 수 있는 대목이다. 전쟁 막바지에는 영국도 이런 계획에 동의할 수밖에 없

---

* 물론 직접적인 이유는 일본의 진주만 공습이다.

** 헨리 모겐소 주니어Henry Morgenthau Jr.(1891~1967). 루스벨트 대통령 시기 재무부 장관으로, 뉴딜 정책의 설계자로 알려져 있다.

었다.*

　그러나 냉전이 모든 것을 뒤집어놓았다. 막상 2차대전이 종결되자 영국과 프랑스는 소련의 급속한 팽창에 위협을 느꼈다. 정확히 표현하자면 공산주의가 팽창하는 데 불안감을 느낀 것이다. 유럽 한복판에 있는 독일이 낙후한 농업국가로 전락하거나 최악의 경우 독일 전역이 공산화된다면 영국과 프랑스의 안전은 흔들릴 수밖에 없었다. 독일은 밉지만, 독일의 경제적 부흥을 도울 수밖에 없는 처지가 된 것이다.

　영국과 프랑스는 이런 입장을 미국에 전달했다. 미국은 국제질서의 변화 조짐을 빠르게 포착해 모겐소플랜과는 정반대되는 내용의 마셜플랜을 내놓았다. 유럽에 가능한 한 많은 자금을 쏟아부어 재건을 돕겠다는 것이었다. 원조 대상에는 독일도 포함됐다. 벌을 줘야 할 대상에게 상을 주는 격이니 처음에는 마셜플랜의 원조자금을 독일에게까지 나눠주는 것에 반대하는 안팎의 의견이 많았지만, 1940년대 후반으로 갈수록 '일단 독일을 살려놔야 자유민주 진영도 살 수 있다'라는 명제는 삼척동자도 알 만한 사실이 되었다. 독일로서는 천운이었던 셈이다. 독일은 영국, 프랑스 다음으로 마셜플랜의 원조 혜택을 많이 받은 국가가 되었다. 정치적 혜택까지 따지면 가장 큰 수혜자라 할 것이다.

---

*　　철저한 반공주의자였던 처칠은 2차대전이 끝나면 공산주의와 일전이 불가피할 것이라 보고, 자유민주 진영이 접수한 '새로운 독일'과 손을 잡고 소련을 공격하는 계획까지 구상했다. 검토 단계에 머물긴 했지만 이 계획은 '언싱커블 작전 Operation Unthinkable'이라는 이름으로 알려졌다.

❖

시선을 잠깐 다른 곳으로 돌려보자.

흔히 전후 프랑스가 나치 부역자를 철저히 처벌했던 사실을 거론하면서 우리나라의 친일파 청산과 비교하곤 하는데, 프랑스와 우리는 상황이 많이 다르다.

알다시피 프랑스는 2차대전이 일어나자 독일에 정복돼 괴뢰정부가 수립되었던 국가다. 드골이 주도한 망명정부와 레지스탕스가 있긴 했지만 대외적 대표성을 적극적으로 인정받기는 어려운 상태였다. 따라서 2차대전 막바지에 연합국 지도자들이 모여 세계 질서를 어떻게 재편할 것인지 논의할 때 프랑스를 승전국 대열에 끼워주는 것조차 고민할 정도였다. 그럼에도 프랑스를 아예 빠뜨릴 수는 없어, 2차대전이 거의 끝나갈 무렵 프랑스는 운 좋게 승전국 그룹에 포함될 수 있었다.

그러니 프랑스 입장에서는 기존 괴뢰정부와 철저하게 선을 긋는 모습을 보여줄 필요가 있었다. 프랑스의 나치 협력은 일부 부역자들의 잘못일 뿐이며, "우리는 부역자들을 철저히 응징함으로써 새롭게 거듭났다"라는 사실을 대내외적으로 천명할 필요가 있었다. 일본의 식민지에서 해방돼 대외적으로는 나라 전체가 피해자 입장이었던 우리와는 미묘하게 달랐던 것이다. 그런 미세한 차이를 우리는 분명히 알 필요가 있다.

게다가 프랑스에 괴뢰정부가 들어선 기간은 만 4년 정도에 불과했다. 우리는 어떤가. 무려 36년 동안 일제 통치를 받았다. 4년을 청산하기 쉬울까, 36년이 쉬울까? 흔히 "36년 동안이나 식민 통치를 받았으니 더욱 철저히 청산했어야 한다"라고 말하는 사람이 있지만, 현실의 작동원리는 반대다. 36년이면 한 세대를 훌쩍 뛰어넘는 세월이다. 흔한 말로 '강산이 세 번은 바뀌었을' 시간이다. 나라가 무너진 지 4년이면 부역자를 찾고 처벌하기 쉽지만 30년이 넘는 시간이 지났으면 정의와 불의를 제대로 가늠하기 어려울 정도로 역사가 뒤엉켜버린다. 조국을 강탈한 '외세'에 굴복한 것이 아니라 이미 굳어진 '체제'에 순응한 사람들이 대부분이기 때문이다. 그것을 엄밀히 구분해 처벌하는 일이 가능할까? 지금 우리가 갖고 있는 민족의식을 기반으로 그때의 사람들을 예단하는 일도 조심해야 한다.

세상에는 간단히 잘라 말할 수 없는 것들이 많다. 복합적인 요인이 다양한 형식으로 얽혀 있으므로, 그런 것들을 입체적 사고로 읽을 수 있는 시야를 갖추어야 한다. 정치는 엉켜 있는 실뭉치를 푸는 일과도 같다. 무엇이 먼저이고 무엇이 나중인지, 무엇은 반대를 무릅쓰고라도 이루어내고, 또 무엇은 안타깝지만 역사 속에 묻어두어야 하는지를 판단하는 영역이다. 국민의 여론이나 주·객관적 준비 정도를 고려하는 가운데 명확한 판단을 내릴 줄 알아야 한다.

좀 더 냉혹하게 표현하자면 정치는 정의를 실현하는 일이 아니다. 그렇다고 불의와 야합하라는 말도 결코 아니다. 불의를 규탄하고 원리원칙을 강조하는 일은 언론과 학계, 종교의 영역에 해당한다. 정치의 사명은 시대정신을 명확히 파악하는 일에서 시작한다.

당면한 시대정신이 정의라면, 물론 정의를 바로 세우는 일을 전면에 내세워야 한다. 하지만 역사에 그러한 혁명의 시기는 많지 않다. 국민의 삶을 나아지게 하는 데 주력하는 것이 일반적인 역사에서 정치가 갖는 책무다. 정치인은 자신의 역할을 언론인이나 학자, 종교인의 역할과 혼동하지 말아야 한다. 사회에서 벌어지는 작은 현상 하나까지 소홀히 대하지 않되, 미시적인 부분에 지나치게 흔들려서는 안 되고, 큰 그림을 그리면서 나아갈 줄 알아야 한다.

전후 독일의 경제발전, 과거사 반성 문제를 살펴보자.

2차대전 이후 독일이 경제적 부흥을 이룬 것에 대해 "마셜플랜에 따른 원조 자금 덕분"이라고 평가절하하는 사람이 있다. 그렇다면 독일보다 더 많은 자금을 받고도 독일만큼 발전하지 못한 유럽과 아시아의 다른 나라들은 무엇인가? 물론 독일이 패전국임에도 마셜플랜의 혜택을 받은 것은 큰 행운이라 할 수 있지만, 원조 자금을 잘 활용한 것은 독일인들의 지혜라고 평가할 수 있다. 거창하게 역사를 거론하지 않더라도 기본적인 성실함이나 지혜가 없으면 자신에게 다가온 행운조차 제대로 활용하지 못한다는 사실을 우리는 생활 속에서 흔히 발견할 수 있다.

더구나 독일은 단순히 경제성장만 이룬 것이 아니다. 경제성장과 함께 사회적 조화까지 달성했다. 그것이 독일만의 도드라지는 업적이다. 2차대전 이후 숱한 나라가 용이니 호랑이니 하는 찬사를 받으며 두각을 나타냈지만, 독일만큼 성장과 조화, 안정을 동시에 달성한 나라는 없다.

2차대전 이전에도 독일은 이른바 '잘사는' 나라였다. 1차대전 이후 막대한 배상금과 대공황 때문에 독일 국민이 실의에 빠져 있는 상황을 이용해 히틀러라는 희대의 악당이 정권을 찬탈하긴 했지만, 그가 6백만에 달하는 인원을 대규모 토목 공사 등에 동원해 실업률을 단번에 떨어뜨리고 일시적으로는 경제를 부흥시킨 것도 사실이다.

따라서 2차대전 이후 독일의 부흥은 한 번도 잘살아보지 못한 나라가 갑자기 잘살게 된 것이 아니다. 어쩌면 1·2차 대전 발발 이전의 '잘살던 독일'의 시대로 되돌아간 것이라고 볼 수 있다. 그러면서도 그저 경제적 성장에만 집착하지 않고 '어떻게 하면 조화로운 나라를 만들 수 있는가', 좀 더 거창하게 말하자면 '어떻게 하면 과거와 같은 실수를 반복하지 않을 것인가'라는 성찰과 모색 가운데 다시 태어난 나라가 오늘의 독일이다.

마셜플랜 등의 역사적 행운을 무시한 채 오로지 독일 자체의 힘만으로 오늘의 성과를 거둔 것이라고 지나치게 추앙할 필요는 없다. 그렇다고 마셜플랜 때문에 성공했지 독일이 특별히 대단해서 그랬던 것은 아니라고 지나치게 폄훼할 필요도 없다. 세상 많은 일은 중용의 태도로 바라봐야 한다. 거기서 우리가 배우고 취해야 할 점이 무엇인지 관심을 갖고 들여다봐야 한다.

독일이 과거사에 대한 반성과 사죄를 철저히 한 것에도 여러 가지 이유가 있다. 물론 지나간 역사를 미화하지 말아야 한다는 독일 정치 지도자와 국민의 뼈저린 각성이 핵심이지만, 원흉인 히틀러와 나치가 사라졌으니 과거와 현재 사이에 선을 긋기가 비교적 쉬웠다고도 볼 수 있다. 따라서 나치의 잘못을 독일의 잘못으로 받아들이면서도 국가적 자존심에 상처를 입는다는 생각을 크게 하지 않고 과거사를 반성할 수 있었다. 그들은 나치를 스스로 철저히 배격함으로써 오히려 국가적 위신을 높이고 '새로운 독일'의 존재를 증명했다. 경제가 성장할수록 더욱 그랬다.

독일은 '반성해야 존경받는다'는 사실을 경험을 통해 터득한 국가다. 물론 존경받기 위해 마음에 없는 반성을 한 것은 아니지만, 후대에게 '반성 교육'을 지속하다 보니 '반성은 인격을 높이고 국격을 높이며 사회 조화를 추구하게 만드는 덕목'이라는 사실을 발견하게 되었다. 독일처럼 반성과 성찰을 모범적으로 활용한 국가도 드물다.

독일과 일본이 대비되는 지점이 있다. 독일은 유럽 중심부에 있다 보니 주변 여러 나라와 지리적으로나 역사적으로 밀접하게 연결되어 있다. 미래에 어떻게 살든 과거의 원한 감정을 시원스레 풀지 않고서는 원만한 발전을 이룰 수 없는 것이다. 자유무역 중심의 국제질서를 영위하기 위해서는 더욱 그렇다.

일본은 어떤가. 굳이 설명할 필요조차 없을 것이다. 2차대전 이후 일본의 과거사 반성과 청산 방식이 과연 일본의 미래에 유리한 방향이었는지 불리한 결과를 낳았는지 일본 스스로 반성하며 돌아볼 일이다. 피해를 입힌 국가를 섭섭하게 만드는 문제를 떠나 '일본 자신에게' 근본적으로 불행한 태도였다는 뜻이다.

독일의 경제성장을 살펴보자.

2차대전 이후 독일의 급속한 경제성장은 '신자유주의'가 있었기에 가능한 일이었다. 이렇게 말하면 눈을 크게 뜨고 바라보는 사람들이 있다. 1980년대 미국의 정책이 어떻게 1940~1960년대 독일에서 등장할 수 있는가 하고 말이다. 신자유주의를 1980년대 미국에서 유행한, 이른바 '작은 정부'와 민영화, 규제 완화, 노동시장 유연화 등을 주요 내용으로 하는 사조라고 알고 있기 때문에 그런 반응이 나오는 것이다.

단도직입적으로 말하자면 신자유주의의 원조 국가는 미국이 아니라 독일이다. 신자유주의라는 이념 자체가 독일과 오스트리아 학자들에 의해 처음 생겨났고, 신자유주의 원리를 경제발전에 처음 적용한 국가도 독일, 그리하여 신자유주의로 성공을 이룬 최초이자 거의 유일한 경제모델 역시 독일이다.

지금 우리가 살고 있는 사회를 자본주의 세상이라고 인식하게 된 것은 인류 역사의 기나긴 발자취에 비추어보면 그리 오래된 일이 아니다. 자본주의란 무엇인지, 자본주의의 요체는 과연 무엇인지 정의하게 된 것은 극히 최근의 일이라고 할 수 있다. 2차대전 시기에는 더욱 그랬다. 산업화가 급격히 이루어졌고, 인류가 누리고 있는 물질문명이 과거에 비할 바 없이 비약적으로 발전하고 있는 것은 분명한데, 작금의 상황을 어떠한 개념어로 불러야 하는지는 명확하지 않았다.* 다만 당면한 '현상' 가운데 사회가 발전하려면 문제를 어떻게 풀어야 하는지에 대해 다양한 방안이 쏟아졌다. 그중 하나가 신자유주의다.

신자유주의라는 용어의 유래는 1938년 8월 26일로 거슬러 올라간다. 그날 프랑스 파리에서 열린 월터 리프먼 컬로퀴엄Walter Lippmann Colloquium이라는 학술 행사에서 독일의 알렉산더 류스토프**라는 법경제학자가 이 용어를 처음 사용했다. 말 그대로 '새로운neo 자유주의'라는 뜻이다. 그런데 그 시점에 왜 갑자기 새로운 자유주의라는 것이 등장했는가.

새로운 자유주의가 있다면 옛 자유주의도 있는가. 그렇다. 알다시피 초기 경제학 이론은 수요공급의 원리, 비교우위론 등을 설파한 애덤 스미스, 데이비드 리카도 같은 학자들에 의해 탄생했다. 주로 영국 출신인 이들을 후대의 자유주의자들과 구별하는 의미에서 고전파 자유주의자들이라 칭한다. 초기 자본주의는 이들 덕분에 폭발적으로 발전했다고 해도 과언이 아니다. 자유방임주의로 대변되던 18~19세기 자본주의는 1929년 대공황과 함께 커다란 위기에 봉착한다. 대공황은 1930년대 내내 세계를 괴롭힌다.

---

* 사실은 지금도 그렇다. 자본주의는 이상적 완결형으로서의 지향을 담은 용어가 아니라 하나의 '현상'을 표현하는 용어라고 말할 수 있다. 슘페터는 기업이 자본주의의 요체라고 했지만 그렇다고 기업을 무조건 숭상해야만 자본주의가 완성된다고 말하지는 않았다. (오히려 기업가의 '창조적 혁신'을 강조했다.) 슘페터 역시 자본주의를 시원스레 정의했다고 말할 수는 없는 것이다. 자본주의는 자본주의 자체만으로 존재할 수 없는 체제다. 슘페터의 대표 저작 제목이 『자본주의, 사회주의, 민주주의』라는 점에 주목하자.

** 알렉산더 류스토프Alexander Rüstow(1885~1963). 바이마르공화국 당시 경제부 장관직을 잠깐 맡은 적 있으며 하이델베르크대학 교수로 학생들을 가르쳤다.

자유로운 시장경제만 잘 유지하면 세상은 알아서 발전할 것이라더니 자본주의 경제 체제는 어쩌다 공황의 위기에 빠지게 되었을까? 자본주의에 대한 회의적 견해가 횡행했고, 위기를 틈타 사회주의-공산주의 이념(혹은 그와 유사한 이념)이 서구 지식인 사회에 크게 확산됐다. 그러한 시기에 미국에서 이념적 메시아가 등장했으니 바로 케인스주의다. 영국의 경제학자이자 관료인 존 메이어드 케인스가 주창한 이 이론은 자본주의 사회에서 투자는 어떻게 이루어지는지, 물가는 어떻게 안정될 수 있는지, 실업률을 어떻게 해소할 것인지에 대해 설명하긴 했지만, 결론과 지향점은 간결하다. '국가의 적극적인 개입'이다.

　케인스는 심지어 자유방임주의의 시대는 끝났다고까지 주장하면서 "장기적으로 보면 우리는 모두 죽는다"라는 유명한 말을 남겼다.[*] 감히 자본주의 기본 질서를 부정하는 사회주의적인 발언으로 취급받을 수도 있었지만, 미국이 이 이론을 뉴딜 정책에 반영하면서 대공황의 위기를 빠르게 극복하고 자유민주 진영의 선두 주자로 앞서 나가자[**] 이후 30여 년간 케인스주의는 자본주의 경

---

[*]　당시 일부 경제학자는 가만히 내버려두면 시장은 저절로 회복될 것이라는 식의 주장을 했다. 케인스는 이에 반박한 것이다. 사람은 어차피 죽는다는 이유로 죽을 사람은 다 죽게 내버려두면서 그 결과를 회복이나 균형이라고 표현한다면, 그러한 회복이나 균형이 대체 무슨 의미가 있느냐는 말이다. 경제에서 정치를 도외시하지 말고, 적극적으로 정치의 역할을 찾아야 한다는 뜻이기도 하다.

[**]　루스벨트가 케인스를 직접 만난 적이 있고 여러 차례 조언을 받기도 했지만 초기 뉴딜 정책에는 케인스주의가 적극적으로 반영되지 않았다는 주장도 있다. 그저 국가개입주의로서 뉴딜 정책이 실시되었고 나중에야 케인스주의가 그것을 이론적으로 뒷받침했다는 것이다. 어쨌든 뉴딜 정책이 성과를 발휘하고 나서는 케인지언Keynesian들이 학계와 경제관료 조직의 주류를 형성하게 된다.

제학에서 감히 도전할 수 없는 권위를 확보하게 된다.

1948년 에르하르트가 라디오 방송에서 점령군의 화폐개혁 조치를 발표할 때, 가격통제 철폐와 배급제 폐지를 자기 마음대로 끼워 넣어 곤욕을 치렀던 일화를 기억할 것이다. 그때 에르하르트를 심문한 미국 경제학자들이 바로 케인스주의자들이다. 케인스주의가 막 위력을 떨치기 시작할 때니 당시 미국 학계에서 자유주의라는 말은 꺼내기조차 어려웠다. "세상을 망쳐버린 자유주의 이론을 왜 자꾸 들먹거리느냐" 하는 반응이 많았기 때문이다. 원론적 자유시장 경제 같은 것을 주장하면 순진한 사람 취급을 받던 시절이었다.

이처럼 케인스주의가 효과를 발휘하자 그간 자유주의 경제 노선에 입각해 있던 학자들은 일대 혼란에 빠지고 만다. 자유주의라는 이념 자체에 문제가 있었던 것인가, 자유주의에는 문제가 없는데 단지 외부 환경의 변화 때문에 일시적으로 그렇게 된 것인가. 그것을 논의해보자는 차원에서 마련된 자리가 1938년의 월터 리프먼 컬로퀴엄이었다. 당시 행사의 공식 명칭 앞에는 '자유주의를 리노베이션renovation하기 위하여'라는 수식어까지 붙어 있었다. 그만큼 자유주의를 아끼고 사랑하는 사람들이 모인 자리였다.

신자유주의의 원류를 설명하기 위해 월터 리프먼 컬로퀴엄을 언급했지만 사실 그 행사는 그저 작은 학술대회로, 당시로서는 그리 유명하지 않았던 17명의 학자들이 자유주의의 미래를 걱정하며 마련한 자리였다. 이날 이들이 내린 결론은 간단했다. "자유주의를 존중하되 국가의 역할 또한 긍정하자." 이렇게 뒤집어 말할 수도 있겠다. "국가가 역할을 발휘하되 자유주의의 기본 원칙은 지키자." 케인스주의와 크게 다를 바 없다고 말할 수도 있겠지만 자유주의 쪽에 더 방점을 찍은 셈이다. 그것을 그들은 네오리버럴리즘Neo-liberalism이라 부르기로 했다. 신자유주의의 출발점이었다. 그때만 해도 월터 리프먼 컬로퀴엄 참석자들은 훗날 이 행사가 역사적으로 얼마나 큰 의미로 남을지 잘 몰랐을 것이다.

그로부터 10년쯤 지난 1947년 4월 1일, 이번에는 스위스 로잔에 있는 뒤파르크 호텔에서 신자유주의를 재논의하기 위한 학술행사가 열린다. 대공황이 종식되고, 2차대전이 끝나고, 브레튼우즈 체제가 만들어지고, 케인스주의가 맹위를 떨치기 시작할 때였다. 행사에는 모두 37명의 경제학자들이 참석했다. 월터 리프먼 컬로퀴엄에 초대받은 학자들 가운데 상당수가 다시 모였고, 거기에 여러 국적의 학자들, 특히 미국 학자들이 추가되었다. '시장경제를 지키기 위해서 우리는 무엇을 할 것인가?'라는 주제로 열흘간에 걸쳐 치열한 토론이 계속됐다. 주된 견해는 "가급적 시장의 자유로운 경쟁에 맡기자" 쪽이었지만, 한편으로는 "국가의 적극적 역할을 강조하고, 안정과 복지에 대한 국민의 욕구를 함께 충족해야 한다"라는 의견도 제기되었다.

행사를 마치면서 이러한 논의를 이어나가자는 뜻에서 모임이 하나 결성되었다. 모임의 이름은 행사가 열린 지역의 이름을 따서 몽펠르랭 소사이어티Mont Pelerin Society라고 지었다. 지금도 존재하는 단체로, 언론에서는 흔히 '신자유주의 클럽'이라고 부른다.

스위스 로잔에서 열린 행사 참석자 명단에는 하이에크*, 프리드먼** 같은 이름이 들어 있었다. 나중에는 모두 노벨경제학상을 받은 유명한 학자가 되었지만 행사가 열릴 당시만 해도 결코 '주류'라고 부를 만한 학자들이 아니었다. 이들의 목소리는 그저 '참고할 만한 의견' 정도로 취급받았을 따름이었다. 하이에크와 프리드먼의 주장은 1970년대 중반 오일쇼크가 일어나고 스태그플레이션 현상이 나타나는 등 고전적 케인스주의로는 해결할 수 없는 일들이 생겨났을 때 비로소 주목을 받았다. 스위스 로잔 행사 역시 한참 뒤에야 '신자유주의의 출발을 알린 역사적 회의'라고 인정받게 되었다.

❖

독일을 농업과 목축 국가로 만들어버리려던 서방의 계획은 1947년 마셜플랜을 계기로 변경된다. 독일이 밉긴 하지만 서독 지역을 경제적으로 부흥시켜야 공산주의의 위협으로부터 세계를 지킬 수 있다는 영국, 프랑스, 미국 등의 이해관계가 맞아떨어진 결과였다. 무려 4선 연임을 이어가던*** 미국 루스벨트 대통령이

---

*   프리드리히 하이에크Friedrich Hayek(1899~1992). 이른바 시카고학파의 창시자로 여겨지며, 1980년대 미국과 영국의 경제정책에 큰 영향을 미쳤다.

**   밀턴 프리드먼Milton Friedman(1912~2006). 하이에크와 함께 시카고학파의 양대 거두로 꼽힌다. 『선택할 자유』라는 저서로 유명하다.

***   루스벨트 대통령은 12년간 재임했다. 지금까지 미국 역사에서 유일하게 4선을 기록한 대통령이다. 4선에 성공하고 몇 개월 후에 쓰러져 사망했다. 루스벨트 사후 미국 의회가 헌법을 수정해 3선 이상 연임을 금지했으므로(22조) 앞으로 헌법을 고치지 않는 이상 미국에서 이 기록은 깨지지 않을 것이다. 루스벨트는 반나치 의식은 강했지만 스탈린과 친분이 있다는 이유 등으로 반소 반공 의지는 그리 높지 않았다.

1945년 4월 갑자기 사망하면서 트루먼 부통령이 대통령직을 승계하는 역사의 우연 또한 겹쳤다. 트루먼은 루스벨트보다 반공 의지가 훨씬 강한 인물이었고, 새로운 적에 맞서 싸우려면 과거의 적 정도는 순화하고 포용해야 한다는 전략 감각 또한 갖고 있었다.

그렇다면 서방의 이러한 정책 변화가 독일의 정치경제적 부흥을 이끈 유일한 요인인가. 물론 아니다. 독일인 스스로가 국가와 경제를 일으켜 세우겠다는 확고한 의지를 갖고 있었다. 정치인들 역시 국민의 요구에 호응하면서도 서방을 자극하지 않으려는 균형 잡힌 자세를 보여주었다. 그에 대해서는 앞서 충분히 설명한 바 있다. 어쨌든 우연적 요소도 있었지만, 우연이라는 것은 그저 가만히 앉아 있는다고 주어지는 요행수가 아니다. 우연을 기회로 포착하고 '신의 외투자락'*을 낚아채려는 준비된 사람에게만 행운은 주어지는 법이다. 1948년에 서방 점령군이 서독 지역에 화폐개혁을 단행한 이유도 여러 가지였다. 전쟁 말기에 나치가 전비를 조달하기 위해 화폐를 마구잡이로 찍어내면서 초래한 초^超인플레이션을 진정시키고자 하는 의도가 있었지만, 동서독의 경제적 경계선을 분명히 하기 위한 목적 또한 있었다. 그즈음은 냉전과 동서독 분단 구도가 확실해질 때였으므로, 소련이 화폐를 통해 경제를 농락할 가능성을 완전히 차단하려 한 것이다. 소련은 이 화폐개혁에 격렬히 반발하며 1948~1949년 베를린봉쇄 사건을 일으켰다. 서독에서 서베를린으로 통하는 모든 교통수단을 봉쇄하고 전기와 수도 공급까지 차단한 노골적 고립 작전이었다.

참고로, 베를린이 동서독 경계선쯤에 있었던 것으로 잘못 알고 있는 사람들이 있는데 독일이 분단되어 있을 때 베를린은 동독 한복판에 있었다. 우리로 말하자면 북한 영토 안에 있는 평양쯤에 해당했다. 평양을 동평양과 서평양으로 나누고, 동평양은 소련, 서평양은 서방이 관리하였던 셈이다. 베를린 봉쇄는 그런 베를린으로 통하는 모든 길목을 소련이 차단해버린 조치였다. 베를린을 떠나든 죽든, 혹은 동독 점령국인 소련의 요구대로 따라오든 하나를 선택하라는 뜻이었다.

그럼에도 서방은 소련의 협박에 굴하지 않았다. 새로운 화폐를 미국에서 인쇄해 서독에만 공급하는 방식으로 개혁을 밀고 나갔다. 소련과는 완전히 선을 긋겠다는 의지였다. 서방의 입장에서 독일의 전략적 가치가 어떻게 달라지고 있었는지 알 수 있는 대목이다. 소련이 베를린을 봉쇄하자 미국과 영국은 공군 수송기를 동원해 1년 3개월 동안 무려 27만 번이나 독일 상공을 날아다니며 식량과 의약품 등을 서베를린 지역에 공급했다. 그것이 이른바 '베를린 공수작전'이다. 수송기를 격추할 경우 3차대전을 각오하라는 엄포까지 앞세웠다. 결국 소련은 봉쇄를 해제했다.**

---

*   비스마르크가 썼던 표현이다. "인생에 홀로 할 수 있는 일이란 아무것도 없다. 신의 발자국 소리에 조용히 귀를 기울이고 있다가 그가 지나갈 때 기회를 놓치지 않고 외투자락을 잡아채는 것이 정치인의 임무다." 필자의 회고록(『영원한 권력은 없다』, 시공사) 서문에 소개한 바 있다.

**   1950년 한국전쟁이 일어나자마자 트루먼 대통령이 참전을 결정한 것은 이러한 사건의 연장선 위에 있다. 서방의 반소·반공 의지가 한창 뜨거워지고 있을 때 김일성이 전쟁을 도발한 것이다. 김일성의 입장에서는 국제 정세의 흐름을 읽지 못한 오판이었고, 우리로서는 역사의 불행 가운데 다행인 측면이었다. 한국전쟁은 냉전 시대의 도래를 전 세계가 확인한 사건이기도 하다.

에르하르트는 그러한 시대의 강물 위에 잘 올라탄 사람이다. 그는 역사적인 행운을 '별의 순간'으로 낚아채는 데 성공했다. 일단 그가 경제부 장관직을 맡았던 것부터 행운, 쫓겨났다가 다시 맡게 된 것도 행운,* 다시 맡자마자 화폐개혁 조치가 단행되면서 그동안 준비해온 경제정책을 바로 펼쳐 보일 수 있었던 것도 행운 가운데 행운이었다.

그러면 에르하르트는 그저 운만 좋은 사람이었을까. 물론 아니다. 앞에 소개한 것처럼 전쟁이 끝나기 전부터 에르하르트는 전후 독일을 어떻게 부흥시킬지에 대한 준비를 철저히 하고 있었다. 그리고 그 중심에는 자유시장경제에 대한 확고한 신념이 있었다.

전쟁이 끝나고 여러 정당이 생겨나기 시작하자 에르하르트가 호이스를 찾아가 자유민주당 입당을 타진한 것은 순리에 가까운 일이었다. 당시로서는 자유민주당이 가장 친자본적인 정당이었기 때문이다. 그럼에도 호이스는 더 큰 뜻을 펼치고 싶으면 자민당이 아닌 CDU로 가라고 권했으니 순리를 뛰어넘는 탁견이 아닐 수 없다. 독일인들은 히틀러 같은 악당을 뽑는 우매한 선택을 하기도 했지만 호이스, 아데나워, 에르하르트 같은 정치인을 한 시대에 품고 있는 행운 또한 지니고 있었다.

에르하르트가 경제부 장관이 되어 펼친 정책이 모두 신자유주의적인 정책이다. 가격통제를 없애고, 배급제를 철폐하고, 자유로운 기업 활동을 보장하는 것. 이것이 자유주의가 아니고 무엇인가. 케인스주의가 세계적으로 맹위를 떨치던 때에, 그것도 패전국이자 전범국가, 피점령국 정치인 입장에서 결코 내보이기 쉽지 않은 소신과 배짱이었다. 자유시장경제의 원리에 국가를 맡겨놓으면 독일 경제가 더욱 빨리 살아날 수 있을 것이라고 에르하르트는 확신했고, 그런 예상은 독일 국민 특유의 근면성과 결합하면서 적중했다. 오래지 않아 경기가 살아나고, 공장에는 연기가 솟고, 시장에는 상품이 쏟아지고, 각종 경제지표가 급속히 좋아지기 시작한 것이다.

에르하르트에 대한 독일 국민의 지지도 역시 하늘 높은 줄 모르고 올라갔다. 국민이 워낙 뜨겁게 에르하르트를 지지하다 보니 에르하르트 말고는 누구도 경제부 장관직을 맡으려 하지 않았다. 1957년 총선에서 CDU가 압도적으로 승리를 거둔 것은 아데나워의 인기 때문이기도 했지만 에르하르트의 공이 컸다. 에르하르트가 등장하지 않으면 선거 유세장에 군중이 모이지 않을 정도였다. 당시 에르하르트는 독일 정치계에 혜성처럼 등장한 스타였다.

에르하르트는 1947년부터 1963년까지 무려 16년 동안이나 경제부 장관직을 맡았다. 총리직까지 포함하면 20년이다. 그는 '라인강의 기적'**이라 불리는 전후 독일의 경제 기적을 이끌었다.

자, 그렇다면 에르하르트의 신자유주의는 모든 것을 자유시장에

---

* 　앞에서 소개한, 미국이 독일에 옥수수를 지원 식량으로 보냈다가 논란을 빚은 사건을 뜻한다.

** 　사실 독일 사람들은 이 표현을 잘 사용하지 않는다. 독일인에게 '라인강의 기적'이라고 말하면 무슨 말인지 몰라 고개를 갸웃하는 사람이 태반일 것이다. 독일인들을 그저 담담하게 경제 기적Wirtschaftswunder이라고 표현한다. '라인강의 기적'은 우리가 '한강의 기적'이라는 표현을 사용하면서 그와 유사하게 조합해 유독 한국에서 많이 사용되는 표현이다.

맡겨놓으면 된다고 생각하는 방임주의였는가. 물론 아니다. 독일식 신자유주의 경제모델은 사회적 시장경제라는 용어로 정리된다. 그것이 '제대로 된' 의미에서의 신자유주의라고 말할 수 있다. 자유주의에 입각한 시장경제를 기본으로 하면서, 시장 질서를 바로잡는 데 국가의 역할을 강조하고, 사회 전반의 성장과 조화를 동시에 추구하는 것이다.

에르하르트의 경제학 스승은 프란츠 오펜하이머Franz Oppenheimer (1864~1943)다. 오펜하이머는 마르크스주의를 비판적으로 계승한 프랑크푸르트학파의 창설 멤버 중 한 사람으로 이론과 실천의 병행을 강조했으며, 사회국가Sozialstaat 개념을 주창한 경제학자이기도 하다. 에르하르트가 경제부 장관으로 일할 때 자문으로 모셨던 학자는 발터 오이켄Walter Eucken(1891~1950)과 빌헬름 뢰프케Wilhelm Ropke(1899~1966)다. 둘 다 질서자유주의 이론을 대표하는 경제학자로, 앞에서 소개한 신자유주의 클럽, 즉 몽펠르랭 소사이어티의 창립 멤버. 에르하르트도 나중에 몽펠르랭 소사이어티 회원으로 가입한다. 한편, 독일의 '사회적 시장경제'라는 용어는 쾰른대학의 알프레트 뮐러아르막Alfred Müller-Armack(1901~1978) 교수가 자신의 저서에서 처음 사용했는데, 이 사람도 에르하르트가 경제부 장관으로 있을 때 관료로 함께 일했던 인물이다.

요컨대 에르하르트의 사제 관계를 보면 독일식 신자유주의의 이론적 연결 관계를 유추할 수 있다. 독일의 신자유주의는 한쪽으로 치우치지 않은, 성장과 조화를 동시에 추구한 진정한 의미에서의 '새로운' 자유주의였고, 그것이 오늘까지 독일의 성장을 이끌었다.

❖

이쯤에서 세계 자본주의 발전의 역사를 간략하게 다시 살펴볼 필요가 있겠다.

18세기 중반 산업혁명으로 모습을 드러낸 자본주의는 서구 유럽에서도 얼마간 시차를 두고 발전했다. 영국이 먼저 시작한 뒤, 프랑스와 독일 등이 뒤따랐고, 바다 건너 미국에서도 나름의 발전을 하는 식으로 성장했다. 그러다가 자본주의 국가들끼리 동일한 진영이라는 각성 없이 싸웠던 전쟁이 1차 세계대전이다. 1929년 대공황이 일어나자 자본주의 국가들은 각기 다른 방식으로 위기에 대응했다. 그중 하나가 파시즘, 다른 하나는 케인스주의, 또 다른 하나는 사회주의-공산주의로 나아가겠다는 망상이었다.

이중 파시즘은 자본주의의 위기를 해결한 것이 아니라 극단으로 몰고 갔는데, 국민들이 공포와 허탈감에 빠진 나머지 극단적 내셔널리즘을 대체재로 착각하여 나타난 결과다. 그리고 그것은 2차 세계대전으로 치달았다. 파시즘이 사라지자 자본주의의 경쟁 대상은 사회주의 하나만 남게 되었다. 사회주의 국가들과 대립하는 냉전의 과정을 거치면서 자본주의 국가들은 '자유민주'라는 이름으로 진영 의식을 공고히 한다.

2차대전이 끝나자 생산과 소비가 폭발한다. 폐허의 땅에서 다시 시작하려니 투자와 건설이 잇따랐고, 수많은 사람이 전쟁으로 죽은 탓에 노동력이 부족한 상황이라 실업률은 제로 상태에 가까웠으며, 전쟁을 치르는 과정에서 얻은 과학기술 분야의 발명까지 더해져 자본주의는 그야말로 황금기를 맞는다. 그 시기에 사회주의 국가들은 집약적인 계획경제를 실시했다. 그러다 보니 1950~1960년대에 아주 잠깐－특히 인공위성을 발사하는 등 소련이 우주 개발을 막 시작했을 때－사회주의가 자본주의보다 효율적인 체제처럼 보인 적도 있었다. 그러나 1970년대쯤에 이르러서는 자본주의와 사회주의 국가 사이에 정치·경제·문화적 수준 차이가 눈에 띄게 나타나기 시작했다. 아무리 사회주의 국가들이 계획경제를 통해 집중적인 개발과 투자를 한다고 한들 자유시장에 많은 것을 맡겨놓은 체제를 이길 수 있겠는가. 게다가 미국은 소련과의 우주 개발 경쟁에서 뒤처졌다고 생각하자 과학기술 분야에 집중적인 투자를 시작했다. 거기서 발생한 성과가 차츰 민간에까지 확산되었다.* 요컨대 자본주의 기본 질서에 사회주의적 집중의 개념을 집어넣으니 역사상 가장 막강한 체제가 탄생한 셈이다.

1970년대에 미국은 이른바 핑퐁외교를 하면서 중국과 가까워지려고 부단히 노력했다. 소련과 중국 사이를 떼어놓으려는 이러한 노력은 체제에 대한 자신감으로부터 나온 결과였다. 당시 우리나라도 역사의 파도 위에 잘 올라탔다. 원래 미국은 집권 과정의 정통성에 문제가 있었던 박정희 정부를 잘 상대해주지 않았는데, 베트남전쟁 발발 후 한국이 파병을 하면서 한미 관계가 크게 개

---

* 실리콘밸리가 이때 본격적으로 성장했다. 우주 개발 경쟁에서 뒤처졌다고 판단한 미국이 방위 예산을 증액하면서 막대한 국방비가 과학기술계로 유입되었고, 그것이 실리콘밸리 부흥의 기폭제가 되었다. 실리콘밸리에서 군사적 목적으로 개발한 반도체와 컴퓨터, IT 기술 등은 인류 사회가 질적으로 도약하는 촉진제로 다시 연결되었다.

선되었고, 미국으로부터 상당한 자금을 차관으로 끌어와 중화학공업을 육성할 종잣돈을 확보했다. 앞서 표현한 대로 여기까지가 자본주의 황금기다.

그러나 화무십일홍. 번영이 영원할 수는 없는 법이다. 2차대전이 끝나고 시작된 자본주의 30년 황금기는 오일쇼크 사태로 위기를 맞는다. 자본주의 경제가 발전하는 과정에 톡톡히 효자 노릇을 해왔던 '에너지 공급원'인 석유를 생산하는 중동에서 문제가 발생한 것이다. 경기는 침체되고 물가는 도리어 상승하는 스태그플레이션 현상이 나타난다. 오일쇼크는 대공황 이후 50년 만에 맞은 '자본주의 2차 위기'였다. 오일쇼크에 대한 각국의 대응 방식 역시 제각각이었다. 일단 석유 가격이 안정되자 당면한 위기는 진정되었지만, 침잠해 있던 문제가 수면 위로 올라왔다. 번영의 과정에 생겨난 빈부격차, 질적으로 한 단계 높은 삶을 갈망하는 근로자들의 요구, 오일쇼크 같은 위기가 또다시 발생하면 어떻게 대응할 것인가 하는 걱정 등이었다.

그때 등장한 것이 이른바 레이거노믹스, 대처리즘 같은 이른바 '신자유주의'다. 근로자들의 요구에는 원칙적으로 대응하고, 정부의 지출 규모는 줄이고, 정부 조직 자체를 축소하고, 복지제도도 축소한 것이다. 중앙은행의 기능을 강화해 통화량을 조절하면서 인플레이션에 대응하는 기법도 이때 본격적으로 주목받기 시작했다. 원자력발전소가 늘어난 것도 오일쇼크에 대한 반성으로부터 나온 결과다. 동서 냉전의 기류가 유지되고 있었기 때문에 민주주의 정부의 권위주의적 대응 방식이 어느 정도 용인되던 시대

이기도 했다.

이제 독자들은 1980년대 미국과 영국에서 유행한 신자유주의와 1950년대 독일에서 추진한 신자유주의가 완전히 결이 다르다는 사실을 알 수 있을 것이다. 원래 신자유주의는 시장에서 자유주의를 위협하는 요소들, 즉 독점적 기업이나 가격 담합, 건전하지 못한 규제 등을 없애고 시장의 질서를 회복해 경제의 흐름을 더욱 원활하게 만들자는 취지에서 생겨난 이념이었다. 그것을 기업 스스로 할 수는 없으니 시장 질서를 유지하는 '심판'으로서의 정부 역할을 강조한 것이다. 거기에 사회 안전을 뒤흔들 수 있는 요소를 선제적으로 제거해, 즉 복지제도를 선제적으로 도입해 국가와 국민의 조화로운 발전을 도모하자는 '사회국가' 개념이 덧붙는다. 이것이 원조 신자유주의다.

1980년대 미국과 영국의 신자유주의는 훨씬 근시안적인 접근법을 갖는다. 허리띠를 졸라매고, 정부에서 기업을 간섭하지 않고 시장에 맡겨놓으면 세상은 알아서 돌아갈 것이라는 1차원적인 접근법이다. 긴축과 방임을 해서 위기를 극복할 것 같으면 누가 못하겠는가. 1980년대에 전두환 정부가 예산 동결 조치까지 취하면서 긴축 재정을 펼쳤던 것은 이런 식의 미국판 신자유주의에 대한 어설픈 흉내내기였다.

'방임'은 무책임에 해당하니 말할 것도 없고, '긴축'은 가정 살림 정도를 운영하는 차원에서는 알뜰한 사고방식이라 칭찬할 수 있겠지만 국가라는 공동체를 이끌어가는 정치인의 사고와 처신으로는 좀 유치한 태도가 아닐 수 없다. 다시 말하지만, 긴축을

해서 위기를 극복할 것 같으면 누가 못하겠는가. 국가의 재산을
자기 재산처럼 알뜰히 다루되, 필요할 때는 적극적으로 재정을 투
입해 더 큰 불행을 미연에 방지하는 것이 정치인의 책무다. 그것
은 경제 관료들이 쉽게 수행할 수 없는 역할이기도 하다. 우리나
라에는 정치인 본연의 임무는 모르는 채 마치 경제 관료처럼 행
동하려는 정치인들이 있다. 그것을 보수주의라 착각하고 스스로
'나라의 살림꾼'이라 자랑하기도 한다. 보수주의와 긴축은 아무런
관련이 없다. 보수주의가 뭔지도, 정치가 뭔지도 모르는 사고관이
다. 관료가 관리하고 실행하는 사람이라면 정치인은 설계하고 창
조하는 사람이다. 정치인의 책임과 역할을 잊어서는 안 된다.

미국식 신자유주의의 결과는 과연 어땠는가. 1979년부터 2013년
까지 34년 동안 미국 상위 소득 계층 1%의 소득이 187% 증가하
는 사이 하위 소득 계층 20%의 소득은 고작 39% 증가하는 데
그쳤다. 같은 기간 중위 소득 계층 60%의 소득도 32% 증가하는
데 머물렀다. 그런 결과 상위 3% 소득 계층이 전체 부의 54%를
보유하고, 상위 3%의 자산이 하위 90% 자산의 2.16배에 이르는
극단적 양극화 현상이 나타났다. 이것을 "자본주의는 원래 그런
것"이라고 변명할 수 있는가?

그 결과 청년과 빈곤층의 분노가 폭발해 "1대 99의 사회가 됐다"
면서 미국의 금융 중심가로 몰려가 "월가를 점령하라"는 극단적

인 구호까지 외치며 시위를 벌인 것이 2011년 '미국의 가을'이다. 2007~2008년에는 서브프라임 모기지 사태로 발발한 미국발 금융 위기 때문에 전 세계가 고통을 치렀다. 이것을 '자본주의 3차 위기'라고 말할 수도 있을 것이다. 탐욕을 방치한 결과다. 자본주의를 살리겠다던 미국식 신자유주의가 자본주의를 위기로 몰아넣은 셈이다.

우리나라에는 이런 미국을 좋아하는 지식인들이 유독 많다. 미국식 자본주의를 추구해야 자유를 숭상하는 깨어 있는 지식인으로 대접받는 경향마저 있다. 이런 이야기를 하면 혹자는 "그럼 당신은 반미주의자냐" 하면서 눈을 부릅뜬다.

굳이 말하자면 나는 자타 공인 친미주의자다. 두말할 것도 없이 미국은 우리의 동맹이며, 자본주의 맹주인 미국 없이 우리는 정상적인 발전을 이룰 수 없다. 그러나 친미적 노선을 견지하는 것과 '미국식'을 따라가는 일은 전혀 다른 문제다. 미국에서 하는 것을 똑같이 따라 하는 것이 과연 친미인가? 단편적인 사고방식이 아닐 수 없다.

미국이 추구하는 자유민주주의 이념을 존중하면서 우리 실정에 맞는 체제와 질서를 만들어나가는 것. 그것이 진정한 의미의 친미다. 독일이 미국과 성격이 다른 사회경제 체제를 갖추고 있다고 해서 반미 국가이던가.

미국이 주도하는 세계 질서에도 우리 사정에 따라 호응하면 된다. 미국을 적대시해서도 안 되지만, 미국이 추구하는 세계 질서에 성급히 끼어들려고 애쓸 필요 또한 없다. 미국은 강압적 패권 국가가 아니다. 동맹국으로서 우리의 사정을 잘 설명하면 된다. 미국은 자신들이 추구하는 질서에 먼저 올라탔다고 해서 그 나라를 기특한 나라라고 칭찬하지 않는다.

미국도 나름대로 이유가 있어 지금의 체제를 유지하고 있다는 사실 또한 분명히 알아두어야 한다. 미국은 연방국가이고 이민자들의 국가다. 국가 형성 과정이 우리나라는 물론 세계 여느 나라와도 다르다. 소비 시장이 거대한 데다 기축통화국이어서 통화정책을 펼치기가 세계 어느 나라보다 쉽다. 아니, 미국의 통화정책은 거의 독보적이다. 그걸 그대로 가져온다고 우리가 미국처럼 될 수 있는가. 국민 의식이나 성향 또한 우리나라와 미국은 다르다. 우리는 미국처럼 될 수도 없고 미국처럼 되어서도 안 된다. 어설프게 따라 하려다 체제 자체가 위기를 맞을 수도 있다는 말이다.

자본주의 자체를 지나치게 절대적으로 볼 이유도 없다. 자본주의에도 여러 유형이 있다. 자본주의는 각 나라의 민족적 특징과 역사적 배경, 발전 단계에 따라 나름의 형태를 만들어왔으며, 지금도 진화하는 중이다. 앞서 강조한 대로 자본주의는 완성된 이념이 아니다. 자본주의를 사회주의 같은 절대 이념처럼 오해하는 원리주의자들이 한국에는 유독 많다. 용어와 원리에 집착하는 사람치고 합리적인 사람이 없다.

이번 장에서는 모겐소플랜과 마셜플랜으로부터 시작해 역사의 우연성과 복잡성에 대해 소개했다. 세상을 하나의 각도에서만 볼 수 없다는 사실을 여러 예를 들어 설명했다. 독일의 신자유주의와 미국식 신자유주의는 다양성 가운데 생겨난 결과다. 세상이 그리 단순하지만은 않다는 사실을 아는 것이 정치인의 기본 자세라고 말할 수 있겠다.

끝으로 두 가지 이야기를 덧붙이자. 현재 대학에서 강의용으로 흔히 사용하는 재정학 교과서 가운데 미국에서 공부한 학자들이 쓴 책을 보면 조세 부분이 상당히 빈약하다는 것을 알 수 있다. 그도 그럴 것이 미국은 국가의 성립에 비해 국세(연방세)라는 개념이 늦게 도입되었다. 미국은 영국 국왕의 무리한 세금 징수에 반발해 탄생한 국가 아니던가. 미국이 독립선언을 한 해는 1776년이지만 소득세가 도입된 때는 1913년이다. 개인 소득세가 헌법 정신에 위배된다며 숱하게 소송을 해서 대법원에서 위헌 판결을 내려 소득세 징수가 잠시 중단된 적도 있다. 20세기 이전까지 미국 연방 정부의 주요 재원은 관세와 소비세뿐이었다. 국가의 재정은 조세를 기반으로 하는데 상황이 이러하니 미국에서는 제대로 된 재정학이 발전할 수 있는 토대가 빈약했다. 적어도 재정학에 있어서는 미국이 아니라 유럽이 본산지다. 그것은 미국의 잘못이 아니라 미국적 '특성'이다. 그렇게 특출한 미국의 사례를 우리나라에 그대로 적용할 수 있다고 보는가. 말끝마다 '미국에서는'을 강조하는 사람들을 보면 한심할 따름이다. 정 그러고 싶다면 다른 측면에서 미국을 따르기 바란다. 미국도 독일식을 따랐기 때문에 오늘날과 같은 선진국이 되었다는 사실을 알고 있어야 한다.

역사상 위대한 미국 대통령으로 흔히 워싱턴, 링컨, 케네디 등을 꼽는다. 워싱턴은 건국 대통령이고, 링컨은 남북으로 갈라진 나라를 통합한 '제2의 건국 대통령'이다. 케네디는 젊고 총명하고 용감했던 대통령이 불행하게 암살당했으므로 역사의 평가에 가산점을 받는다.

미국 역사에서 임기 중 업적으로 존경받는 대통령을 꼽으라면 '두 명의 루스벨트'가 거론된다. 시어도어 루스벨트*와 프랭클린 루스벨트. 둘은 먼 친척 관계인데, 흔히 '테디'라는 애칭으로 불리는 시어도어 루스벨트는 독점기업을 해체하고 법인면허세를 도입하고 공무원 제도를 확립하는 등 미국 연방정부의 권위를 확립한 대통령으로 꼽힌다. 프랭클린 루스벨트는 대공황의 위기에서 미국을 건지고 2차대전을 승리로 이끌어 자유민주 진영의 맹주로 미국이 앞서 나갈 수 있는 기틀을 확립한 대통령으로 평가받는다.

같은 가문이었지만 정당은 다른** '두 명의 루스벨트'에게는 공통점이 있다. 미국을 '더욱 사회적인' 국가로 만들었다는 점이다. 오늘날 미국이 선진국이 된 것은 그저 자유방임주의로 일관했기 때문이 아니다. 기업 활동을 무제한으로 보장하고 정부는 뒷짐 지고 앉아 바라보기만 해서 이룬 결과가 아니다. 록펠러, 카네기, JP 모건 같은 쟁쟁한 재벌도 시장 질서를 어지럽히면 법규에 따라 법

---

*　시어도어 루스벨트Theodore Roosevelt(1858~1919). 미국 26대 대통령으로, 부통령이었다가 대통령(매킨리)이 사망하면서 대통령직을 승계하고 재선에 성공했다. 취임 당시 42세로 역대 최연소 대통령이다. 재임 기간은 1901~1909년이다.

**　시어도어는 공화당, 프랭클린은 민주당이다.

정에 세웠고, 통상위원회를 강화해 담합과 독과점을 강력히 단속했다. 조세제도를 정비하고 시장경제 질서를 유지하는 한편, 각종 복지제도를 선제적으로 도입해 저소득층의 불만을 사전에 제어함으로써 사회적 안전을 도모했다. 이로써 오늘날 '자유민주주의의 모범' 미국이 완성될 수 있었던 것이다. 그것은 독일의 사회 국가 모델을 참고한 결과다.

정치에 유일무이한 정답이란 없다. 다만 분명한 '방향'은 존재한다. 어느 시대 어느 국가든 정치는 공동체의 조화로운 발전을 목표로 삼아야 한다. 답을 찾으려 애쓰지 말고 먼저 방향을 잡아야 한다. 방향이 확실하면 답은 현장에 있는 법이다.

성장과 조화를 동시에 추구함으로써 오늘의 독일이 있을 수 있었다. 반성과 성찰이 있었기 때문에 가능한 일이기도 했다. 특정한 한쪽에 치우쳤다면 독일은 오늘과 같은 모범국가가 될 수 없었을 것이다.

8

통일을 원한다면,
독일처럼

통일을 원한다면,
독일처럼

1990년 10월 2일 오후 5시, 동독 인민의회가 동독 정부의 해산을 의결했다. 오후 6시, 서독의 콜 총리와 동독의 메지에르 총리가 함께 연단에 올라 통일과 관련한 대국민 방송 연설을 했다. 두 사람은 독일 국민의 화합과 단결을 강조했고, 콜 총리는 미국, 영국, 소련, 프랑스 등 4대 전승국에게 감사하는 한편, 특히 헝가리 정부에게 각별한 감사의 뜻을 표했다.

10월 3일 0시, 독일 전역의 교회탑마다 우렁찬 종소리가 울렸다. 축포가 밤하늘을 무지갯빛으로 수놓았다. 시민들이 거리로 쏟아져나와 독일 국기를 흔들고 행진하면서 통일의 날을 자축했다. 밤새 맥주를 마시고 환호하며 역사적인 밤을 즐겼다. 날이 밝아 오전 10시, 베를린에 있는 구 제국의회 의사당 앞에서 통일 기념식이 열렸다. 바이츠제커 대통령이 국가원수로서 통일 국가 독일의 성립을 선포했다. 이로써 1949년 소련의 후원 아래 생겨난 독일민주공화국(동독)이라는 국가는 역사 속에 사라졌고, 히틀러 제3제국이 무너진 이래 미소영프 4개국이 행사하던 베를린 점령권도 소멸되었다. 독일은 완전히 자유로운 나라가 되었다.

시간을 1년 전으로 거슬러 올라가보자. 그에 앞선 1989년 5월, 헝가리-오스트리아 국경이 무너졌다. 1980년대 들어 서독으로 넘어가는 동독 주민이 급증했는데, 대체로 베를린장벽을 넘어 서베를린으로 귀순하는 방식이었다.

베를린장벽은 높이 3.5미터, 폭 1.2미터, 두께 0.4미터에 이르는 거대한 콘크리트 장벽인 데다, 전기 철조망, 지뢰밭, 함정, 숱한 경계초소 등 단속이 삼엄했기 때문에 베를린장벽을 넘어 서독으로 간다는 건 그야말로 목숨을 걸어야 하는 일이었다. 그런데 헝가리-오스트리아 국경이 무너지자 헝가리를 경유해 서독으로 넘어가는 동독 주민이 수천 명에 달했다. 콜이 통일 연설에서 "헝가리 정부에게 특별히 감사한다"라고 밝힌 이유는 그 때문이다. 독일 통일의 시작이었다.

그로부터 6개월 뒤인 1989년 11월 9일. 동서 베를린 시민들이 망치를 들고 콘크리트 장벽을 기어올라가 40년 분단의 상징을 무너뜨린 기적적인 사건이 벌어졌다. 사건이 있기까지 여러 우연과 필연이 겹쳤지만, 역사에 길이 남을 즐거운 해프닝은 이탈리아 어느 언론사 기자의 '동베를린 오보' 사건이었다.

숱한 사람들이 헝가리, 체코슬로바키아 등을 거쳐 서독으로 건너가자 동독 사회는 크게 흔들리기 시작했다. 9월 25일, 동독의 공업 도시 라이프치히에서 민주주의를 요구하는 시위가 발발했다. 시위대 규모는 나날이 늘어나 어떤 날은 수십만 명에 달했고, 시위 지역 또한 동독 여러 도시로 걷잡을 수 없이 확산됐다. 군대가 출동해 시위대를 진압하는 방안이 검토되었지만 동독군 일선 지휘관과 병사들은 "인민의 군대가 인민을 진압할 수는 없다"라면서 무력 사용을 주저했다. 결국 독일사회주의통일당SED* 총서기 에리히 호네커가 사퇴하는 선에서 사태를 봉합하려 했다.

그래도 시위는 계속됐다. 동독 주민들은 완전한 자유를 요구했다. 가장 큰 요구 사항은 '여행의 자유'를 보장하라는 것이었는데, 동독 주민들이 왜 그토록 여행의 자유를 강조했는지는 충분히 짐작이 되고도 남는다.

그런데 그때, 동베를린 주재 이탈리아 언론사 기자가 동독 SED 대변인의 말을 잘못 이해해 "베를린장벽을 철거하기로 했다"라고 기사를 송출하는 바람에 역사적 해프닝이 발생했다. 분명한 오보였다. 그럼에도 소식은 빠르게 전파돼 동독 주민들의 귀에까지 들어갔고, 수많은 동독 사람들이 베를린장벽으로 몰려가 "빨리 문을 열지 않고 뭐하느냐"라며 국경수비대를 윽박지르는 사태로까지 번졌다.

동쪽 주민들이 콘크리트 장벽을 기어올라가 깨부수기 시작했다. 서쪽 주민들도 반대편에서 합세했다. 이것이 '오보'로, 아니 동서독 시민의 힘으로 40년 분단의 장벽을 무너뜨린 역사적 사건의 숨은 내막이다.

베를린장벽이 무너지자 동독 사회는 걷잡을 수 없을 만큼 흔들 렸다. 11월 28일, 서독 콜 총리는 10개 항목의 독일 통일 방침을 발 표했다. 이듬해(1990년) 3월 18일, 동독 지역에서 자유선거가 실시 되었다. 그렇게 구성된 의회에서 동독을 5개 주로 분할하고**, 그 5개 주가 독일연방공화국(서독)에 편입하는 방식으로 통일이 이루 어졌다. 이날이 바로 10월 3일이다. 그에 앞서 7월 1일에는 동서독 화폐가 1대 1의 교환가치를 갖고 먼저 통합되었다.

역사적인 사건이 벌어진 1989년 새해 아침, 그해 가을쯤 베를 린장벽이 무너질 것이라고 예상한 사람은 아무도 없었다. 통일의 숙원을 달성한 1990년 새해 아침, 그해에 통일이 이루어질 것이라 고 전망하는 사람도 많지 않았다. 독일의 통일은 천운일까, 꾸준 한 노력의 결과일까.

---

* SED는 독일공산당이 동독 지역 SPD와 통합하면서 만들어진 구 동독의 유일 집 권당이었다. 외형상으로는 통합하는 형태지만 사실은 소련 공산당이 사주하여 진 행한 강제 흡수로, 이는 서독 지역 SPD가 공산당에 적대적인 태도를 취하게 된 요인 가운데 하나가 되었다. 공산당이 기어이 SPD를 흡수했던 이유는 SPD가 전 국적인 조직망을 갖추고 있었기 때문에 동독 지역에서 그 조직을 흡수해 동독 지 배권을 손쉽게 행사하기 위해서였다. SPD를 그대로 내버려둘 경우 공산당의 강 력한 경쟁 상대가 될 수 있었던 것도 이유였다.

** 독일이 분단되기 전에 동독 지역은 5개 주로 구성되어 있었다. 그런데 공산주의 국가가 된 후에 5개 주를 폐지하고 동독 전역을 14개 구로 나누었다. 1990년에 5개 주가 부활한 것은 분단 이전의 상황으로 돌아가는 상징적 의미이자, 연방국가 인 서독의 행정구역 요건에 동독을 맞추어 통일을 추진하는 필수 절차 가운데 하나 였다.

긴박했던 순간들: 1989~1990

- 1989년 5월 헝가리-오스트리아 국경 개방
- 1989년 9월 25일 동독 라이프치히 민주화 시위 발발
- 1989년 10월 18일 동독 국가주석 에리히 호네커 사임
- 1989년 11월 9일 베를린장벽 붕괴
- 1989년 11월 28일 콜 총리, 독일 통일을 위한 10개 항 발표
- 1990년 3월 18일 동독 최초 자유선거 실시
- 1990년 7월 1일 동서독 화폐 통합
- 1990년 10월 3일 통일

독일 통일과 관련해 한국에는 세 가지 오해가 존재한다.

첫째, 분단 시대에 독일 국민들이 간절히 통일을 바랐을 것이라는 오해다. 둘째, 분단 시대에 독일 정부가 적극적으로 통일을 추구했을 것이라는 오해다. 셋째, 이 두 가지가 다 틀렸다고 생각하는, 즉 독일 국민은 통일을 바라지도 않았고 정부가 추구하지도 않았는데 벼락처럼, 갑작스레, 우연히 이루어졌다고 생각하는 오해다.

모두 맞고, 모두 틀렸다.

먼저 첫 번째 오해에 대해 설명해보자. 내가 독일에서 10년 가까이 살았고 오래도록 수많은 독일 친구들과 교류했지만, 통일이 본격적으로 이루어지기 전까지 독일인의 입에서 통일이라는 용어가 등장하는 것을 들어본 기억이 별로 없다.[*] 어쩌면 독일인들은 통

일과는 담을 쌓고 살아가는 사람들처럼 보였다. 나라가 분단된 이유를 잘 알고 있었기 때문에 독일인이 통일을 적극적으로 주장한다는 것은 좀 멋쩍은, 괜한 오해를 불러일으킬 수도 있는 일이었다.

서독 정부 입장에서도 그렇다. 서독 정부가 할슈타인 원칙 등을 내세우고 동방정책을 펼치기도 했지만, 그것이 통일 정책인지는 분명치 않았다. 주변국이나 강대국에 대놓고 "우리는 통일하겠습니다"라고 감히 말할 수 없는 상황이었다. 실제로 베를린장벽이 무너지고 콜이 '독일 통일을 위한 10개 항'을 발표했을 때에도 프랑스 미테랑 대통령 같은 경우에는 동독을 방문해 "당신들은 통일을 해서는 안 된다"라고 노골적으로 견제할 정도였다. 영국도 다를 바 없어, 대처 총리는 고르바초프 소련 공산당 서기장에게 전화해 독일 통일에 반대한다는 입장을 강경하게 밝힌 바 있다.** 오죽했으면 독일 통일에 동의하는 협정서에 서명하는 그날까지 "독일 말고는 아무도 기뻐하는 나라가 없는 통일"이라고 말했겠는가. 사실은 많은 독일인들이 그리 기뻐하지 않는 통일이었다. 그저 어리둥절해하는 분위기가 우세했을 뿐이다.

---

* 동독 지역을 민주화하는 차원, 4대 승전국이 독일을 양분하고 있는 현상을 정상화하자는 차원에서 통일을 이야기하기는 했으나 우리처럼 '민족 통일'의 관점에서 독일인들이 통일을 부르짖지는 않았다는 뜻이다. 독일 정치인과 지식인들은 분단을 일종의 역사적 업보로 받아들였기 때문에, 독일이 피해를 준 유럽 국가들에 대한 반성과 참회 없이 독일 통일이라는 용어가 앞서나가는 것을 상당히 경계했다. 독일 통일보다 '유럽의 통합'을 우선시했고, 통일도 유럽 통합의 관점에서 추진했다. 독일인에게 유럽이 어떤 의미를 갖는지 이해하는 것은 매우 중요하다.

** 마거릿 대처는 나중에 회고록에서 자기 임기 중에 가장 후회하는 일로 독일 통일에 반대했던 것을 꼽았다.

그래서 독일 통일을 "벼락처럼 찾아온 통일"이라고 말하는 사람들이 있다. 우연적 요소가 겹겹이 겹쳤다는 측면에서는 분명 그렇다. 앞에 소개한 대로 헝가리-오스트리아 국경이 갑자기 무너져버렸는데 그 시점이 오묘했다. 단순히 국경만 무너졌으면 크게 달라질 것이 없었을 텐데 당시 헝가리에서는 민주화 시위가 한창이었다. 공산주의 체제에 환멸을 느낀 헝가리 시민과 군인들이 동독 주민들에게서 대리만족을 찾았다. 동독인들이 자유를 찾아 서방 세계로 건너갈 수 있도록 적극적으로 도와주기까지 한 것이다. 역사적 연대이자 행운이었다.

먹고사는 문제가 어느 정도 해결됐으면 동독 주민들이 그토록 동요하지 않았을 수도 있다. 하지만 사회주의 종주국 소련도 그때 경제 사정이 어려워 동독을 도와줄 수 없었다. 당시에는 사회주의 국가들이 다 경제적으로 어렵고 위기에 처해 있었다. 오죽했으면 당시 소련이 경제 지원을 받을 요량으로 우리나라와 수교를 서둘렀겠는가. 게다가 서방 기자의 오보 사건까지 겹치면서 베를린장벽이 순식간에 무너졌다. 물밀듯 들어오는 동독인들을 관리하느라 서독은 정신이 없었고 '획기적 방안'을 검토하지 않을 수 없었다. 그것이 통일이었다. 통일이 별건가. 어차피 이렇게 된 것, 상대방을 적극적으로 '책임지기로' 마음먹으면 그것이 통일인 것이다.

자, 그러면 독일 통일은 아무런 준비 없이 찾아왔는가.

결코 아니다.

독일 통일은 국민들이 간절히 바라지도 않았는데 갑작스레 찾아온 것이 맞다. 그럼에도 독일이 통일이라는 현실을 과감하게 받아들일 수 있었던 비결은 따로 있었다. 겉으로는 통일이라는 말을 한마디도 꺼내지 않으면서 꾸준히 '준비'해왔던—독일인 스스로도 통일을 위한 준비라고 생각지 못했던—그 오묘한 '무엇' 덕분이다.

이번 장의 핵심은 이러한 준비의 의미를 분명히 이해하는 것에 있다. 독일(서독)인들은 과연 무엇을 그토록 '준비'했던 것일까?

결론부터 말하자면 독일인들은 '돈'을 준비하고 있었다. 거칠게 표현하자면 독일 통일은 '서독이 동독을 돈으로 사버린' 사건이다. 그렇다면 무조건 돈만 많다고 통일할 수 있는가. 결코 아니다. 서독은 단순히 돈만 많았던 것이 아니다. 동독 사람들을, 혹은 생각과 입장이 다른 집단을 끌어안고 함께 살아가야 한다는 포용적인 분위기가 오랜 시간에 걸쳐 서독 사회에 구축되어 있었다. 서독이 약육강식이나 승자 독식의 논리가 팽배한 사회였다면 통일을 쉬이 이루지 못했을 것이다. 통일을 했더라도 사회적 갈등이 엄청났을 것이다. 그것이 핵심이다.

시간을 다시 1989년으로 되돌려보자.

1989년 5월에 나는 독일을 여행하고 있었다. 수많은 동독 주민들이 헝가리를 통해 서독으로 탈출하던 때였다. 그때 내가 독일 친구들과 식사하던 자리에서 "야, 너희 나라가 곧 통일이 되겠는걸" 하고 말하니 참석자 모두 무슨 뚱딴지 같은 소리냐는 반응을 보였다. 대부분 서독 지도층에 있는 친구들이었는데도 그랬다. 당시만 해도 서독 사람들은 통일을 얼토당토않은 기대 정도로 취급하고 있었다. 동독인이 서독으로 넘어오는 일은 예전에도 숱하게 있었으니, 탈脫동독 러시가 그리 특별하게 느껴지지 않았을 수도 있다.

그러다 11월 9일, 베를린장벽이 무너졌다. 서독 연방의회에서 외교분과 위원장을 맡고 있던 친구에게 전화해 "축하한다. 독일이 곧 통일이 되겠구나" 했더니 심지어 그날까지도 "에이, 무슨……" 하는 반응이 돌아왔다. 그가 특별히 우둔한 사람이라서 그랬던 것이 아니다.*

1989년 11월 9일, 콜 총리는 폴란드를 방문하고 있었다. 베를린장벽 붕괴는 우리나라로 말하면 38선이 무너진 것과 같은 역사적 사건인데, 장벽이 붕괴되었다는 엄청난 소식을 듣고도 콜은 서독으로 돌아와 잠깐 회의만 하고 다시 폴란드로 향했다.** 공식 일정을 모두 마치고 돌아와서도 한동안 뭘 어떻게 하겠다는 계획을 내놓지 않았다. 11월 28일이 되어서야 콜은 '독일 통일을 위한 10개 항'을 내놓았다. 당시 서독의 분위기가 대체로 그랬다. 통일을

---

* 1989년 12월에 빌리 브란트가 한국을 방문한 적이 있다. 그때 내가 브란트를 만나 "곧 통일이 되겠는데요?"라고 하자 브란트 역시 "쉽지 않을 것"이라며 고개를 저었다.

** 여기서 첨언하자면, 독일은 폴란드와의 외교에 상당한 공을 들인다. 나치가 가장 먼저 침공한 나라가 폴란드라서 속죄하려는 마음이 크기도 하고, 폴란드가 독일과 러시아 사이에 완충 역할을 하는 지역이라 그렇다. 역사적으로 폴란드와 관계를 어떻게 유지하느냐에 따라 독일과 러시아 관계도 달라졌다. 반대로 독-러 관계를 어떻게 설정하느냐에 따라 폴란드가 독일에게 갖는 의미 또한 달라졌다. '이웃 나라'가 갖는 의미를 끊임없이 고민하며 성장한 것이 유럽의 역사다.

당면한 현실 또는 당위적인 미래로 생각하지 않았다.

당시 콜이 발표한 10개 항을 살펴보면 사실상 통일 방안이라 말하기 어려운 부분이 많다. "연합 구조를 형성하고 이를 통해 연방을 구성한다"라는 조항 다음으로 "독일 통일 문제는 유럽 통합과 연계해 실현한다"라는 조항이 이어져 있다. 주변국의 허락 없이는 함부로 통일을 추구하지 않겠다는 해석할 수 있다. 연합 이후에 연방을 구성하겠다는 말은 빠른 시일 내에 통일을 추진하겠다는 의지 표명이 아닌 '장기적 사태 해결책'의 성격이 강하다.

지금 사람들은 역사의 결과를 알고 있으니 당시 서독 국민과 정치 지도자들의 이런 태도가 좀 답답하고 아리송하게 느껴질 수도 있겠다. 그러나 당시 서독에서는 동독 내부의 안정적 관리가 먼저냐 통일이 먼저냐를 두고 의견이 분분했고 많은 것이 불분명했다. 서독 정부는 1990년 2월 7일에야 내각 차원의 통일위원회를 구성해 본격적인 통일 준비에 들어갔다. 하지만 그때도 즉각적인 통일을 이루려는 의도는 아니었고, 그처럼 단시간에 통일이 성사될 수 있을 것이라 기대하는 사람 또한 많지 않았다. 어떻게 그럴 수가 있나 싶겠지만, 역사적 사건을 현재진행형으로 겪고 있는 사람은 지금 이 사건이 역사의 능선에서 어느 정도 위치에 자리 잡고 있는지 쉬이 가늠하기 어려운 법이다.

점입가경, 1990년 3월 18일 동독 지역에서 자유 총선거가 실시되었을 때에도 서독 정부의 통일 의지는 여전히 불투명했다. 동독 지역을 빠르게 흡수하겠다는 뜻을 분명하게 밝히지 않았던 것이다. 전환점은 동독 시민들이 만들어줬다.

❖

1990년 3월 18일, 동독 지역에서 총선거가 실시됐다. 동독 최초이자 마지막 자유선거였다. 동독 주민들은 40년 넘게 공산당 1당 독재 치하에서 살다가 그때 처음 자유로운 선거를 경험했고, 그 선거를 기점으로 독일 통일은 마치 모터가 달린 듯 빠르게 추진되었다. 민주주의 정치에서 선거는 상상 이상으로 중요한 터닝포인트가 된다. 감춰져 있던 민심이 선거를 통해 비로소 폭발하기 때문이다.

흥미로운 선거였다. 1당 독재가 무너지니 한꺼번에 수십 개의 정당이 생겨났는데, 동독 주민들은 그 많은 정당이 어떤 성격을 갖고 있는지 뚜렷이 알 수 없었다. 그러니 거의 다 서독에 '이미 있는' 정당에서 이름을 따왔다. 동독 CDU, 동독 SPD, 동독 자민당…… 하는 식으로 말이다. 분단 시대에도 동독 주민들은 서독 뉴스를 몰래 청취하고 있었으므로 이름을 그렇게 붙여놓으니 각 정당이 어떤 정당인지 금방 알 수 있었다.

독일에서 CDU는 보수, SPD는 좌파니까 통일 문제에 있어서도 CDU는 다소 보수적이고 SPD는 급진적이었을 것 같지만 현실은 정반대였다. 막상 통일이 다가오자 보수 정당인 CDU는 훨씬 적극적인 반응을 보였고, 진보 정당인 SDP는 좀 머뭇거리는 태도를 보였다.*

당시 동독 CDU는 동서독 화폐 통합을 통해 동독 경제를 재건하겠다는 계획을 주요 공약으로 내세웠다. 동서독의 경제적인 격차가 상당한데 화폐부터 통합하겠다는 것은 꽤 급진적이고 어쩌면 위험한 방안일 수도 있었지만 통일을 전면에 내세우고 있다는 점에서 동독 주민들의 열렬한 환영을 받았다. 선거 결과는 어땠을까. 동독 CDU를 중심으로 구성된 선거 연대체인 '독일을 위한 동맹Allianz für Deutschland'이 동독 인민의회 의석 400석 가운데 192석을 가져갔다. 득표율은 48%에 달했다. 보수의 승리, 아니 통일의 승리라고 말할 수 있겠다. 보다 정확히 표현하자면 '흡수통일' 노선의 승리였다. 동독 SPD의 득표율은 21.9%로, 88석을 얻는 데 그쳤다.

하지만 한쪽이 일방적으로 원한다고 흡수통일이 되는 것은 아니지 않는가. 받아들이는 쪽에서 충분한 각오가 되어 있어야 한다. 받아들이는 쪽에서 싫다거나 주저하면 일방적인 짝사랑에 그칠 따름이다. 그런 측면에서 서독 CDU, 아니 콜 총리는 매우 현명하고 기민했다.

동독 CDU의 선거 공약이 처음부터 화폐 통합이었던 것은 아니다. 애초에 동독 CDU는 '동독이 서독에 흡수되겠다'라는 노선만 분명히 했고, 그래서 "우리는 하나의 국민Wir sind ein Volk"이라는 다소 추상적인 캐치프레이즈를 내걸었다. 그런데 총선을 3개월 앞둔 1989년 12월 19일, 콜 총리가 동독 CDU를 응원하기 위해

---

* 보수가 진보가 되고 좌파가 수구가 될 수도 있는 사실을 보여주는 사례라고 말할 수 있겠다. 어떠한 정치적 진영이든 스스로 진보라고 참칭한다고 진보가 되는 것이 아니다. 국민이 무엇을 바라고 시대정신이 무엇인지 명확히 이해하고 그것을 실현해나갈 때 진보라는 역사적 평가를 받는다. '수구 좌파'도 존재할 수 있는 법이고, '진보 우파'도 얼마든 있을 수 있다.

독일 동쪽 끝에 있는 도시 드레스덴을 방문하면서 중대한 변화가 일어났다.

서독 총리가 동독 지역을 방문해 대중 앞에서 연설하는 역사적인 현장을 보기 위해 수많은 군중이 운집했다. 10만 명이 넘는 시민이 드레스덴 프라우엔 교회 앞 광장에 모여들었다. 이때 콜이 사회적 시장경제를 강조하며 동독의 미래를 보장해주겠다고 장밋빛 약속을 늘어놓았다. 그러나 군중은 동요하며 아우성쳤다. 연설 내용이 그들의 기대에 미치지 못했던 것이다. 좀 더 구체적인 청사진을 보여달라는 요구가 빗발쳤다. 주민들의 요구는 단순명료했다. "당신들이 서독 마르크를 우리에게 주든지 아니면 우리가 전부 서독으로 건너가겠다"였다.

서독 총리 입장에서는 어쩌면 가슴 철렁한 요구가 아닐 수 없었다. 그러잖아도 베를린장벽이 무너지면서 수만 명의 동독 근로자가 한꺼번에 몰려드는 바람에 서독 사회가 경제적으로나 행정·문화적으로 몸살을 앓고 있었다. 이런 마당에 동쪽 끝에 있는 드레스덴 주민들마저 화폐 통합을 하지 않으면 전부 서독으로 건너가겠다고 하니, 이건 거의 협박이나 다름없었다.

연설을 마치고 서독으로 돌아간 콜은 긴급 회의를 열었다. 어떻게 할 것인가. 그렇다고 동서독 국경을 봉쇄할 수도 없는 일 아닌가. 아마도 그때 콜은 독일 통일을 '거부할 수 없는 역사적 명령'으로 받아들인 것 같다. 그래서 누구도 예상치 못한 발표를 한다. 동서독 마르크를 일대일의 교환가치로 통합하겠다는 구상을 밝힌 것이다. 당시 동독 마르크는 서독 마르크에 비해 시장가격으로

4분의 1, 크게는 10분의 1 정도 가치밖에 되지 못했다. 그것을 일대일 가치로 교환해주겠다니, 서독 주민으로서는 좀 어리벙벙한 일이고, 휴지 조각이 되어버린 동독 마르크를 쥐고 있던 동독 주민들로서는 만세를 부를 일이었다. 이 발표 하나로 동독 사회는 급속히 안정되었다. 굳이 서독으로 건너갈 필요가 없게 된 것이다.

동독 CDU는 즉시 화폐·경제·사회 통합을 선거 캠페인의 전면에 내세웠다. 콜 총리가 '일대일 교환'이라는 파격적인 제안을 한 덕분에 공약의 현실 가능성도 충분히 보장되었다. 총선 결과는 보나마나였다.

1991년 내가 청와대 경제수석을 맡고 있을 때 독일 경제인연합 회장이 우리나라를 방문한 적이 있다. 그때 그는 콜 총리를 굉장히 무모한 사람이라고 생각했다는 이야기를 들려주었다. 총리가 경제에 대해 잘 모르니 마르크를 일대일로 교환해주겠다는 말도 안 되는 짓을 저질렀다고 생각했다는 것이다. 게다가 당시 콜은 동독에게만 '퍼주기'를 했던 것이 아니었다. 소련에도 3백억 달러 가까운 차관을 줬다. 당시 소련은 누가 봐도 곧 망하는 나라였다. 차관을 회수하지 못할 가능성이 컸다. 그럼에도 줬다. 상장 폐지 직전의 기업에게 거액의 돈을 빌려준 셈이다. 기업인 입장에서는 콜을 경제 관념이 없는 사람이라고 판단할 만한 사건들이었다. "하지만 통일이 된 후 돌이켜보니 정치인이 기업인보다 장기적인 안목이 있다는 사실을 콜 총리를 통해 처음 알았다"라고 독일 경제인 연합회장은 내게 말했다.

만약 그때 동독에게 그렇게 파격적인 지원을 하지 않았더라면 통일 과정에서 독일은 더욱 엄청난 사회적 지출을 감당해야 했을 것이다. 동서독 마르크 일대일 교환 같은 일련의 조치는 단기적으로는 서독에게 손해였을지 몰라도 장기적으로는 큰 이득이 되었다. 소련에 대한 지원 역시 마찬가지였다. 그것을 통해 독일은 통일에 대한 외교적 협조를 얻어낼 수 있었던 것은 물론, 소련이 경제적으로 급속히 붕괴함으로써 주변국에 미칠 수 있는 파장, 그것이 동유럽을 거쳐 독일 경제에까지 끼칠 수 있는 해악을 어느 정도 감쇄할 수 있었다.

그렇다면 지금까지 서독이 동독에 투입한 통일 비용은 모두 얼마일까?

1996~1997년에 내가 독일을 방문했을 때 통일 비용을 추산해본 적이 있다. 그때 연간 1,800억 달러 정도를 동독 재건에 투입하고 있었다. 당시 독일 정부 예산의 30% 정도에 해당하는 규모다.* 2014년에 독일 정부 관계자를 만났을 때에도 통일 비용에 대해 물었다. 그때까지 동독 지역에 약 2조 유로 정도를 지출한 것 같다는 답변이 돌아왔다. 2023년 현재까지 누계를 가늠하면 2.5~3조 유로쯤 될 것이다.

독일이 통일되었을 때 서독의 GDP가 1.4조 달러 정도로 지금 우리나라(1.9조 달러, 2022년 기준) GDP 수준과 엇비슷했다. 통일이 된다면 우리도 서독과 비슷한 규모의 재정을 북한에 투입해야 할 것이다. 우리는 과연 그러한 준비가 되어 있는가? 국가 예산의 30% 정도를 오로지 북한을 재건하는 일에만, 그것도 수십 년 동안 투입할 사회적 합의는 이루어져 있는가?** 그만한 정치적 리더십과 협치의 풍토는 만들어져 있는가? 돈이 많고 적고 하는 문제가 아니다. 그만큼 포용적 시스템이 만들어져 있는지, 그것을 되묻는 것이다.

최근 여론조사 결과에 따르면 남북통일이 필요하다고 답하는 대한민국 국민은 45% 정도다. 통일의 필요성에 긍정하는 여론이 역대 조사 가운데 가장 낮게 나왔다고 한다(2021년 서울대 평화연구소 조사).

과거에 비슷한 조사를 해보면 통일의 필요성에 공감한다는 국민이 60~70% 정도는 되었다. 통일에 반대한다는 의견을 꺼내면 마치 국가 시책에 반대하는 사람처럼 보이던 시절마저 있었다. 지금은 다르다. 내가 강연이나 세미나에 나가보아도 "통일에 반대한

•   1996년 독일을 방문했을 때 SPD 사무총장이자 함부르크 시장을 지낸 정치인을 만났더니 "한국은 통일의 기회가 오더라도 하지 않는 것이 좋겠다"라고 말했던 것이 기억난다. 통일 이후의 과정이 얼마나 힘들었으면 그럴까 싶었다.

•• 통일이 되면 국방 예산이 줄어드니 그 비용을 북한 재건에 투입할 수 있다고 주장하는 사람들이 있지만, 대단히 순진한 발상이다. 한반도의 지정학적 위치상 통일 이후에도 30% 정도의 국방 예산을 투입하는 것은 불가피한 일이다. 만약 국방력 유지 강화를 포기하고 북한 재건에만 예산을 투입한다면, 북한과 통일하려다 남북한이 함께 위기에 처하는 심각한 결과를 맞게 될지도 모른다.

다"라는 견해를 밝히는 젊은이들이 많다. 각종 여론조사 결과를 보면 '통일이 필요하지 않다'는 응답자가 30% 정도에 이른다. 특히 20~30대 청년은 40% 정도가 통일의 필요성에 공감하지 않는다고 말한다. 통일에 찬성하는 비율 또한 20~30대 연령층에서 가장 낮다.

이유는 뭘까. 복합적인 배경이 얽혀 있겠지만 핵심은 역시 경제 문제가 아닐까 싶다. 투박하게 비유하자면 우리도 먹고살기 어려운 형편인데 사업에 실패한 친척까지 먹여살려야 하는 모양이랄까. 그래서 젊은이들은 북한이 싫은 것이다. 나이 지긋한 사람들이야 북한을 같은 민족이라고 생각하면서 숙명이려니 하고 받아들이겠지만, 요즘 젊은이들은 그렇지 않다. 같은 민족이라고 반드시 하나의 국가를 구성할 필요가 있느냐면서, "통일을 거부할 수 있으면 거부하겠다"라고 한다. 개인주의적이고 이기적인 태도라고 그들을 섣불리 비난할 수 있을까. 청년들의 현재와 미래가 그만큼 각박하고 불투명하다.

그렇다고 경제력이 막강해지면 통일의 필요성에 공감하는 국민의 비율도 그만큼 늘어나게 될까? 그 또한 아니다.

지금 우리나라의 경제력은 규모에 있어서는 세계 12위(2022년 IMF 기준), 명목 GDP 기준으로는 세계 10~12위 정도에 해당한다. 어떤 통계로든 대한민국의 경제는 세계 10위권이다. 이 정도면 세계 최상위권 수준이라고 말할 수 있는데, 대체 어느 정도로 잘살아야 통일을 허락할 수 있을 정도로 포용력을 갖추게 될까.

2021년 7월 우리나라는 유엔이 인정하는 '선진국'이 되었다. 유엔 산하 국제기구인 유엔무역개발회의UNCTAD가 우리나라를 기존의 A그룹에서 B그룹으로 옮기기로 만장일치 결정한 것이다. 1964년 UNCTAD가 생겨난 이래 그룹 A(개발도상국가)에 속해 있던 국가가 그룹 B(선진국)로 지위가 올라간 사례는 지금까지는 대한민국이 유일하다.

그렇다면 우리나라는 경제 대국이자 경제 강국, 선진국이 맞는데 삶의 만족도는 왜 이렇게 떨어지는 걸까. 왜 많은 국민들이 스스로 불행하다고 여기는 걸까? 도대체 어느 정도가 되어야 마음의 여유를 갖고 북한의 낙후한 경제마저 끌어안자는 생각을 하게 될까. 그러한 날은 결코 오지 않을 것이다. 지금 우리가 겪고 있는 여러 문제는 우리가 부자가 아니라서 발생한 것이 아니기 때문이다. 아무리 국가가 부자가 된다 한들, 국민이 스스로 부자라고 인식하지 않는 한 해법은 요원하다.

그렇다면 모든 것은 인식의 문제일까. '우리는 부자'라고, 충분히 잘살고 있다고 국민을 계몽하면 되는 것일까. 그 또한 결코 아니다.

문제의 핵심은 우리나라의 정치·경제·사회 구조가 그다지 포용적이지 않다는 데 있다. 구조의 본질을 바꿔나가지 않는다면 아무리 국가가 부유해진다 하더라도 국민은 스스로 부유하지 않다고 여길 것이고, 세계 1위의 경제력을 갖춘다 하더라도 만족하지 못할 것이다. '세계 몇 위권'이라는 화려한 통계에 대한 반감만 오히려 커질 뿐이다. 이런 것이 바로 양극화의 폐해다. 무한경쟁 사회가 마냥 좋은 것만은 아니라는 말이다.

다시 독일로 시선을 돌리자. 독일이 통일을 이룰 수 있었던 비결은, 통일 당시 서독의 경제력이 월등했기 때문만은 아니다. 서독의 경쟁력은 무엇보다 '사회적 시장경제'에 있었다. 자유시장경제의 기본 원리를 준수하면서도 사회적 약자를 포용하고 '함께 잘 살자'는 분위기가 오래도록 공존해왔기 때문에 통일이라는 전혀 예상치 못한 역사의 주사위가 던져졌을 때에도 국민들은 선뜻 수용할 수 있었다.

'강한 경제'란 그런 경제다. 성장 지표의 수치만 높게 나타나는 것이 좋은 경제가 아니라 질적으로 오래 지속될 수 있는 경제가 좋은 경제다. 우리는 오랜 시간 전자에만 치중하면서 경제를 발전시켜왔고, 후자에는 소홀했다. 그런 편향의 결과를 지금 톡톡히 치르는 중이다. 고통은 아직 예고편에 불과한 것인지도 모른다.

독일(서독)의 통일 준비는 하루아침에 이루어진 것이 아니다. '통일'이라는 단어를 입 밖에 꺼내지 않았을 뿐 돌이켜 생각해보니 모든 것이 통일을 위한 준비였다.

그 가운데 하나가 외교적 준비다.

독일 통일을 위해 가장 중요한 것은 역시 미국과 소련의 승인이었다. 소련에 대해서는 총리가 직접 모스크바를 방문하고, 대통령도 소련을 방문하고, 외무장관도 수차례 오가는 등 외교에 큰 공을 들였다.

미국과의 관계에도 최선을 다했다. 서독은 2차대전 이후 좀 과하다 싶을 정도로 친미 노선을 취했다. 그런데 이 '친미'라는 용어를 오해하지 말아야 한다. 미국과 친하다고 해서 독일을 미국식으로 운영한 것이 아니라, 미국 중심의 세계 질서에 호응하면서도 '독일식'을 고집해나갔던 것이다. 오죽하면 미국식 신자유주의 노선을 추진한 레이건 대통령조차 "시장경제를 하려면 최소한 독일 정도는 해야 하지 않겠느냐"라고 말할 정도였다.

플라자협정이 체결되었을 때도 독일과 일본의 대응은 각각 달랐다. 일본이 환율을 인위적으로 조정해 자국 기업을 우회 지원하는 회피책을 썼던 것에 비해 독일은 현상의 변화를 담담하게 받아들이면서 자국 기업의 경쟁력을 강화하는 데 집중했다. 결과는 역사가 증명한다. 일본은 잃어버린 20년 혹은 30년을 겪으면서 기나긴 침체기를 겪는 중이고, 독일은 잠깐 휘청이는 듯했지만 금세 자리를 잡고 지금은 국제 사회에서 일본과는 비교도 할 수 없는 권위를 인정받고 있다.

재삼 강조하지만, 과거 서독은 친미 노선을 분명히 하면서도 소련 및 동구권 공산주의 국가들에게 적대적이지 않았다. 그것을 '중립'이라는 용어로 표현하는 사람도 있는데, 그렇다고 서독이 중립 노선을 취한 것은 아니다.

우리나라엔 유독 중립을 이야기하는 사람이 많다. 중립을 잘못 이해하는 사람도 많다. 중립은 비굴하라는 뜻이 아니다. 이쪽저쪽 어디에도 속하지 않으면서 알 듯 말 듯 모호한 것이 중립이 아니다.

외교적 중립이란 말은 어쩌면 허황된 표현이다. 양분된 세상에서는 어쨌든 한쪽 입장에 설 수밖에 없다. 반대쪽에 있는 국가도 그것을 잘 안다. 반대쪽에 있는 국가와 불필요한 감정적 앙금을 만들 이유는 없다는 뜻이다. 그것이 바로 중립이다. 이쪽저쪽을 왔다 갔다 하는 태도가 아니라, 한쪽을 분명히 지지하면서도 다른 한쪽을 지나치게 자극하지 않는 것이 중립이다. 분단국가의 상황에서는 더욱 그렇다. 언젠가는 반대쪽의 협조도 필요하기 때문이다. 독일은 그런 준비를 잘해나가고 있었다.

통일을 위한 독일의 준비는 또 있었다.

1965년에 서독은 공산당을 합법화했는데, 그 조치가 갖는 의미와 그 후 벌어진 일들을 잘 살펴야 한다.

원래 서독에는 공산당이 있었다. 1949년 서독 정부가 생겨난 뒤에도 한동안은 합법적으로 존재했다. 그러나 동서 냉전이 격화되고 이념적 대결이 절정에 달하자 1955년 헌법재판소 판결을 통해 공산당을 해체했다. 그러다 1965년, 공산당을 다시 합법화했다. 이유는 분명하다. 자유민주주의의 우월성이 확실한 마당에 굳이 공산당을 불법의 영역에 묶어 음지에서 암약하게 만들 필요가 없었던 것이다.

결과를 보자. 공산당이 공개적으로 사회에서 활동한다고 국가적 대혼란이 일어났을까? 1966년 지방의회 선거가 실시되었다. 서독의 노르트라인베스트팔렌주는 탄광이 많은 지역으로, 유권자 대다수가 산업 근로자이다. 역사적으로도 좌파의 기세가 드센 지방이다. 최소한 여기서만큼은 공산당이 지방의회에 진출하지 않겠는가 하는 전망이 우세했지만 막상 투표함을 열어보니 공산당 지지율은 2.5%밖에 되지 않았다. 5%만 얻어도 의회에 진출할 수 있는데, 최소 득표율에도 미치지 못한 것이다. 결국 민심이 공산당을 해체해버린 셈이다. 진정한 민주주의란 그런 것이다.

공산당이 외면받는 나라. 단순히 경제가 윤택해서 그런 결과가 나온 것이 아니다. 당시 서독은 기업 내부에도 민주적 의사결정 구조가 갖추어져 있었다. 사용자와 근로자 대표가 각각 동수로 기업 감사회를 구성하니 근로자들이 기업의 경영 상태를 잘 알고 있었고, 나아가 사회 체제에 굳이 적대적일 이유가 없었다. 한편 당시 서독은 복지제도를 비롯한 사회적 안전망 또한 충분히 갖춘 상태였다. 공산당이 합법화되었어도 공산주의가 설 땅이 없는 것이다.

경제민주화가 잘 이루어진 나라는 이렇다. 공산당이 합법화되어 봤자 눈부신 햇살 아래 음지식물을 심어놓은 격이다. 궁극적으로 '강한' 체제는 그렇다. 다양성의 문을 활짝 열어놓았기에 앞으로 무엇이 어떻게 들어오든 견뎌낼 수 있다는 자신감이 넘친다. 포용적인 체제였기에 서독은 동독까지 끌어안을 수 있었다.

물론 그렇다고 통일 독일이 꽃길만을 걸었던 것은 아니다. 지금껏 독일 통일의 긍정적인 면만을 소개했지만, 통일이 이루어지고 독일 내부에서는 구 동서독 지역의 사회적 격차로 인한 갈등이 작지 않았다.

의미심장한 사실이 하나 있다. 통일이 되고 실시한 총선을 보면 유독 동독 지역에서 극좌, 극우파 정당이 많은 표를 얻는다. 심지어 통일 직전 동독 지역에서만 실시된 총선에서 기존의 독재 정당인 SED가 민주사회당PDS으로 이름을 바꿔 유권자들에게 심판을 구했는데 무려 16.4%의 지지를 받았다.* PDS가 SPD 강경 좌파 및 노동조합 세력과 통합해 만든 것이 오늘날 독일에서 좌파당이라고 불리는 정당이다. 2017년 총선에서 좌파당은 69석을 얻었고, 2021년 총선에서도 39석을 얻었다. 좌파당은 옛 동독 지역에서 유난히 높은 지지를 받고 있고, 특정 도시에서는 연립내각에 참여하는 여당이 되기도 한다.**

독일 원내에서 대표적인 극우 정당이라고 할 수 있는 AfD의 주요 지지 기반은 메클렌부르크포어포메른, 작센안할트, 작센, 튀링겐 등인데 모두가 예전 동독 지역이다. 지금 독일에서는 이들 지역을 정치적 골칫거리로 여길 정도다. 이는 옛 동독 지역 주민들의 삶이 아직도 곤궁하다는 증거 가운데 하나다. 좌든 우든 극단적 정치 세력은 국민의 '불만'이라는 감정을 먹고 자란다.

그동안 독일은 통일연대세Solidaritäts-zuschlag*** 같은 세금까지 걷어가며 적잖은 비용을 옛 동독 지역에 쏟아부었지만 아직도 동서독 소득 격차는 상당하다. 독일이라는 나라가 사회적 시장경제를 표방하고 있고 동일 노동, 동일 임금의 원칙에 따라 업종별 임금 격차가 그리 크지 않음에도 불구하고 지역별 소득 격차는 어쩔 수가 없다. 지금 독일의 서쪽 지역은 동쪽 지역보다 1.2~1.5배 정도 잘사는 것으로 나타나고 있으며, 실업률 또한 동쪽이 서쪽보다 두 배 정도 높게 나타날 때가 있다. 모든 사회적 지표가 여전한 격차를 보여준다.

그래서 독일의 통일 결과를 비난하는 사람들도 있지만 표현을 바꿔서 이야기해야 한다. "독일이 사회적 시장경제를 표방하는 국가임에도 격차가 극복되지 않고 있다"라고 말하기보다 "사회적 시장경제를 표방하는 국가라서 그나마 격차가 이 정도에 불과하다"라고 말해야 옳다.

그에 반해 거의 '문명적 격차'를 보이는 남북한이 통합된다면 과연 어떤 일이 벌어질까. 우리 젊은이들이 통일에 반대하는 것은 어쩌면 당연한 반응이다.

❖

여기에서 한가지 분명히 알아둬야 할 사실이 있다. 통일 이전 동독 주민들의 생활 수준이 그리 극단적으로 낙후하지는 않았다는 사실이다. 1989년까지 동독 주민들의 1인당 GDP는 약 9천 달러로, 서독(2만 달러)에 비해 절반에 미치지 못했지만, 공산주의권 국가 중에서는 제일 잘사는 편이었다. 동독의 경제력은 세계

---

* 　　의석으로는 전체 400석 가운데 66석을 얻었다.

** 　　좌파당이 과거 공산주의 체제로 회귀하자는 주장을 펼치는 것은 아니다. 마르크스주의자, 페미니스트, 생태주의자, 사민당 강경파 등을 포괄하는 범좌파 정당이라고 보면 된다. 주요 공약을 보아도 미국과 나토 체제에 비판적인 정도이고, 시장경제를 완전히 부정하지는 않는다.

*** 　　일종의 '통일세'로, 모든 국민에게 징수한 세금이다. 새로운 세목을 만든 것이 아니라 소득세와 법인세에 추가 할증을 부가하는 방식이었다. 1991년 1년 한시로 생겨났으나 지금껏 이어지고 있다. 도입 당시 7.5%였던 세율을 1997년 5.5%로 낮췄고, 2021년부터는 상위 10% 고소득자에게만 징수하고 있다.

20~30위권 수준이었고, 사회주의 종주국인 소련보다 잘살았다.

게다가 슈타지STASI*의 폭압 아래 살았다고는 하지만 동독 주민들은 자유민주주의 세계의 상황을 비교적 잘 알고 있었다. 외부 TV와 라디오를 몰래 청취하는 사람이 많았고, 절차가 까다롭긴 했지만 해외여행이 불가능한 것은 아니었으며, 심지어 허가를 받으면 연간 30일 이내 범위에서 서독에 있는 가족과 친인척을 만나고 돌아올 수도 있었다. 마찬가지로 서독 주민도 동독을 방문할 수 있었다.

북한과 비교해보자. 독일 통일 당시 동독의 경제 규모는 서독의 10분의 1 정도, 소득 수준은 2분의 1 정도였지만 동서독 주민의 생활 수준이 엄청난 격차를 보인다고는 할 수 없었다. 국민 개개인의 살림살이는 크게 다르지 않았다는 말이다. 지금 남북한의 상황은 어떤가. 남북한의 경제 규모는 거의 60배 차이가 나고, 소득 격차는 20~30배에 달한다.** 간단히 이야기해 남한이 2020년대를 살고 있다면 북한은 1970년대 후반 정도에서 경제가 멈춰버린 것이다. 실제로 지금 북한 주민들의 1인당 GDP는 남한의 1975년 수준이며, 북한 주민들이 사는 형편을 보면 남한의 1960~1970년대 살림살이가 연상된다.

---

* 구 동독의 국가보안부. 국민을 광범위하게 감시하고 반체제 인사를 탄압했다. "동독 주민 10명 가운데 한 명은 슈타지 정보원"이라는 말이 있었을 정도로 – 물론 약간 과장된 소문이다 – 거대한 감시 조직망을 갖고 있었다.

** 2021년 북한의 명목 GDP는 35조 9000억 원으로 추정되며, 남한은 2071조 7000억 원이다.

북한 주민들이 외부 정보에 차단되어 있는 상황은 더욱 끔찍하다. 60년 넘게 극단적 폐쇄 사회로 유지되어왔기 때문에, 아무리 인터넷과 휴대폰이 있다 한들, 1989년의 동독 주민들에 비한다면 지금 북한 주민들이 누리는 자유의 수준은 훨씬 낮다고 할 것이다. 따라서 지금 남북한의 차이는 그야말로 '문명'의 격차다. 단순히 소득 수준이나 생활환경의 차이가 아니라는 말이다. 사고 수준의 발달 과정이 반세기 거리를 두고 건너뛰었다. 이런 두 나라가 갑작스레 통합되면 어떤 일이 벌어질까?

혹자는 '통일 대박'이라느니 '통일이 되면 북한의 값싼 노동력과 풍부한 자원을 활용할 수 있다'느니 한다. 세상 물정을 모르는 황당한 소리다. 경제와 사회가 어떻게 돌아가는지 전혀 모르는 무지의 소산이다. 독일 통일의 긴박했던 순간들을 보라. 북한 주민들의 통일 의지를 인위적으로 억제할 수 있다고 보는가. 그 순간이 오면 남한 주민들이 아니라 '북한 주민들의 의지'가 문제가 될 것이다. 그들이 동독 주민들처럼 "남한 원화를 주지 않으면 우리가 서울로 가겠다"라고 하면 어떻게 할 것인가. 양쪽이 다 무너지는 일이다.

결국 방법은 둘 중 하나다. 북한 체제를 안정적으로 관리해서 급격한 붕괴를 막든지, 북한 내부에 급변 사태가 벌어지면 빠르게 흡수해서 극단적 피해가 없도록 하든지. 물론 두 가지를 동시에 추구하는 것이 좋은 방향이다. 가급적 통일하지 않고 북한 지역이 일정한 경제적 수준에 도달할 때까지 최대한 지원하되, 통일이 운명적으로 다가오는 순간에는 '신의 외투자락'을 놓치지 않도록 만반의 준비를 갖추는 것이다.

다시 한 번 강조하지만 핵심은 우리가 포용적인 사회로 거듭나는 것이다. 우리(남한) 내부가 포용적이지 않은데 외부에 있는 북한을 포용하겠다는 발상은 헛된 망상에 불과하다. 서독에 헬무트 콜 같은 통일 총리가 탄생할 수 있었던 것은, 그가 무모해서가 아니라, 나름대로 '믿는 구석'이 있었기 때문이다. 그가 믿은 것은 바로 서구 사회의 포용력이었다.

❖

이번 장은 바이츠제커에 대해 소개하면서 마무리하고자 한다. 독일 역사에 콜이 '통일 총리'로 남았다면 바이츠제커는 '통일 대통령'으로 기록되고 있다. 그는 1981~1984년 베를린 시장을 지냈고, 1990년에 국가원수(대통령) 자격으로 독일 통일의 감격스런 순간을 선포했다. 나중에 콜과 함께 독일의 역사와 외교에 대한 책을 쓰기도 했다. 대학에서 법학과 역사학을 전공했으며, 평생 변호사와 정치인으로 살았다.

법률, 역사, 외교에 정통하고, 분단의 상징 도시인 베를린 시장까지 역임한 사람이 통일의 긴박한 나날에 대통령이었다는 것은 독일 국민으로서 역사적 행운이 아닐 수 없다.

바이츠제커가 쓴 회고록이 있다. 제목은 Der Weg zur Einheit, 우리말로 옮기면 '통일로 가는 여정'이다.* 그 책을 읽어보면 독일

---

* 국내에는 『우리는 이렇게 통일했다』라는 제목으로 출간됐다.

통일의 전 과정을 소상히 알 수 있고, 바이츠제커의 훌륭한 인품 또한 엿볼 수 있다. 그리 두껍지 않으니 일독을 권한다.

책을 읽기 전에 우리가 상기할 대목은 1980년대까지만 해도 "한국과 독일 가운데 어느 나라가 먼저 통일될 것 같으냐"라고 물으면 누구든 한국을 꼽았다는 사실이다. 같은 분단국가라도 독일은 여러모로 중첩된 외교 문제를 하나하나 풀어야 하는, 복잡하게 엉켜 있는 실타래와 같은 상태였고, 한국은 어찌 보면 남북한이 합의만 하면 되는 상황이었기 때문이다. 그러나 결과적으로는 독일이 먼저 통일의 꿈을 이루었고, 남북한의 통일은 이제 요원한 일처럼 여겨지고 있다.

바이츠제커 회고록을 읽어보면 독일 정치인들이 오래도록 통일을 추구하면서도 결코 내색하지 않았다는 것, 또 결정적 순간이 다가왔는데도 서두르지 않고 차분하게 일상을 밀고 나갔기 때문에 '결과'에 도달할 수 있었다는 사실을 발견할 수 있다. 어쩌면 통일을 크게 기대하지 않고 살아왔기 때문에 긴박한 상황 속에서도 감정적으로 크게 휩쓸리지 않았을 것이다. 독일 정치인들의 이런 차분한 기질은 독일의 정치·사회 시스템이 만들어줬다는 사실 또한 회고록에 담겨 있다. 바이츠제커는 CDU 소속으로 독실한 기독교 신자이자 보수적인 정치인이었지만, 치우치지 않는 사고관을 갖고 있었다.

바이츠제커는 명문가에서 태어났다. 그의 아버지는 바이마르공화국 시절 군인이자 외교관이었으며, 나치 독일 시절에는 외무차관을 지냈다. 그것 때문에 후일 전범 재판에서 실형을 선고받기도

했다. 큰형인 프리드리히 바이츠제커는 독일의 유명한 핵물리학자
다. 작은형은 2차대전 폴란드 침공 작전 때 전사했다. 바이츠제커
또한 그 전투에 참여했다는 사실을 회고록에 밝히고 있다. 알고
보면 나치 독일의 '부역자' 집안인데, 그런 사람이 대통령 자리까
지 올라갈 수 있었던 것이다. 이것이 바로 독일 정치의 저력 가운
데 하나 아닐까.

바이츠제커가 세계적으로 유명해진 사건이 있다. 1985년 5월,
2차대전 종전 40주년 기념 연설이다. 당시 연방의회 의사당에서
그는 "나치의 만행을 기억하는 것이 왜 그렇게 중요한지 독일의
기성세대는 젊은 세대들이 이해할 수 있도록 도와주어야 한다"라
고 하며 "꾸미거나 왜곡하려 하지 말고 진실을 직시해야 한다"라
고 강조했다. "기억하지 않고는 화해를 이룰 수 없다. (중략) 과거를
똑바로 바라보지 않으면 현재도 직시할 수 없다"라는 문장으로도
유명하다. 독일의 각 학교에서는 이 연설문을 복사해 교재로 활용
하고 있다.

진실을 직시할 수 있는 힘. 간단한 말이지만 그 힘을 갖는 것이
결코 쉬운 일은 아니다. 그런 힘을 갖고 있는 국가와 그렇지 못한
국가의 차이는 엄청나다. 우리는 진실을 직시할 수 있는 힘을 갖
추었는가?

9

헌법, 의회민주주의,
정당정치의 '표준'을 만든 나라

헌법, 의회민주주의,
정당정치의 '표준'을 만든 나라

독일의 최대 수출 품목은 뭘까? 독일은 전통적인 제조업 강국이자 수출 강국으로, 기계와 자동차가 유명하다. 그렇게 정밀한 조립 능력이 필요한 것들을 독일인들은 잘 만든다.

독일 하면 또 빼놓을 수 없는 것이 음악과 철학이다. 악성 베토벤이 독일 출신이고, 근대 철학의 기틀을 만든 칸트와 헤겔도 독일 출신이다. '딱딱한' 것을 잘 만드는 사람들이 '부드러운' 것도 잘 만든다는 사실이 흥미롭다.

그런데 독일 역사상 최대 수출 품목은 따로 있다. 바로 법이다. 학문으로서의 '법학'이 독일에서 생겨났다고 말할 수 있다. 성문법주의를 기본으로 하는 이른바 대륙법 체계에서 독일법의 권위는 견고하다. 간단한 예로 과거 우리나라 사법시험 응시자들이 제2외국어 과목으로 가장 많이 선택한 언어가 독일어였다. 독일어를 모르면 나중에 법학을 깊이 있게 연구하는 데 어려움이 많기 때문이다. 우리나라의 법률 체계는 상당 부분 일본에서 가져왔는데, 일본법의 많은 부분이 독일법을 모태로 했고, 우리나라 제헌헌법 역시 독일 바이마르공화국 헌법을 가장 많이 참조했다.

우리나라가 독일에서 수입한 제도 가운데 하나가 '헌법재판소'다. 세계 최초로 헌법재판소라는 기구를 설치한 국가는 오스트리아지만* 헌법재판소의 역할과 기능을 완성해 다른 나라로 전파한 국가는 독일이다. 비유하자면 증기자동차를 실용화한 나라는 영국이지만, 오늘날 우리가 자동차라고 부르는 기계를 완성한 나라는 독일인 것과 비슷하달까.** 독일이 다른 나라에서 태동한 기술이나 제도를 그들 식으로 완성해 원조 국가인 것처럼 재수출한 사례가 많다는 사실 또한 매우 흥미롭다.

원래 우리나라에는 헌법재판소가 없었다. 제헌헌법 이래로 '헌법위원회'라는 기구가 있었지만 위헌법률 심판 사례를 거의 남기지

---

*   사실은 오스트리아보다 체코가 헌법재판소를 먼저 만들기는 했다. 하지만 체코의 헌법재판소는 형식적인 존재였을 뿐 위헌법률을 심판하는 역할을 수행하지는 못했다. 따라서 오스트리아 헌법재판소를 세계 최초로 꼽는 데 이의를 제시하는 사람은 거의 없다.

**   1886년에 독일인 카를 벤츠Karl Friedrich Benz(1844~1929)가 만든 3륜 자동차를 내연기관 자동차의 시초로 꼽는다. 한편으로 '오토엔진'이라는 이름의 유래가 된 오토[니콜라우스 오토Nikolaus August Otto(1832~1891)], 기화기를 개발한 다임러[고틀리프 다임러Gottlieb Daimler(1834~1900)], '디젤엔진'을 개발한 디젤[루돌프 디젤Rudolf Diesel(1858~1913)] 등이 모두 독일 출신이다.

않아 휴면 기관이라 불릴 만큼 유명무실했다. 헌법재판소는 1987년 헌법을 개정할 때 처음 도입했다.* 그런데 그때도 헌법재판소를 만들려고 오래도록 고심하고 연구했다기보다는 갑자기 툭 튀어나온 측면이 있었다. 그때 내가 개헌특위 위원으로 참여한 바 있어 당시 상황을 비교적 소상히 알고 있다.

당시 전두환 대통령이 "헌법재판소 같은 기구를 도대체 왜 만들려고 그러느냐" 하고 물을 정도로 우리나라에서 '헌법재판'이란 여전히 생소한 개념이었고, 헌법재판소라는 이름을 아예 들어보지 못한 사람도 많았다.

사실 헌법재판소는 내각책임제를 염두에 두고 만든 제도다. 즉 87헌법은 향후 내각책임제를 실시한다는 전제하에 만든 헌법이라고 말할 수 있다.**

그런 흔적 가운데 하나가 헌법재판소다. 앞으로 내각책임제를 실시하면 다양한 정당이 등장할 것이고, 입법부의 기능이 갑작스레 커지면서 과도한 입법 경쟁을 하다 보면 헌법 질서와 충돌하는 일이 잦아질 것이라고 내다보는 견해가 많았다. 내각제를 실시하지 않는다 하더라도 우리나라에 민주화가 진척될수록 의회의 기능과 역할은 커질 것이고, 군사정부 시절과는 비교도 할 수 없을 정도로 사회가 복잡해지고 다양해질 것이며, 헌법에 보장된 기본권에 대한 국민의 관심 또한 높아질 것이 분명했다. 그런 미래를 예상하고 오로지 헌법재판만 전담하는 법원을 별도로 설치하는 것이 좋겠다는 판단을 했다.

당시 헌법을 만들 때 "미국식으로 대법원에 헌법재판 기능을 주는 것이 어떻겠느냐"라는 의견 또한 있었다. 처음에는 특위 위원 상당수가 그런 의견이었지만 우리나라의 정치·역사적 환경을 놓고 볼 때 독일식으로 별도의 헌법재판소를 만드는 것이 낫다는 의견이 대두되었다.

독일의 사례를 익히 알고 있던 나도 같은 입장이었다. 우리나라의 환경은 여러 가지로 미국보다는 독일에 가깝다. 군사정부에서 민간정부로 넘어가던 1980년대 말의 상황은 특히 그랬다. 당시 전두환이 이 의견을 받아들여 87헌법에 헌법재판소가 포함될 수 있었다.[***]

사실 기능적인 측면에서만 본다면 대법원과 헌법재판소를 하나로 합쳐도 큰 문제는 없다. 대법원이 헌재 역할을 하면 된다. 그런데 그럴 경우 대법관 임명 절차를 지금처럼 하면 안 된다. 현행 우리 헌법상 대법관 제청과 임명 절차는 나름대로 독립성의 원칙을 갖는다고 하지만 어쨌든 최종 임명권은 대통령이 갖고 있다. 다른

---

[*]   4.19혁명 이후 2공화국 헌법에서 헌법재판소 도입을 규정했으나 군사 쿠데타가 일어나 헌재는 구성되지도 못했다.

[**]   87헌법 제정 당시 야당에는 헌법을 만들 수 있을 정도의 법리적 소양을 갖춘 정치인이 많지 않았다. 당시 야당은 권력 구조나 대통령 임기, 선출 방식 등에만 관심이 있을 뿐 다른 부분은 잘 알지 못했다. 따라서 87헌법은 당시 여당(민주정의당) 의원과 헌법학자들이 중심이 되어 만들었다. 박정희 정권 이래로 야당을 탄압하고 야권의 우수한 인재까지 모두 여당으로 흡수해버린 탓에 야당에는 투사만 남았다. 그런 야당이 몇 번 정권을 잡고 실력 있는 인재들이 모여들기 시작하면서 민주화 이후 '전통 보수 대 야권 보수'의 균형이 어느 정도 맞춰지게 되었다.

[***]   전두환이 헌법재판소 설치는 받아들였지만 '경제민주화' 조항은 이해하지 못해 청와대에 들어가 그 조항이 필요한 이유에 대해 별도로 설명해야 했다. 그에 대해서는 필자의 책 『영원한 권력은 없다』를 참고하면 되겠다.

권부에서 추천해도 대통령이 거부하면 통과가 안 된다. 그래서 사법부가 대통령 권력에 종속된다는 비판이 많다. 대통령이 누구인지, 여당이 어느 쪽인지에 따라 대법관 구성은 물론 대법원장 임명에도 상당한 변동이 생겨나는 것이다. 대체 이렇게 정치적인 사법부가 선진국 가운데 또 있나 싶을 정도다. 그러한 상황에 대법원이 헌법재판소 권한까지 갖춘다면 과연 어떤 일이 벌어질까. 그러잖아도 최고법원인 대법원의 판결조차 불신하는 경향이 짙은 우리나라 세태에 사회적 갈등이나 반목이 더욱 극심해질 우려가 있다.

사법부 내부에서 나름의 역할 분담이 필요하고, 그런 의미에서 대법원과 헌법재판소는 현행처럼 분리 운영하는 것이 타당하다. 사법의 정치화라는 오해를 씻기 위한 제도적인 보완 장치가 절실하다.

헌법재판소의 표준이 된 국가인 독일은 어떠한가.

독일의 헌법재판관은 16명이고 임기는 12년이다. 연임할 수 없고, 정년은 68세다. 독일의 헌법재판관은 모두 의회에서 추천해 선출하며*, 3분의 2 이상의 동의를 얻어야 한다.** 헌법재판관 선출 요건을 헌법 개정 요건만큼이나 까다롭게 만들어놓았다. 헌법재판관에 그만큼 높은 사회적 권위를 부여하고 있다는 뜻이다. 독일에서는 여야를 막론하고 진영을 떠나, 국민에게 존경과 신뢰를 받는 당대 최고 법률가만이 헌법재판관이 될 수 있다. 그렇게 선출된 사람들이니 누구의 눈치도 보지 않으면서 소신껏 일한다. 헌법을 판단하는 최고 능력과 권위를 가진 재판관으로서 원칙적인 결정을 하기 위해 노력한다.

독일의 헌법재판소는 '추상적 규범 통제'라는 권한까지 갖고 있다. 법률이 의회를 통과해 시행되기 전에도 위헌 여부를 판단할 수 있는 것이다. 헌법재판소가 입법부를 통제하는 격이니 우리의 시각에서는 헌재에게 지나치게 많은 권한을 줬다고 볼 수도 있다. 입법부에서 다수결로 통과한 법안을 시행도 하기 전에 헌법재판소로 가져가 이른바 '사법적 패자부활전'을 꾀할 수 있다는 우려 또한 있다.*** 그럼에도 독일은 특별한 문제 없이 이 제도를 유지하는 중이다. 이는 곧 헌재의 권위를 국민 모두가 존중하고 따른다는 뜻이다.

2011년에 우리나라 국회 입법조사처 직원들이 독일 헌법재판소를 방문한 적이 있다. 그때 우리나라 입법조사관이 "민주적 정당성이 부족한 헌법재판소가 입법 방향을 결정하는 것이 과연 바람직한가?"라는 질문을 던졌다. 독일 헌법재판소 조사관의 답변이 인상적이었다. "의회에서 3분의 2 이상 동의해야 선출되는 재판관들

---

* 헌법재판관을 국회, 대통령, 대법원에서 3분의 1씩 지명하는 우리나라와 달리 독일은 모두 의회에서 선출한다. 독일 사회의 의회중심주의를 상징하는 한 단면이고, 의회의 3분의 2 이상 동의가 필요하다는 대목에서 헌법재판소가 갖는 특별한 권위를 엿볼 수 있다.

** 정확히 소개하자면 연방 하원에서 8명, 상원에서 8명의 헌법재판관을 추천해 선출한다. 상원은 재적의원 3분의 2 이상이 참석해 3분의 2 이상의 동의를 얻어야 하고, 하원은 의석 비율을 감안해 12명으로 구성된 재판관선출위원회Wahlausschuß에서 8명 이상의 동의를 얻어야 한다.

*** 입법부의 소수파를 보호하기 위한 장치로 이 제도를 바라보는 시각도 있다. 다수의 압력으로 통과된 부당한 법률이 있다고 할 때, 시행 전에 위헌 여부를 판단할 수 있게 함으로써 최종적인 안전망을 부여한 것이다.

로 구성되었는데 왜 민주적 정당성이 부족하다고 말씀하시는지 잘 이해가 되지 않습니다."

❖

독일 헌법재판소가 설립된 때는 1951년이다. 사실 독일에서도 '헌법재판소를 별도로 만들어야 하는가' 하는 문제를 놓고 정치 지도자들 사이에 약간의 논란이 있었지만, 꼭 필요하다는 데로 의견이 모아졌다.

다시 말하지만 히틀러는 폭력으로 권력을 쟁취한 것이 아니다. 나치당은 바이마르공화국 시절 엄연히 합법 정당이었고, 히틀러는 지극히 합법적인 절차에 따라 총리가 되었다. 바로 그 '절차적 정당성'이 독일인들에게는 충격이었고, 나중에 깊이 반성한 대목이었다.* 반성의 흔적 가운데 하나가 헌법재판소다.

나치가 말도 안 되는 법안을 다수결이라는 민주주의 절차를 빌려 밀어붙일 때, 헌법적 가치를 판단할 수 있는 권위 있는 국가기관이 나서서 "그런 법은 헌법 정신에 어긋난다"라고 브레이크만 걸어줬어도 비극을 어느 정도 줄일 수 있었을 텐데 하고 후회한 것이다.

이 부분에 대한 배경지식이 없는 독자를 위해 약간의 설명을 덧붙이자면, 헌법재판을 하는 방식은 국가별로 크게 두 가지가 존재한다. 하나는 일반 법원이 헌법재판 기능을 수행하는 것이고, 다른 하나는 별도의 전문 법원에서 집중적으로 헌법재판을 실시하는 방식이다.

전자는, 일반법원이 사건을 심리하다가 특정 법률이 헌법에 위반한다고 판단되면 그 법률의 적용을 배제하는 것이다. 그러나 헌법을 판단하는 일에는 고도의 전문성과 법철학, 풍부한 이론과 지식이 필요하기 때문에 일반적인 법관이 스스로 위헌 결정을 내리기 쉽지 않다. 설불리 그런 권한을 부여했다가는 자칫 법적 안정성을 해칠 수도 있다. 따라서 대륙법 체계를 따르는 국가들이 별도의 헌법재판소를 갖고 있는 경우가 많다.**

앞서 언급한 대로 세계 최초로 헌법재판소 제도를 도입한 국가는 독일이 아니다. 시초는 오스트리아다. 그러나 독일과 오스트리아의 헌법재판소는 기능과 역할, 권위, 탄생 배경 등에 있어서 차이가 크다.

탄생 배경부터 보자. 독일 헌법재판소가 역사적·정치적 경험으

---

* 나치는 입법부의 권한을 빼앗아 행정부에 위임하는 이른바 '수권법'을 발의했는데 찬성 444, 반대 94표로 가결되었다. 수권법이 통과되자 '총리' 히틀러는 나치당 이외의 모든 정당을 해산하고 새로운 정당의 신설마저 금지하는 법을 공표한다. 그리고 대통령의 권한을 불가침의 영역으로 만들어놓는다. 1934년 힌덴부르크 대통령이 죽자 총리와 대통령직을 결합한 '총통'이라는 자리를 만들어 히틀러가 초대 총통이 된다. 이에 가부를 묻는 국민투표까지 실시한다. 유권자 95.7% 투표에 88.1% 찬성. 나중에 재신임을 묻는 투표에서도 유권자의 98~99%가 찬성한다. 나치와 히틀러의 집권 과정은 이렇듯 절차상으로는 민주적이었다. 민주주의 제도를 철저히 악용한 역사적 사례로 꼽힌다. 이에 동원되고 협조했다는 사실에 독일인들은 심각한 부끄러움을 느끼는 것이다.

** 우리나라와 거의 엇비슷한 사법행정 체계를 갖춘 일본은 따로 헌법재판소를 두고 있지 않다. 따라서 일본의 일선 법원에서 법률이 위헌이라고 판단을 내리는 경우는 극히 드물다. 2차대전 종전 이후 70여 년 동안 단 10건뿐이었다. 일반 법관이 위헌 판단을 내리기는 그만큼 어려운 일이다.

로부터 탄생했다면 오스트리아 헌법재판소는 다분히 법이론적 배경 가운데 생겨났다. 독일 헌재는 1959년에 창설되었고, 오스트리아 헌재는 독일보다 40년 가까이 앞선 1920년에 만들어졌다.

오스트리아 헌법재판소가 탄생하는 데 가장 크게 기여한 사람은 20세기 최고의 법학자로 불리는 한스 켈젠*이다. 한스 켈젠은 법철학에서 근본규범Grundnorm 개념을 주장한 인물로 유명한데, 그에 입각해 이른바 법단계설法段階說이 유래한다. 법의 최상위에 헌법이 있고, 헌법 아래 법률이 있으며, 법률 아래 명령과 규칙이 있다는 식으로 '단계'를 구상한 것이다. 그는 "상위법은 하위법에 우선하고, 하위법은 상위법에 위배될 수 없다"라는 원칙을 내세우며 국가의 골격인 법의 위계질서와 안정성을 강조했다.

그러면서 그는 '최고의 상위법'인 헌법을 판단할 전문적인 법원이 필요하다고 주장했다. 그렇게 해서 오스트리아 헌법재판소가 출범했다. 켈젠은 오스트리아 헌법의 기초를 만들고 헌법재판소를 만들어 스스로 재판관이 되기도 했다. 가히 '오스트리아 헌법의 아버지'라고 말할 수 있다. 현재 오스트리아 헌법재판소 건물 로비에는 그의 동상이 서 있다.

독일과 오스트리아 헌법재판소의 차이점을 보자면 일단 조직 구성부터 다르다. 오스트리아 헌재는 14명의 재판관과 6명의 예비 재판관으로 구성되어 있는데, 소장과 부소장을 제외하고는 모든 재판관이 교수나 변호사를 겸직한다. 헌법재판소 건물로 출근도 하지 않는다. 자기 직업을 그대로 유지하면서 헌재에 제출된 사안에 대해 의견을 제출한다.

미안한 표현이지만, 오스트리아 헌재는 겉으로만 봐서는 일종의 자문기구 비슷한 형태를 띤다. 독일이나 우리나라 헌법재판관과 달리 직업적 법관으로서의 권위가 약간은 약해 보인다.

그렇다고 오스트리아 헌재의 기능이 약하다는 말은 아니다. 오스트리아 헌재는 90% 이상의 사건을 법정 기간 안에 처리하여 "세계에서 가장 빠른 선고를 하는 헌법재판소"라고 평가받는다. 그것이 오스트리아 헌재의 특징 가운데 하나이니 오묘한 대목이 아닐 수 없다.

독일의 헌법재판소가 탄생한 배경에 대해서는 앞서 설명한 바 있다. 그런데 독일 헌법재판소장이었던 유타 림바흐가 쓴 『연방헌법재판소Das Bundesverfassungsgericht』라는 책[**]을 보면 "헌법재판은 민주 헌법에 꼭 필요한 요소는 아니다"라는 표현이 등장한다. 네덜란드나 스칸디나비아 국가들처럼 헌법재판 기능이 아예 없는 나라도 있기 때문이다. 따라서 헌법재판을 찬성하거나 반대하는 것은 제도적 원칙이나 문화의 문제가 아니라 "역사적인 경험의 문제"라고 림바흐는 강조한다.

독일의 경우 독일제국과 바이마르공화국 시절에도 최고법원에 헌법재판 기능이 있기는 했으나 제대로 역할을 발휘하지 못했고, 나치 독일의 폐해를 거치면서 헌법 문제를 관장할 독자적인 최고

---

[*] 한스 켈젠Hans Kelsen(1881~1973). 순수 법학의 토대를 구축한 법이론가로 유명하다. 독일에서 나치가 권력을 잡자 스위스를 거쳐 미국으로 이주했다.

[**] 우리나라에는 『독일의 헌법재판소』라는 제목으로 번역 출간되었다.

법원의 필요성에 공감하는 의견이 대두됐다. 역시 경험이 필요를 낳는 법이다.

그리하여 독일 헌법재판소는 위헌법률심판, 헌법소원심판, 권한쟁의심판, 탄핵심판, 위헌정당해산심판 등에 관해 포괄적이고 강력한 권한을 갖는다. 위헌법률을 심판하는 데 있어서 우리나라처럼 구체적 사건을 전제로 하지 않고 법규 자체만을 대상으로 심의 절차에 착수할 수 있는 추상적 규범 통제 기능까지 갖고 있다. 심지어 재판에 대해서도 위헌 여부를 판단할 수 있어, 독일 헌재는 거의 '제4의 권력'처럼 보이기도 한다.

독일 연방의회 의원 숫자가 600명이 넘고, 수많은 정당이 등장하면서 독일 정치권에는 온갖 이색적인 의원이 탄생하지만, 독일 의회가 함부로 이상한 법안을 만들 수 없는 것은 이렇게 강력한 헌법적 통제 장치가 있기 때문이다. 오스트리아가 좀 느슨한 형태의 헌법재판소라면 독일은 강력한 헌법재판소의 전형이다.

자, 그럼 우리의 형편을 살펴보자. 우리나라 헌법재판소는 독일 쪽에 훨씬 가깝지만 아직 추상적 규범 통제의 기능까지는 갖지 못하고 있다. 그런 기능을 도입한다면 사회적으로 굉장히 큰 논란이 있을 것이다.

헌재에게 강력한 권한을 줄 경우 전제되어야 할 조건은 무엇일까? 무엇보다 헌재의 권위가 높아야 한다. 간단히 생각할 수 있는 방법은 헌법재판관을 선출할 때 독일처럼 의회 다수결 요건을 가중하는 것이다. 하지만 단순히 3분의 2 동의제를 둔다고 헌재의 권위가 올라갈까? 그에 앞서 의회에 대한 국민의 신뢰부터 높여야 할 것이다. "의회에서 압도적으로 동의해 선출한 헌법재판관들이니, 이들이 내린 판단은 믿고 따라야 한다"라는 사회적 신뢰가 바탕에 깔려 있어야 한다는 말이다. 그것이 핵심이다.

민주주의의 요체는 역시 의회다. 혹자는 이른바 직접민주주의가 민주주의의 본질에 가깝다고 말하지만, 사실은 합의제 민주주의를 얼마나 존중하느냐 하는 것이 그 나라 민주주의의 성숙도를 보여준다고 볼 수 있다. 의회민주주의의 발전은 국가의 안정적인 발전에도 큰 영향을 미친다. 의회가 망가지면 행정부의 독단에 많은 것을 의존하게 되고, 민주주의가 더 높은 수준으로 발전할 수 없다. 민주주의가 발전을 멈추면 국가의 성장도 쳇바퀴를 돈다. 지금 우리가 그러한 기로에 서 있는 것은 아닌지 돌아보게 된다.

우리 주위에는 "민주주의가 밥 먹여주느냐"라는 식으로 거칠게 말하는 사람이 있다. 경제의 양적인 성장만을 우선시하던 시대 또한 있었다. 사고의 일천함을 보여주는 대목이다. 민주주의가 밥 먹여준다. 민주 없이는 경제성장에도 한계가 있다. '민주주의 사회에서는' 그렇다.

❖

독일의 연방헌법재판소는 칼스루에라는 도시에 있다. 독일 남서부 바덴뷔르템베르크주에 있는 작은 도시로, 프랑스 국경과 가깝고, 숲과 공원으로 둘러싸여 있어 한적하다. 인구는 약 30만 명 정도로 어쩌면 시골이라고 말할 수 있다. 그럼에도 독일인이라면 모르는 사람이 없을 정도로 이 도시가 유명한 이유는 연방헌법재판소, 대법원, 대검찰청 등이 모여 있기 때문이다. 그래서 '법의 관저 Residenz der Rechts'라는 명예로운 이름으로 불린다.

우리나라로 치면 전남 목포나 경북 포항쯤에 대법원과 헌법재판소 등이 모여 있는 셈인데, 독일연방공화국의 설계자들이 일부러 그곳에 사법 중심지를 둔 것이다. 분단 당시 서독의 수도였던 본에서 가급적 멀리 떨어진 곳에 일종의 '사법 수도'를 만들어 정치권력으로부터 사법부가 독립할 수 있도록 한 것이다. 독일 연방 각 주에 최고 전문 법원이 하나씩은 있어야 한다는 철저한 '연방주의' 정신의 표현이기도 하다.*

독일어에 '칼스루에로 가는 길 Gang nach Karlsruhe'이라는 관용적인 표현이 있다. '법으로 통하는 길'이라는 의미 정도가 될 것이다. 헌법을 수호하고 국민의 기본권을 지키는 일이 얼마나 중요한지 강조할 때 흔히 사용되는 표현이다. 당연히 칼스루에 시민들의 지역에 대한 긍지가 높다.

나도 칼스루에에 몇 번 가본 적이 있다. 가장 기억에 남는 것은 1966년 독일 헌재가 정당의 경상경비를 국고로 보조하는 제도에 대해 위헌 결정을 내릴 때 당시 재판을 방청했던 일이다.

독일이 세계로 수출한 정치 제도 가운데 하나가 '국고보조금'

---

* 독일은 연방민형사법원, 연방행정법원, 연방재정법원, 연방노동법원, 연방사회법원 등 전문 법원 체계로 되어 있는데, 각각 칼스루에에, 라이프치히, 뮌헨, 에르푸르트, 카셀 등에 소재지를 두고 있다. 수도 베를린에 소재하는 최고법원은 하나도 없다. 연방행정법원이 원래 베를린에 있다가 통일 이후 구 동독 지역인 라이프치히로 옮겼을 정도로 철저한 '지역 안배'의 원칙을 따른다.

제도다. 지금 우리나라 주요 정당들은 경상 운영 경비나 선거 관련 비용 가운데 상당 부분을 국가(세금)로부터 지원받는다. 세계 많은 국가들이 유사한 제도를 갖추고 있다.

독일은 근대국가 가운데 최초로 국고보조금 제도를 도입한 나라다. 바이마르공화국 시절에 이미 이 제도를 실시했고, 정당 기부금에 대해 세금을 감면하는 제도 역시 1920년대에 도입했다. 선거에 당선된 후보자에게 선거비용을 보전해주는 제도도 1928년에 시작했다. 우리나라가 선거비용 보전제도를 처음 실시한 해는 1994년이고, 미국이 대통령 선거운동 비용에 대해 국고보조를 시작한 시기는 1970년대 말이다.

영국이 야당에 대해 재정 지원을 해주는 이른바 '쇼트머니Short Money' 제도를 도입한 해는 1988년이니 독일이 1920년대에 정당과 선거를 '사회적' 개념으로 이해하고 국고보조를 실시한 것은 가히 선구적이라고 평가할 수 있다.

그렇다면 정치 활동에 소요되는 비용을 국민의 세금으로 지원해주는 방식이 과연 옳은가. 이 문제가 독일 내부에서도 상당히 오랫동안 논란이 되었던 것이 사실이다.

국고보조금 제도는 나치가 패망하고 독일연방공화국(서독)이 수립된 직후인 1949년에 다시 실시되었다.

정당이 선거에서 득표한 숫자를 기준으로 1표당 얼마를 지원하는 방식이었다. 그런데 여기서 '정당의 헌법적 지위'에 대한 의문이 제기됐다. 개념상으로는 사회단체라고 할 수 있는 정당에 대해 국민의 혈세를 직접 지원하고, 정치 후원금에 대해 세금 감면 혜택까지 줘서 간접적인 지원을 하는 것이 과연 형평성의 원칙에 맞는 가 하는 문제였다. 결국 1958년 독일 헌재가 상한선 없이 조세감면 혜택을 주는 제도에 대해 위헌판결을 내렸다. 그러면서도 '선거를 기준으로' 정당을 지원하는 것은 합헌이라고 인정했다. 선거는 공적인 업무이므로 이를 수행하는 정당을 국가가 지원하는 것은 적법하다는 논리다. 따라서 1959년부터 독일 정부는 정당의 일상적 정치 활동에 대해서도 보조금을 주는 형태로 지원 범위를 확대했다.

그러한 행위에 대해 1966년 독일 헌재가 다시 브레이크를 걸었다. 선거비용을 보전해주는 것은 인정하지만 정당 활동까지 지원하는 것은 위헌이라고 선을 그은 것이다. 내가 독일 헌법재판소에서 지켜본 재판에서 내려진 판결이었다. 1992년, 독일 헌재는 이 결정을 다시 뒤집어 선거 이외의 정당 일상 활동에 대해서도 '부분적인 지원'이 가능하다고 판결했다.

이랬다저랬다 하는 것 같지만 사실 독일 정치권과 헌재의 논리는 일관되어 있다. 독일 정치권은 어떻게든 정당의 제반 활동에 대해 국가의 금전적 지원을 받고 싶었던 것이고, 헌재는 그에 대해 계속 제동을 걸었던 것이다.

1966년 헌재가 '선거비용에 대한 국고보조만 허락한다'고 판결하자 독일의 주요 정당은 선거비용 보조금을 선거가 있는 해에 한꺼번에 받지 않고 매년 분할해 받는 식의 편법으로 일상적 정치자금을 조달했다. 1992년 독일 헌재의 판결은 이에 대한 타협점을 제시하는 내용이었다. 정당이 보조금을 활용하는 행위를 현실적으로 인정해줄 테니 대신 가이드라인을 지키라는 것이다.

독일 헌재가 정해준 가이드라인은 간단하다. 정당 일반 경상경비에 대한 국고 지원을 허락하되, 그 상한선을 정하고, 회계 보고를 철저히 하도록 조치했다. 1992년 4월 독일 헌재의 결정은 현행독일 국고보조금 제도의 근간을 이루는 한편, 다른 나라에도 벤치마킹 사례로 전파된 역사적 판결이다.[*]

현행 우리나라 헌법에는 꽤 특색 있는 조항이 있다. "정당은 법률이 정하는 바에 의하여 국가의 보호를 받을 수 있으며, 국가는 법률이 정하는 바에 의하여 정당의 운영에 필요한 자금을 보조할수 있다"라는 헌법 제7조 제3항이다.

정당의 회계 내역을 공개하고 당내 민주주의를 구현해야 한다는 내용 정도를 헌법에 담고 있는 국가는 많지만, 정당에 대한 국고보조금 제도를 헌법에 명시한 국가는 몇 되지 않는다. OECD 국가 가운데 우리나라와 그리스, 터키 정도다. 미국, 영국, 덴마크 등상당수 국가들은 헌법에 정당에 대한 항목 자체가 없다.

----

[*] 독일 헌재에서 정당 보조금과 관련한 결정을 내리자 바이츠제커 대통령이 '정당 국고보조금 제도에 관한 독립 전문가 위원회'를 구성하도록 지시해 제도 개선 절차에 착수했다. 그리고 여야 합의로 1994년 정당법을 개정했다. 독일 정치에서 대통령은 권한과 역할이 전혀 없는 것처럼 보이지만 이렇듯 국가의 근간을 형성하는 일과 관련해서는 국가원수로서의 책임을 다한다. 법률에 대통령이 개입할 수 있는 경우를 구체적으로 명시해놓고 있다.

우리나라 헌법에 정당에 대한 국고보조 조항이 들어간 것은 1980년 10월에 제정된 5공화국 헌법부터다. 그때 왜 굳이 그러한 조항을 넣었을까? 우리나라 정치가 금권선거의 경향이 짙고 정경유착의 폐해가 워낙 크다 보니 고비용 정치 구조를 극복하자는 차원에서 정당에 대한 국고보조금 제도를 넣었다는 해석이 있고, 정통성이 취약한 5공화국 정부가 여야 정치권에 내민 일종의 회유책이었다는 해석도 있다.

나는 두 가지 해석 모두 옳다고 본다. 정당에 대한 국고보조금 제도를 굳이 헌법 사항으로 집어넣을 필요까지는 없었지만 이른바 '검은돈'으로 움직이는 정치에 대한 국민의 불신과 혐오가 크다 보니 민심에 부응하는 차원에서 국고보조금 항목을 포함시킨 것이다. 87헌법을 만들 때도 정치권으로서는 이득이 되는 내용이니, 여야가 모두 만족하는 가운데 해당 조항은 유지되었다.

독일의 헌법에 해당하는 기본법Grundgesetz에는 정당에 국고보조금을 줘야 한다는 직접적인 내용이 없다. 다만 "정당의 목적과 당원의 행위가 자유민주주의 기본 질서를 침해 또는 위배하거나 독일연방공화국의 존립을 위태롭게 할 때에는 국고보조금을 받지 못하며, 세금 혜택 및 기부금도 받을 수 없다"라고 명시함으로써 국고보조금의 존재를 우회적으로 밝히고 있다. 한편 "정당의 위헌 여부나 국고보조금에 대해서는 연방헌법재판소가 결정한다"라고 명시하고 있다.

우리나라와 독일은 이런 점에서 다르다. 우리는 정당에 대한 국고보조금 제도를 헌법에 아예 명시하고 하위법인 정당법, 정치자금법, 선거법 등에 구체적인 내용을 적시하고 있는 반면, 독일은 기본법에 국고보조금의 존재만을 언급하고, 지급 기준에 대해서는 '연방헌법재판소가 결정'할 사항이라고 위임해놓았다. 그게 무슨 차이냐고 할 수도 있겠지만 '발상'부터가 다르다. 우리는 정치자금 문제의 이해 당사자인 국회의원들이 스스로 법을 만들고 기준을 정하여 지원 혜택을 받는 반면, 독일은 헌법적 가치를 판단하는 헌법재판관들에게 룰메이커Rule Maker의 역할을 부여한 것이기 때문이다.

자신의 급여 수준을 자기가 결정하는 CEO와 독립된 위원회의 결정에 맡겨놓는 CEO. 어느 쪽이 더 객관적이고 주주의 신뢰를 받을 수 있을까?

1992년 독일 헌재가 결정한 국고보조금 지급 방식에는 두 가지 큰 원칙이 있다.

첫째, 정당에 지급하는 국고보조금은 정당이 자체 확보한 자금의 규모를 넘어서는 안 된다. 예를 들어 당원들의 당비, 기탁금, 후원금 등으로 100억 원을 모금한 정당이 있다고 하자. 이 정당은 100억 원 미만의 국고보조금만 받을 수 있다. 이것을 '상대적 상한선'이라고 부른다. 국고보조금을 많이 받고 싶으면 당비나 후원금 모금 규모를 늘리면 된다. 정당의 재정 자립 능력을 높이고 모금 활동을 활발히 하게 만드는 유인책인 것이다.

둘째, 당비와 후원금이 아무리 많다고 해도 국고보조금은 법률로 정해놓은 일정 한도 이상을 넘을 수 없다. 그것을 '절대적 상한선'이라고 부른다. 절대적 상한액은 매년 소비자 물가지수와 공무원 임금 인상 지수를 반영하여 산정되며, 연방의회 공보를 통해 공개된다.

이러한 기준에 따라 독일 정당들이 받는 국고보조금 총액은 2021년 기준 약 2억 5백만 유로, 한화로 3천억 원에 이른다. 같은 해에 우리나라 정당이 지급받은 국고보조금 총액(1,420억 원)의 두 배에 이르는 규모다. 독일 인구가 우리의 약 1.6배임을 감안하면 꽤 많은 국가재정을 정당정치에 지출하고 있음을 알 수 있다.

국고보조금을 연방정부와 지방정부가 공동으로 부담하는 것도 독일 정치의 특징 가운데 하나다. 일단 16개 지방정부에서 각 주 의회 선거 유효 득표 숫자에 일정한 금액을 곱하여 정당에 대한 보조금 규모를 산출하고, 나머지 부분을 연방정부에서 부담하는 방식이다. 이러한 분담 원칙이 갖고 있는 의미를 독자들은 유추할 수 있을 것이다.

독일이 정치를 세금으로 지원하는 내역은 이것이 끝이 아니다.

독일은 각 정당마다 정치 재단을 갖고 있다. CDU는 콘라트 아데나워 재단, SPD는 프리드리히 에베르트 재단, 자민당은 프리드리히 나우만 재단 등과 연계되어 있다. CDU의 자매정당인 CSU는 한스 자이델 재단, 녹색당은 하인리히 뵐 재단, 좌파당은 로자 룩셈부르크 재단을 운영하고 있다.*

독일은 정치 재단의 활동까지 국가가 지원해준다. 정치 재단에 투입하는 예산이 정당을 지원하는 예산보다 훨씬 많다. 예를 들어 2021년 독일 정부가 정당에 지원한 국고보조금 총액이 2억 5백만 유로인 것에 비해, 아데나워 재단을 비롯한 정치 재단에 지원한 금액은 5억 유로가 넘는다.

이 부분에서 독일과 우리나라가 또 큰 차이를 보인다. 우리나라도 정당마다 정치 재단이 있긴 하다. 보통 '정책 연구소'라는 명칭을 달고 있다. 국민의힘은 여의도연구원, 민주당은 민주연구원, 정의당은 정의정책연구소라는 기구를 운영하고 있다. 기본소득당은 기본소득정책연구소, 시대전환은 시대전환LAB, 민생당은 혁신과 미래연구원 등 대부분의 국민은 이름도 들어보지 못했을 연구소를 갖추고 있다. 정당이 정책연구소를 설립하는 것이 우리나라에서는 법적인 의무사항이기 때문이다.[**]

그런데 우리나라 정치자금법은 정당에 대한 국고보조금 가운

---

[*]   모두 각 당의 상징적인 인물을 내세워 재단 명칭을 정했다. 콘라트 아데나워는 독일연방공화국 최초의 총리, 프리드리히 에베르트는 SPD 출신으로 바이마르공화국 시절 독일 최초의 대통령, 프리드리히 나우만은 바이마르공화국 시절 독일의 유명한 자유주의 정치인이다. 아데나워 재단은 1955년 설립 당시 명칭은 기독민주교육협회였으나 아데나워 사후 명칭을 바꾸었고(1964년), 에베르트 재단은 에베르트가 사망한 1925년에 설립됐다. 나우만 재단은 자민당 출신 독일연방공화국 초대 대통령인 호이스가, 1918년 자신이 설립한 시민학교Staatsbürgerschule의 정신을 계승하자는 의미에서 나우만 재단이라는 이름을 붙여 1958년 공식 창립했다. 한스 자이델은 CSU의 텃밭인 바이에른주 총리를 역임했고, 하인리히 뵐은 독일의 소설가로 노벨문학상을 받았으며 녹색당 창당에 크게 기여했다. 로자 룩셈부르크는 1919년 독일공산당 창당에 기여한 유명한 여성 혁명가다. 독일의 6개 정치 재단이 베를린, 본, 포츠담, 뮌헨, 상트아우구스틴 등 다양한 지역에 중앙 본부를 두고 있다는 점도 흥미롭다.

[**]   모든 정당이 그래야 하는 것은 아니고, 국고보조금을 지급받는 정당만 해당한다.

데 30% 이상을 정책연구소에 투입하도록 규정하고 있다.* 그러잖아도 국가보조금 규모가 독일에 비해 적은데 거기서 다시 30%를 떼어 정책연구소에 지출하고 있으니, 정당에 대한 우리나라의 실제 지원 규모는 훨씬 작은 셈이다.

독일의 정치 재단과 우리나라의 정당정책연구소를 비슷한 성격의 조직으로 보는 사람도 있는데, 그런 시각은 좀 무리가 있다. 구성 목적과 재정 운용, 활동 내용 등에 있어 둘은 완전히 다르다.

독일의 정치 재단은 각 정당 산하에 있는 기구가 아니다. CDU 하면 아데나워 재단이 연상될 정도로 밀접하게 관련되어 있지만 산하기관이 아닌 별도로 독립된 법인이다. 예산도 국가로부터 따로 지원받아 철저히 독립적으로 운영된다.**

정치 재단은 정당의 선거 활동이나 각종 캠페인에도 동원되지 않는다. 재단 이사장은 정당에서 임명하는 것이 아니라 재단 이사회를 통해 결정된다. 당 대표가 바뀐다고 재단 이사장이 바뀌는 일 따위는 독일에서는 결코 일어나지 않는다. 예를 들어 아데나워 재단의 경우 1955년 설립돼 2023년 현재까지 70년 가까운 역사를 갖고 있지만 지금껏 이사장직을 맡았던 인물은 9명에 불과하다.*** 당 대표의 재임 기간보다 아데나워 재단 이사장의 재임 기간이 더 길다.

반면 우리나라 정당정책연구소는 당 대표가 당연직 이사장을 맡고, 소장은 당 대표(혹은 대통령)의 측근이 맡는 것이 관례다. 이런 점에서 독일의 정치 재단과 우리나라 정당정책연구소의 현격한 차이를 알 수 있다. 2023년 현재 우리나라에 사무소를 두고 있는 독일의 정치 재단은 아데나워 재단, 에베르트 재단, 나우만 재단, 자이델 재단 등 4개다. 독일의 정치 재단은 우리나라뿐 아니라 세계 약 100여 개 국가에 지부를 설치해 다양한 활동을 전개하는 중이다.

독일의 정치 재단이 왜 해외에서 활동하는 것일까? 여기서 독일 정치 재단과 우리나라 정당정책연구소의 미션mission의 차이 또한 분명히 알 수 있다.

독일의 정치 재단은 정당의 이념과 가치를 전파하는 교육 홍보 기관의 역할을 기본으로 삼는다. 따라서 독일 국내뿐 아니라 해외에까지 사무소를 설치해 '콘라트 아데나워(또는 프리드리히 에베르트, 프리드리히 나우만, 하인리히 뷜 등)의 민주주의 정신, 사회적 시장경제의 가치를 세계에 널리 알리는' 역할을 수행한다. 아데나워 재단은 군사정부 시절에 우리나라의 민주화운동을 직간접적으로 지원했고, 에베르트 재단은 한국의 노총 및 시민운동 단체들과 밀접하게 교류하고 있으며, 나우만 재단과 자이델 재단은 북한에도 진출해 교육 프로그램을 진행하고 있다.

우리나라의 정당정책연구소는 다른 나라에서 성공한 제도나 기

---

*   정치자금법 제28조 제2항 "경상보조금을 지급받은 정당은 그 경상보조금 총액의 100분의 30 이상은 정책연구소에, 100분의 10 이상은 시·도 당에 배분 지급하여야 하며, 100분의 10 이상은 여성정치발전을 위하여, 100분의 5 이상은 청년정치발전을 위하여 사용하여야 한다."
**   독일의 정치 재단은 연방 내무부, 외무부, 개발협력부 등으로부터 예산을 지원받고, 연방 감사원의 정기 감사를 받는다.
***   보통 CDU에서 명망 있는 원로 정치인이 이사장직을 맡는다.

구를 가져다가 이상하게 굴절시켜버린 사례 가운데 하나다.

우리나라 정당정책연구소의 효시는 보수 정당에 소속된 여의도 연구원이다. 여의도연구원의 전신은 여의도연구소로, 1995년 설립되었고 2013년에 지금의 이름으로 개편되었다. 원래는 민주정의당 시절인 1980년대 후반에 사회개발연구소라는 이름으로 정당 외곽에서 운영되다가, 여의도연구소로 법인화되면서 공식 출범하였다. 내가 사회개발연구소 운영 책임을 맡았던 적이 있다.

원래 우리나라 정당정책연구소는 이름 그대로 정당의 '정책'을 개발하는 싱크탱크 역할을 염두에 두고 만들었다. 미국의 브루킹스 연구소나 헤리티지 재단을 모델로 한 것으로, 정치 교육을 주요 목적으로 하는 독일식 정치 재단 모델과는 약간 거리가 있었다.* 그런데 지금 우리나라 정당의 정책연구소들은 어떤가. 정책 개발과도, 정치 교육과도, 이념 홍보와도 거리가 먼 '당내 여론조사 기관'으로 전락했다. 여의도연구원은 수준 높은 정책을 연구 개발하는 역할로 유명한 것이 아니라 선거 결과를 예측하는 족집게 기관으로 이름이 더 알려져 있다.

정당 보조금 가운데 정책연구소에 떼어주는 30%의 예산은 크다면 크고 작다면 작은 규모다. 어쨌든 '30%를 할당한다'는 개념은 '할당된 몫만큼 자기 역할을 해야 한다'는 압박감으로 연결된다. 그러다 보니 우리나라 정당의 정책연구소는 정책을 연구하는 거시적이고 중장기적인 역할보다 '가시적 정보'를 제공하는 단기적 성과에 열중하게 되었다. 그것이 바로 여론조사다. 정책을 연구하는 기관이 아니라 당내 직업적 정치인들을 위한 사설 여론조사 기관이 되었다고 하면 가혹한 표현일까.**

여의도연구원이 사회개발연구소로 시작한 1980년대 후반에는 우리나라에 변변한 여론조사 기관이 없었다. 지금처럼 다양한 여론조사 업체가 정당과 정치인에 대한 지지도를 조사해 하루가 멀다 하고 발표하는 일도 없었다. 따라서 당 외곽에 그런 역할을 담당하는 전문 기구를 설치한 것은 당시로서는 당연하고 선구적인 사건이었다.

하지만 여론조사 업체가 많고 많은 지금에 와서도 정당의 정책연구소가 굳이 그런 일까지 해야 할 이유는 무엇인가. 일단 예산은 확보되어 있고, 여론조사라는 업무는 정기적으로 예산을 지출하기 좋은 항목이니 관성적으로 계속 그 일만 하는 것이라고 냉정히 말할 수밖에 없다.

우리나라에 아데나워 재단같이 특정 정치 지도자의 이름을 내걸고 그의 사상과 이념을 전 세계에 전파하는 정치 재단이 탄생하는 것을 기다리기란 언감생심 환상에 가까운 일인지도 모른다. 그래도 최소한 정책연구소라고 한다면 정당의 정책을 고민하고 연구하는 제 역할이라도 해야 하지 않겠는가. 우리나라의 이런저런 연구소들의 이름을 들을 때마다 한심하고 답답한 마음뿐이다.

국고보조금 가운데 30%를 의무적으로 정책연구소에 떼어줘야

---

* 　최근에는 독일의 정치 재단도 싱크탱크 역할을 많이 보강하는 중이다.
** 　초창기 사회개발연구소와 여의도연구원에서 일했던 연구원 가운데 상당수가 나중에 사설 여론조사업체를 창설하는 핵심 멤버가 되었다.

하는 제도는 우리나라 정치 재단의 성장과 발전에 오히려 독이 되었다. 처음에는 정책연구소를 발전시킬 획기적인 조치라며 연구소 소속 직원들이 환호했다. 그러나 재정의 독립성을 확보하지 못하면 결국 '돈을 주는 쪽'에 종속되기 마련이다. 지금 우리나라 정당 정책연구소의 처지가 딱 그렇다.

그렇다고 우리나라도 독일처럼 정치 재단에 특별한 국고보조금을 주자고 하면 국민들이 쉽게 용납하지 못할 것이다. 그렇다고 미국처럼 기탁금이나 후원금을 기반으로 정책연구소를 운영하기도 쉽지 않다. 우리나라의 기부 문화가 그만큼 발달하지 않았기 때문이다.

결국 30% 할당 제도는 한국적 풍토에서 나온 고육책이라고 할 수 있다. 그렇다면 정당 스스로 정책연구소를 발전시키고 국민의 신임을 얻기 위해 부단히 노력하는 수밖에 없다. 예컨대 이사장이나 원장을 전문성 있는 외부 인사로 영입한다든지, 임기를 보장해 준다든지, 연구원에 배당된 예산을 순수하게 정책 연구 분야에만 투입한다든지, 정치 교육 기관으로 역할을 전환한다든지 하는 것이다. 개선 방향은 누구나 알고 있는데 정당 스스로 변화를 거부하는 중이다. 현실에 안주하는 것이 너무도 달콤하기 때문이다.

❖

독일과 우리나라의 정당 국고보조금 제도에는 또 다른 현격한 차이가 있다. 독일은 유럽의회, 연방의회, 지방의회 선거에서의 득표율을 기준으로 보조금을 지급하지만 우리나라에서는 대체로 의석수가 기준이 된다. 그러다 보니 예컨대 지난 총선에서 30%의 국민적 지지를 확인한 정당이라 할지라도, 의석을 확보하지 못하면 극히 적은 액수의 국고보조금만 받는다. 구체적인 배분 기준을 소개하자면 △원내 교섭단체를 구성한 정당들에게 전체 보조금의 절반을 우선 할당하고 △교섭단체를 구성하지는 못했지만 5석 이상을 확보한 정당에게 5%를 △의석이 없거나 5석 미만인 정당에게는 2%를 지급한다. 그리고 남은 보조금은 다시 의석수에 따라 배분한다. 결과적으로 거대 양당이 전체 보조금의 80~90% 정도를 싹쓸이하다시피 한다. 정당의 국고보조금까지 철저히 '승자 독식'인 셈이다.

독일은 득표율을 기준으로 한다. 유럽의회·연방의회 선거에서 0.5% 이상 득표했거나, 지방의회 선거에서 1% 이상을 득표한 모든 정당에게 득표수에 비례해 보조금을 준다.

득표율에 기반한 배분 방식은 어떤 결과를 가져오는가. 2023년 현재 독일의 원내 정당은 8개지만, 국고보조금을 받는 정당은 20개에 이른다. 반면 의석수를 기준으로 하는 우리나라는 어떤가. 현재 우리나라 선관위에 등록된 정당은 50개 정도에 이르지만 경상보조금과 선거보조금을 모두 받는 정당은 5개뿐이다.

이런 차이는 어떤 결과로 나타나는가. 득표율을 기반으로 하면 소수 정당이라도 보조금을 받으면서 성장할 수 있지만, 의석수를 기반으로 하면 신생 정당은 도저히 생겨날 수 없는 구조가 된다. 우리나라는 왜 이렇게 '의석수'를 기준으로 하는 걸까. 누가 그렇게 불공정한 게임의 룰을 만들었으며, 어째서 그렇게 고집스레 유지하고 있는 걸까. 독자들은 충분히 가늠할 수 있을 것이다.

앞서 소개한 것처럼 독일은 헌법재판소에서 결정한 '상대적 상한선'의 원칙에 따라 당비, 기탁금, 후원금 총액을 넘어서는 수준의 국가보조금을 받을 수 없다. 우리는 그런 기준마저 없다. 우리나라 정당은 자체 수입보다 국고보조금 규모가 훨씬 더 큰 경우가 허다하다. 정치인들 스스로 정치자금과 관련된 룰을 만들다 보니 자신들에게 유리한 방향으로만 제도를 구축한 것이다.

우리나라의 정당 국고보조금 배분 방식에 대해 야당과 소수 정당들이 위헌소송을 제기한 적이 있다. 헌재는 현행 제도에 문제가 없다며 청구를 기각했다. 법리만을 기계적으로 해석한 결과다. 그렇게 해서는 우리나라에 결코 다양한 정당이 생겨날 수 없다. 결국 정치권 스스로 이 문제를 풀어야 하는데, 이미 기득권을 갖고 있는 정당이 스스로 '도전 세력'의 성장을 용납할 리 없다. 여러모로 답답한 일이다. 국민이 풀어야 할 숙제다.

이번 장을 마치면서 한 가지 상기할 대목이 있다.

앞에서 독일의 '헌법'이라는 표현을 사용했지만 사실 독일에는 헌법이 없다. 독일어로 헌법은 Verfassung이지만, 현재 독일에는 Verfassung이라고 불리는 법이 없다. Grundgesetz라 불리는 기본법이 있을 뿐이다.

독일에서는 기본법이 사실상의 헌법인데 명칭을 그렇게 정한 이유가 있다. 분단 시기에 서독이 헌법을 만들 때 명칭을 헌법이라고 하면 통일에 방해가 될 것이라고 판단했기 때문이다. 잠정적인 헌법을 일단 기본법이라 부르기로 하고, 나중에 통일이 되면 그때 헌법을 만들자는 구상을 하고 있었다.

그런데 통일이 되고 나서도 명칭이 헌법이 아니라 기본법으로 남았다. 이유 가운데 하나는 동독이 서독에 편입되는 방식으로 통일이 이루어졌기 때문이다. 동서독이 동등하게 합친 것이 아니라 동독 지역의 주들이 "우리도 독일연방공화국(서독)에 가입하겠소"라며 서로 간에 합의하는 방식으로 통일이 진행되었고, 그러다 보니 새로운 헌법을 만들 필요가 없었다. 그래서 현재 독일 기본법에는 '통일이 되면 헌법을 만들어 기본법은 효력을 상실한다'는 내용의 조항이 여전히 남아 있다.[*]

독일 헌법재판소의 명칭이 '기본법재판소'가 아니라 '연방헌법재판소Bundesverfassungsgericht'인 것도 흥미롭다. 헌법재판소가 기본법을 해석하는 기관이 아니라, 국가의 최고 상위법인 '헌법'의 가치를 수호하는 기관이라는 뚜렷한 의미를 읽을 수 있다.

헌법재판소를 흔히 '정치적 사법기관'이라고 부른다. 독일의 헌법재판소는 그 역할에 충실한 존재라고 말할 수 있다.

독일은 여러 정치적 제도를 해외에 수출했다. 우리도 많은 것을

---

[*] 독일기본법 제146조 "독일의 통일과 자유 성취 후 전체 독일 국민에 적용되는 이 기본법은 독일 국민이 자유로운 결정으로 정하는 헌법의 효력 발생일에 효력을 상실한다."

독일로부터 받아들였다. 그러나 우리가 독일로부터 진정 받아들여야 할 것은 따로 있다. 제도적 외형이 아니라, '왜 그것을 만들었는가' 하는 의도Absicht다.

10

사회국가, 독일

사회국가, 독일

사회란 무엇인가?

요즘 우리 사회를 보니 '국가란 무엇인가'를 설명하려는 사람은 많고 그런 제목을 달고 있는 책도 있지만 '사회란 무엇인가'를 살피는 사람은 그리 많지 않은 것 같다. 한국 사회의 유난한 특징 가운데 하나다.

독일은 사회국가다. 민주국가니 복지국가니 문화국가니 경제강국이니 하면서 세상 많은 국가들이 여러 형태의 지향점을 내세우지만, '사회국가'를 표방하는 국가는 자유민주주의 국가 가운데 독일밖에 없다. 독일은 사회국가의 원리를 가장 모범적으로 구현한 국가이기도 하다.

사회국가가 무엇인지 간단하게 몇 줄로 요약해 주입식으로 설명하는 것보다는 다른 용어와의 차별성

(혹은 차이점)으로 소개하는 방법이 좋겠다.

사회국가와 함께 흔히 거론되는 용어는 '복지국가'다. 복지국가와 사회국가는 어떻게 다른가.

독일이 복지국가를 표방할 것 같지만, 1960년대만 해도 독일 학계나 정계에서 복지국가Wohlfahrtsstaat 또는 보장국가Versorgungsstaat는 그리 긍정적인 의미를 담은 용어가 아니었다. 앵글로색슨이나 스칸디나비아 국가들이 좀 과도한 국가 개입 행태를 보이거나, 과정 혹은 목적보다 결과 자체에 치중하는 모습을 보일 때 "복지국가적 행태를 보인다"라는 식으로 비판적인 뉘앙스를 섞어 말하곤 했다. 지금도 그렇다. 독일은 스스로 사회국가라고 강조하지 복지국가라고는 말하지 않는다.

배경을 설명하자면 이렇다. "독재국가이면서 복지국가일 수는 있지만 사회국가는 당연히 민주국가를 지향한다." 이 말을 이해하면 된다. 복지국가란 복지가 어떻게 이루어지는지 '과정'을 설명할 수 있는 개념은 아니다. 복지라는 결과 자체에 치중하는 경향이 크다. 사회국가는 다르다.

온전한 정의는 아니지만 사회국가는 '사회가 확장된 개념으로서의 국가' 혹은 '사회적 성격을 갖는 국가'라고 할 수 있겠다. 가장 쉽게는 '개입과 간섭을 하는 국가'라고 표현할 수도 있을 것이다. "아니 그럼 개입과 간섭을 하지 않는 국가도 있단 말인가?"라는 질문을 제기하는 독자도 있을 것이다.

우리가 지금 사용하는 사회과학 용어의 상당수는 서구에서 태어난 개념어를 한자로 번역한 것이다. 그중에는 잘된 번역도 있지만 모호한 번역도 많다. 번역이 잘못되다 보니 똑같은 개념어를 놓고도 동양과 서양에서 언중言衆의 인식이 다르게 정착되는 경우가 종종 있다.

예를 들어 '자유'를 보자. 서구의 liberty를 번역하다 보니 '나로부터 비롯된다'는 뜻의 自由를 만들어냈다. 그런데 지금 동양인들은 자유를 대체로 freedom의 개념으로 이해한다. 동양인에게 '자유'를 말했을 때, 그것을 곧장 liberty의 개념으로 받아들이는 사람은 많지 않다. liberty나 freedom이나 한자문화권에서는 다 '자유'이기 때문이다. liberty인지 freedom인지는 문장의 맥락 속에서 파악해야 한다. 그런데 근대 이전의 동양인들은 liberty를 쟁취하기 위한 정치적 과정을 겪어본 적이 없기 때문에 그 개념을 잘 이해하지 못했다. 동양에서 '자유'는 그렇게 정착했다. 그렇다고 동양인이 갖고 있는 자유의 개념이 틀렸다고 말할 수도 없다. 동양의 자유는 동양식으로 정착한 것이다.

'사회'도 마찬가지다. 사회라는 용어는 영어 society나 프랑스어 société, 혹은 독일어 gesellschaft를 번역하여 19세기 후반 동양에 신조어로 등장했다. 그런데 지금도 社會라는 용어가 뭘 말하는 것인지 한 글자씩 떼어놓고 봐서는 곧장 이해가 되지 않는다. 社는 뭐고 會는 무엇인가. 거기에 社는 왜 들어갔는가. 지금이야

'사회란 무엇이다' 하는 개념이 동양인들에게도 있지만, 그 용어가 유래한 서구에서의 개념과 우리가 해석하는 의미가 약간 다른 측면이 있다. 사회과학에서 사용하는 '사회'와 우리가 일상적으로 사용하는 '사회'의 개념 또한 약간은 다르다.

근대 이전의 동양인들은 자유와 마찬가지로 '사회'에 대한 역사적 경험 역시 부족했다. 사회과학적 개념은 대중이 공유하는 경험을 통하여 확고해지는 법인데 우리에게는 '사회'의 의미를 체득할 만한 기회가 많지 않았다.

'사회'라는 용어를 정의하는 방법은 여러 가지다. 일단 '개인'과 대비되는 개념으로의 사회를 말할 수 있겠다. 그렇다면 사회는 개인이 단순히 확장된 개념인가. 아니면 개별적 인간의 결합을 넘어선 다른 '무엇'인가. 모래알을 뭉쳐 돌이 되면 각각의 성분은 모래알이지만, 모래와는 다른 돌이라는 독특한 성질이 생겨난다. 그런 것이 사회다.

따라서 사회를 말하려면 역설적이게도 '개별적 인간'의 가치를 먼저 발견해야 한다. 개인의 가치를 분명히 알아야 개인의 집합체인 사회의 가치도 빛을 발한다.

서구에서 '개별적 인간'의 가치는 종교의 속박, 신의 굴레로부터 벗어나려는 인본주의(르네상스) 운동으로부터 비로소 재발견되기 시작했다. 서구는 '인간에 대한 각성'에서 숱한 정치적 개념이 뻗어나갔다. 시장경제가 발전하고 왕정을 무너뜨리는 과정 등을 통해 '인간적 권리'에 대한 인식이 폭발적으로 성장했고 대중 속에 개념이 확고해졌다.

물론 동양에서도 일찌감치 인간을 말하기는 했다. 인간됨[人倫]의 중요성을 말하고, 인간됨의 조건으로 인仁을 말했다. 개별적 사람이 확장된 가家, 향鄕, 족族, 조朝, 국國 등의 개념 또한 존재했다. 그것을 society라 말할 수도 있을 것이다. 하지만 동서양이 분명 다른 점이 있다.

'사람'이나 '사회'에 관심을 돌린 시점은 서양이 동양보다 늦었다. 서양은 고대로부터 사람과 사회에 대해 관심을 가졌지만 그 관심은 신화나 종교의 테두리 안에서 존재하는 정도였다. 서양 사람들은 인간 세계보다는 객관(자연) 세계에 훨씬 관심이 많은 듯 보였다. 그런데 객관 세계를 관찰하는 과정에서 만물의 구성 원리를 찾고 체계화하는 능력이 발달했고, 관심의 영역을 사람과 사회로 확장하니 사회과학의 발전 또한 급속도로 이루어졌다. 그것이 근대화 과정에서 동서양의 격차가 생긴 이유다. 15~16세기만 해도 앞서 나가던 동양의 과학 기술이 순식간에 서양에게 역전된 계기이기도 하다. 정치가 동서양의 격차를 낳은 셈이다.

동양은 오래도록 사람의 책임이나 도리 같은 측면에서만 사람다움의 가치를 찾았다. 동양의 사회는 자유로운 개인이 결합하는 의미로서의 society가 아니라 일종의 '복종 공동체'였다. 그러니 '사회적 계약'이라는 개념 또한 생겨날 수 없었다.

서양이 동양보다 우월하다는 말을 하려는 것이 아니다. 인식의 진행 방향에 차이가 있었을 뿐이다. 동양이 사람으로부터 시작해 계속 사람 자체에 머물러 있었다면, 서양은 자연에서 시작해 사람으로 귀결되었다. 뒤늦은 각성은 무서운 법. 서양의 체계화된 이론은 역수입되듯 동양으로 밀려 들어왔다. 그리고 그중에는 동양인으로서는 알 듯 말 듯한 개념어 또한 많았다. 자유가 그렇고, 사회가 그렇고, 민주주의가 그렇다.

서양이 대체로 왕정에 반대하는 내부적 투쟁을 통해 여러 사회과학적 개념어에 대한 인식을 다듬어나갔다면, 동양은 그들의 개념어를 번역해 나름의 방식으로 이해했다. 서구의 식민지가 되자 그에 맞서 싸우는 과정을 통해 (혹은 해방 이후 국가를 수립해나가는 과정을 통해) 자유, 민주, 사회, 공화, 헌법, 인권, 평등* 등에 대한 나름의 개념을 잡아나갔다.

따라서 서구에서 유래한 사회과학적 용어는 우리 동양인이 경험을 통해 체득한 개념과 약간씩 엇나가는 경우가 있다. 하긴, 같은 사회 안에서도 개념을 서로 다르게 이해하는 용어가 얼마나 많은가. 같은 회의 탁자에 마주 앉아 똑같이 '민주주의'라는 용어를 말하는데도 각자의 뉘앙스가 다르니 말이다.

시민사회civil society라는 용어를 처음 사용한 사람은 로마의 정치가 키케로로 알려져 있다. 근대에 와서는 영국의 정치철학자 토머스 홉스가 인간본성론을 설명하면서 시민사회라는 용어를 빈번히 사용했다. 하지만 '국가'와 '시민사회'를 구분해서 설명을 시

---

*　모두 서구에서 유래한 개념어들이다.

도한 최초의 인물은 독일 철학자 헤겔이다.

헤겔은 저서 『법철학』의 한 장을 할애해 '시민사회'의 존재와 의미에 대해 설명한다. 그 내용 가운데 이번 장에 필요한 부분만 발췌해 살펴보자.

헤겔은 시민사회를 가족과 국가의 중간 정도 위치에 놓는다. 그러면서 "시민사회는 국가보다 뒤늦게 형성된다"라고 주장한다. 이는 국가가 만들어지고 나서 사회가 형성된다는 단순한 순서 관계를 말하는 것이 아니라, '국가를 통해 시민사회의 개념이 더욱 분명해지고 강화된다'는 뜻으로 해석할 수 있다.

사실은 이 '시민'-라틴어로 civis-이라는 용어도 지금 우리가 일반적으로 사용하는 거주민으로서의 시민市民과 사회과학적인 의미가 많이 다르다. 이에 대해서는 굳이 설명하지 않겠다. 시민의 뜻이 어떻게 변천했는지 살펴보는 것만으로도 서양의 정치사와 정치철학적 사유의 변천 과정을 가늠할 수 있을 것이다.

왕정을 무너뜨리고 근대국가를 형성하면서 서양의 지식인들이 논쟁했던 주제 가운데 하나는 '자유를 어느 정도까지 허락할 것인가' 하는 문제였다. '국가의 역할은 무엇이며 국가는 어디까지 개인(시민)의 삶에 개입하고 간섭할 수 있는가' 또한 주요 논점이었다.

각설하고, 국가의 구성 원리와 역할에 대해서는 여러 개념이 존재한다. 흔히 말하는 국가의 역할은 '경찰국가'다. 사회 안팎의 폭력으로부터 구성원들을 보호하고 질서를 유지하기 위해 국가가 필요하다는 주장이다. 그것을 국가의 기본 임무로 삼는다. 가장 기초적인 국가의 역할이라고 말할 수 있다.

경찰국가에서 약간 더 확장되거나 조정된 개념이 '법치국가'다. 독일 철학자 칸트는 "공공의 복리는 시민법 위에 존재한다Salus publica suprema civitatis lex est"*라는 라틴어 경구를 인용하면서 "개인은 다른 사람의 권리를 침해하지 않는 한 자신에게 가장 좋은 방식으로 행복을 추구할 수 있다"라고 강조하는데, 그러한 관점에서 필요한 것이 법치국가다. 자유를 '법'으로 보장해주는 것이다.

하지만 법은 자유를 보장할 수도 있지만 자유를 제한할 수도 있지 않은가. 어느 정도까지 자유를 보장하고, 어떤 행위는 제한할 것인가. 그 철학적 근거는 무엇인가. 그것이 법철학의 주요 쟁점 가운데 하나다. 헤겔은 여기서 국가와 시민사회를 구분하는 다소 독특한 논증을 시도한 것이다. 헤겔의 시민사회론은 사회의 역할을 강조한 것인가, 오히려 국가의 역할을 강조한 것인가. 거기에 대해서는 학자에 따라 다소 의견 차이가 있다. 하지만 어떤 의미로든 '사회'라는 개념을 드러내 법철학의 근거로 삼은 것은 헤겔의 큰 공로다.

자, 그렇다면 국가는 국민을 안전하게 보호하기만 하면 되는 것인가. 그 '안전'이 물리적 위협을 물리적 공권력(법, 경찰)으로 지켜주겠다는 뜻인가, 물리적 보호를 넘어서는 차원인가. 여기서 등장한 것이 '복지국가'라는 개념이다.

복지국가라는 용어를 누가 먼저 사용했는지에 대해서는 다

---

* 키케로가 했던 말로, 의역하자면 "공공의 복리는 최고의 법이 되어야 한다"는 뜻이다. 영국의 계몽주의 철학자 존 로크가 자신의 저서에서 서문에 인용하기도 했다.

소 논란이 있다. 1941년 영국 성공회의 대주교인 윌리엄 템플이 warfare(전쟁국가)*에 대비되는 개념으로 welfare(복지국가)라는 개념을 처음 주창했다고 말하는 사람도 있지만, 복지국가는 독일의 재정학자 아돌프 바그너Adolph Wagner(1835~1917)가 바이마르공화국 시절에 이미 여러 번 사용한 용어다.

바그너는 "경제가 성장하면 국민소득 가운데 공공부문에 대한 지출도 증가한다"라는 '바그너의 법칙'으로 유명한 인물이다. 그 법칙을 설명할 때 복지국가라는 용어가 등장한다. "근대국가는 단순한 법치국가가 아니라 다양한 부문에서 국민의 욕구를 충족하는 문화와 복지국가가 될 것"이라고 바그너는 저서 『재정학 Finanzwissenchaft』에서 전망한다. 그러니 국가가 힘을 발휘하려면 재정을 충분히 갖추어야 한다는 것이 바그너의 주장이다. 바그너가 복지국가의 지향점을 분명히 밝히지 않고 '그런 형태의 국가를 복지국가라고 한다'라는 식으로 언급했기 때문에 복지국가라는 용어의 창시자가 잘못 알려진 듯하다. 바그너는 사회복지정책을 "분배 영역의 여러 폐해를 입법과 행정 수단을 통해 해결하려는 국가의 정책"이라고 정의한 인물이기도 하다.

바그너의 법칙을 독일어로 표기하면 Gesetz der wachsenden Staatsausgaben이다. 직역하면 '국가 활동 증가의 법칙'이다. 경제가 발달하고 사회가 커질수록 국가의 역할 또한 강화될 것이라는 말이다. 이 말을 뒤집어 '국가가 발달할수록 사회의 역할이 커진다'

---

* 히틀러의 독일을 지칭하는 표현이었다.

라고 해석해도 좋다. 어떤 방향으로든 사회와 국가는 불가분의 관계를 갖는다.

여기서부터 사회국가라는 개념이 등장한다. '법치'라는 이름 아래 자유를 최대한 보장하는 것도 좋고, '복리'를 증진하는 것도 좋지만, 국가의 존재 사명은 사회적 요구를 실현하는 데 있다는 주장이다. 혹은 '사회적 요구를 실현하기 위해 국가가 필요하다'라고 말할 수도 있겠다.

❖

앞에서 소개한 바 있지만 나는 사회국가로서 독일의 기틀을 다진 사람은 비스마르크라고 생각한다. 그것이 비스마르크의 가장 큰 공로다.

알다시피 비스마르크는 의료보험, 연금제도, 실업급여, 산재보험 등 지금 우리가 이른바 4대 보험이라고 부르는 복지제도의 기본 골격을 만든 사람이다.

물론 비스마르크가 의도적으로 복지국가를 지향하려고 그런 정책들을 만든 것은 아니다. 사회주의 정당을 탄압하는 한편 노동자계급을 회유하려고 그런 정책을 실시했지만, 원하든 원하지 않든 그의 정책은 '국가의 적극적 역할을 통해 사회적 문제를 해결하고 시민의 안전을 공고히 한다'는 독일의 사회국가적 관점을 다져나가는 출발점이 되었다.

'사회국가 독일'은 내부의 자각과 함께 외부로부터 만들어진 조건을 극복해나가는 과정을 통해 형성된 측면이 크다.

앞서 언급한 아돌프 바그너는 독일의 공공재정학자로, 독일 재정 제도의 이론적 기틀을 제공한 사람이다. 그는 "국가가 힘을 발휘하려면 재정이 뒷받침되어야 한다"라고 줄곧 강조했다. 독일에서는 일찌감치 이런 유능한 학자들이 출현하면서 공공재정학이 크게 발달했다. 국가가 '돈'을 어떻게 쓰느냐에 따라 국가의 형태가 달라질 수 있다는 사실을 오래전에 간파한 것이다. 그렇게 국가가 재정을 움직이는 행위 자체를 독일에서는 정치라고 본다.

덧붙이자면, 독일에는 전통적으로 '정치학'이라는 학문이 없다. 대신 국가학Staatswissenschaft*이나 관방학Kameralwissenschaft이 있었다. 내가 독일에서 공부할 때도 독일 전체 대학에 정치학과가 거의 없었고,** 법학, 경제학, 사회학 등을 모두 공부해야 정치를 할 수 있는 자격이 생기는 것쯤으로 이해됐다. 그럼 관방학이란 무엇인가. 세계 어디에도 없는 독일어 Kameralwissenschaft를 번역하다 보니 관방학官房學이라는 아리송한 조어가 탄생했는데 풀이하자면 '국가를 통치하는 기술' 정도라고 볼 수 있다. 지금으로 말하면 재정학, 행정학, 정치학, 경제학을 하나로 합쳐놓은 학문이라고 말할 수 있다. 거기서 핵심은 재정이다.

1919년 파리강화조약이 체결되었다. 파리강화조약에는 1차대전을 수습하는 과정에 독일에게 거액의 배상금을 요구하는 내용이 들어 있다. 나중에 '케인스 경제학'으로 유명해진 존 메이너드 케인스는 파리강화조약을 준비하는 과정에 참여했다가 "이 조약이 평화를 파괴할 것"이라고 반발하면서 자리에서 물러나기까지

했다.*** 역시 선견지명이 있는 인물이다. 그의 예상이 정확히 들어맞지 않았는가.

정상적 지불 능력을 뛰어넘는 가혹한 배상을 독일에게 요구한 파리강화조약은 2차대전 발발의 원인 가운데 하나로 지목되었다. 그에 대한 반성과 후회로 2차대전 전승국들은 패전국에게 더이상 무리한 배상 요구를 하지 않게 되었다.

1차대전 직후 독일이 전쟁배상금을 마련하기 위해 만든 개념이 '부가가치세'다. 전비 배상을 하려면 국민에게 세금을 더 걷는 수밖에 없었다. 그렇다고 소득세를 확 올릴 수는 없는 일. 가장 쉽고 빠른 길은 소비세를 걷는 방법이었다. 상품을 사고팔 때마다 상품 가격에 세금을 붙이는 것이다. 하지만 A가 B에게 상품을 팔 때 판매액의 일부를 세금으로 걷고, 그 상품을 가공해 B가 C에게 팔 때에도 다시 세금을 걷는다면 이중과세의 문제가 있다. 따라서 판매 단계마다 무작정 세금을 걷는 것이 아니라 '부가된 가치'에 대해서만 세금을 걷자는 신통한(?) 방식을 고안해냈는데 그것이 바로 부가가치세다. 이로써 조세 저항을 최소화할 수 있었다.

---

* 정치학을 '국가학'이라 불렀던 것에서 독일인들이 정치를 바라보는 전통적인 관점을 엿볼 수 있다.

** 독일에 정치학이라는 학문은 2차대전 이후 '이식된' 학문이다. 미국이 서독을 점령하면서 미국식 정치학이 독일에 유입되었고, 그래서 정치학Politologie이라는 번역 용어를 놓고 독일 학자들 사이에 논쟁이 벌어질 정도였다. 1980년대까지도 일반적인 독일인은 Politologie라고 하면 뭘 연구하는 학문인지 잘 몰랐다.

*** 케인스의 저서 『Economic Consequences of Peace』가 그러한 내용을 담고 있다. 한국에는 『평화의 경제적 결과』로 번역 출판되었다.

독일은 큰 전쟁을 두 번이나 치르면서 전비를 충당하고 배상금을 마련하기 위해 국민에게 세금을 걷었다. 각 지역마다 자체로 세금을 걷던 란트land들이 통일 제국을 형성하며 생겨난 국가가 독일(도이칠란트)이기도 하다. 독일의 조세제도는 그러한 역사 가운데 발달했다. 국가의 존재와 기능을 국민이 적극적으로 인정했기 때문에 가능한 일이었는데, 그런 부분에서 독일과 미국이 큰 차이를 보인다.

미국은 이른바 '개척자 사회'로 시작해, 어쩌면 각자도생의 정신으로 살다가 뒤늦게 국가에 대한 개념이 생겨난 나라다. 따라서 미국은 태생 자체가 개인주의를 바탕에 두고 있다. 국가가 개별 국민에게 가급적 간섭하지 않는 것을 원칙으로 하였고, 따라서 조세제도 또한 발달하지 않았다. 사실 미국은 조세에 저항하며 탄생한 국가 아니던가.* 역사적으로나 사회적으로나 미국은 세금이라는 것에 대해 부정적 인식의 뿌리가 깊다. 재정학이 발달할 수 있는 토양이 아니었던 것이다.

한편 전쟁으로 인해 독일은 기존의 사회 질서가 완전히 뒤집혀 버렸다. 두 차례 큰 전쟁이 끝나고 독일에서는 귀족이니 재벌이니 하는 전통적 지배계급이 사라졌다. '의도하지 않은 평등'이 실현된 폐허의 대지 위에 국가 재건이 시작된 셈이다. 여기서 우리가 주목할 점은 그럼에도 독일은 주 점령국인 미국을 모델로 삼지 않고 자기들 나름의 방식으로 문제를 풀어갔다는 사실이다. 독일은 전쟁 이전에 맹아를 보였던 사회국가의 개념을 버리지 않고 더욱 발전시켰다. 전쟁으로 거의 모든 것을 잃고도 다시 사회국가적 지향을 분명히 했다는 점이 놀랍기만 하다. 오늘의 독일은 그랬기 때문에 존재할 수 있었다.**

1957년 독일 총선을 보자.

앞에서 당시 아데나워와 에르하르트 시기에 이룩한 경제발전의 성과 때문에 1957년 총선에서 CDU가 승리했던 것처럼 소개했지만 완전하게 들어맞는 설명은 아니다. 당시 선거의 쟁점은 연금 개혁이었다. 정확히는 쟁점이라고 말할 수도 없다. CDU는 연금 개혁을 선거공약의 전면에 내걸었지만 SPD는 국가 기간시설 국유화 같은 철없는 주장만 되풀이했기 때문에 공약 자체가 대결이 되지 않았다.

당시 연금 개혁의 골자는 연금제도를 다시 도입하느냐 마느냐였다. 사실은 개혁이 아니라 '재도입'인 것이다. 이미 독일에는 연금 제도가 있었다. 세계 최초로 연금제도를 실시한 나라가 독일 아니던가. 그러나 1·2차 대전을 거치면서 국가가 패망하면 연금제도가 유명무실해진다는 사실을 세계 최초로 깨달은 나라 역시 독일이다. 정부가 쓰러지니 국가의 재정으로 연금을 지급할 능력이 사라져버린 것이다. 어디에 하소연할 것인가. 독일 국민 누구도 당시 독일 정부를 향해 연금을 달라고 떼를 쓸 수 없었다. 이렇게 제도

---

*   영국 국왕의 무리한 징세에 반발하면서 "대표 없이 세금 없다No taxation without representation"라는 구호 아래 생겨난 국가가 미국이다.

**   국가가 탄생한 배경, 국가의 역할에 대한 국민의 인식, 전쟁으로 인해 기존의 사회 질서가 해체되고 국가 건설을 다시 시작한 조건 등 많은 점에서 우리 역사는 미국 보다는 오히려 독일에 가깝다.

가 한번 시련을 겪으면 그 제도를 다시 도입하는 것은 처음 도입할 때보다 열 배쯤 힘들어진다. 전쟁이 끝나고 독일의 연금제도는 무너져버렸지만, 더욱 처참히 무너진 것은 연금에 대한 독일 국민의 신뢰였다. 국가가 위기에 처하면 연금을 받지 못할 수도 있다는 사실을 두 눈으로 똑똑히 확인했는데 어느 누가 연금에 가입하려 하겠는가. CDU가 연금제도를 다시 도입하겠다고 하자 "불확실한 연금을 왜 만들려고 하느냐" 하는 여론이 비등할 수밖에 없었다.

그때 CDU는 신통한 공약을 내걸었다. "연금을 지금 즉시 지급하겠다"라고 선언한 것이다. 무슨 돈으로, 어떻게, 왜? 혹자에게는 포퓰리즘 공약으로 보일 수도 있겠다. 요즘 말로 "독일이 이제 좀 살 만해지니까 나랏돈을 펑펑 쓰겠다고 하는구나" 하면서 비난하는 사람 또한 있을 것이다.

CDU가 내놓은 묘안은 이렇다. 연금을 적립식capital cover system이 아니라 부과식pay-as-you-go-system으로 설계한 것이다. 부과식을 쉽게 설명하자면, 연금제도를 실시하자마자 당대의 은퇴자들에게 바로 지급하는 방식이다. 어떻게 그런 일이 가능할까. 지금 우리나라 국민들은 연금이라고 하면 적금식으로 저축했다가 나중에 시기가 되면 찾아가는 기금 정도로 인식한다. 즉 '내 돈을 저금해놨다 내가 찾아간다'는 개념으로 이해한다. 그러나 1957년 CDU가 독일 국민들에게 제안한 방식은 달랐다. 일단 전 국민을 대상으로 연금제도를 실시하면 당장 일정한 기금이 생긴다. 그것을 지금 은퇴하는 노인들에게 즉시 지급하는 것이다. 즉 청년들의 지갑에서 십시일반 돈을 갹출해 노인들을 부양하는 셈이다. 이렇게 하면 적립의 시간이 필요 없다. 연금제도를 실시하자마자 바로 지급할 수 있다. 후손들이 벌어 부모 세대를 먹여 살리는 셈이고, 내가 노인이 되면 내 후손으로부터 연금을 받는 식이다. 이런 제도는 '사회'에 대한 개념이 있어야 온전히 이해할 수 있다. 서로에 대한 믿음이 없으면 "왜 당신을 위해 내 소득을 나눠줘야 해?"라는 반응이 나올 수밖에 없다. 세대 간 갈등이 없어야 하고, 국가 공동체에 대한 믿음이 있어야 한다.

이 연금제도는 당시 독일 노년층의 압도적 지지를 받았다. 누가 좋아하지 않겠는가. 그래서 당시 총선에서 CDU는, 의회중심제 국가에서는 흔하지 않게, 단독 내각을 구성할 수 있을 정도로 과반이 넘는 의석을 확보했다. 독일 정치 역사상 처음 있는 일이었고, 그 뒤로도 그런 일은 벌어지지 않았다. 당시 연금 개혁 공약에 대한 독일 국민들의 지지가 얼마나 압도적이었는지 알 수 있는 대목이다. 그럼에도 CDU는 단독 내각을 구성하지 않고 소수 정당과 연립내각을 구성하는 쪽을 선택했다. 이 또한 '사회적'이다.

우리가 흔히 사용하는 '사회적 관점'이라는 말을 일상적인 표현으로 풀이하면 '나와 함께 남을 생각하는 관점'이라고 말할 수 있다. 그렇다고 개개인이 중요하지 않다는 말은 아니다. 기본적으로 개인을 존중하는 토양이 있어야 진정으로 타인을 생각하는 관점 또한 생겨난다. 사회가 없어도 개인은 존재할 수 있지만, 개인의 가치는 사회가 있어야 더욱 완전해질 수 있다는 인식이 사회를 대하는 바람직한 태도다. 그러한 가치가 흥성할 수 있도록 노력하는 국가가 사회국가다. 개개인의 권리를 존중하되, 사회의 자율성이 강자의 의지에 의해 지배되지 않도록 필요에 따라 정부가 개입하여 질서를 유지하는 것이다. 우리가 '국가'라는 공적 강제력의 메커니즘을 만드는 이유는 그 때문 아니겠는가.

'사회' 혹은 '사회국가'라는 용어조차 공공연히 사용하지 못하던 시절이 우리나라에는 있었다. 사회국가와 사회주의 국가를 혼동했기 때문이다.

내가 독일에서 공부하고 돌아와 막 강단에 섰을 때 공교롭게도 우리 정부가 부가가치세 도입을 검토하고 있었다. 그때 자문단의 일원으로 참여하게 되었으니 묘한 운명의 인연이다. 당시 나는 정부 고위 관료들을 만날 기회가 있을 때마다 "우리나라 경제정책의 기본 방향을 바꿀 때가 되었다"라고 주장했다. 그 말을 이해하는 사람도 있었고 이해하지 못하는 사람도 있었다. 그때 내가 '사회 조화' 같은 용어를 사용하자 독일에서 '이상한' 사상을 배워온 것 아니냐며 의심의 눈빛으로 바라보는 사람마저 있었다.

1973년 이전까지 우리나라는 정부 재정조차 독립적으로 운용하지 못하던 국가였다. '유솜(USOM: United States Operations Mission)'이라 부르던 미국 대외원조처에서 우리나라에 대한 지원 규모를 확정하면 그제야 비로소 원조자금에서 부족한 부분을 파악해 예산을 편성할 수 있었다. 다시 말해 우리는 1973년에야 비로소 진정한 독립 국가로서 첫발을 뗀 셈이다.

1970년대 초반은 우리나라 역사에서 중요한 의미를 갖는다. 그 이전에야 제대로 된 시장 자체가 형성되지 않았으니 정부가 주도해서 자원을 일부에게 집중 투입해 다소 불균형한 발전 전략을 꾀한 것을 어쩔 수 없는 일로 여겼다. 하지만 경제가 빠르게 성장해 시장이 어느 정도 형태를 갖추기 시작한 1970년대 초반쯤에는 국가(정부)의 역할도 주도자에서 '조정자'로 바뀌어야 했다. 그때쯤은 국민들의 살림살이도 절대빈곤의 상태에서 벗어났고, 때마침 국가도 재정 독립을 이루었다. 부가가치세 도입을 검토할 정도로 재정의 적극적 역할을 기대할 수 있는 시점이었다. 경제와 사회의 '방향'을 전환하기에 여러모로 좋았던 것이다.

'사회국가'는 재정이 풍족하다고 이룰 수 있는 목표가 아니다. 물론 기본적인 물질 토대를 갖추어야겠지만, 경제성장을 이룬 뒤에 사회국가적 지향을 가질 것이 아니라, 사회국가적 지향을 분명히 해야 제대로 된 경제성장을 이룰 수 있다. 그 의미를 정확하게 이해해야 한다.

1970년대 초반은 사회국가로서 대한민국의 국가적 지향점을 전환하기에 적기였다. 하지만 박정희는 3선 개헌이라는 그릇된 선택을 하면서 정반대 방향으로 달려가버렸다. 3선 개헌까지는 그렇다 치더라도, 유신(1972년)을 선포하고 국회를 해산해버린 것은 박정희의 치명적 과오다. 개인의 권력욕은 충족했을지 모르나, 결과적으로는 망국의 씨앗이 되었다.

시장경제가 어느 정도 수준에 이르면 사회국가적 지향을 분명히 하고 나아가야 건전한 발전을 이룩할 수 있다. 우리나라는

1970년대 초반에 한 번 기회를 놓쳤다. 그 후로도 몇 차례 다가온 기회를 모두 놓쳤다. 그것이 오늘날 양극화의 폐해로 나타나고 있다. 성장이 정체되고 사회가 무너지는 모든 원인은 결국 양극화에서 찾을 수 있다.

그런데 사실 1987년에 만든 우리나라 현행 헌법 가운데 사회국가적 지향을 드러내는 부분이 있다.

한 국가의 구성 원리를 특정한 하나의 지향점만으로 이야기할 수는 없다. 우리나라는 민주국가이자 공화국가이고, 법치국가이자 문화국가, 복지국가, 단일국가*이다. 다양한 성격이 어울려 있다. 그리고 사회국가적인 지향점도 들어가 있다.

'사회국가'의 개념을 확장한다면 현행 우리 헌법에서 사회국가적 지향을 드러내는 대목을 다수 발견할 수 있다. 예를 들어 헌법 제34조 1항에서 "모든 국민은 인간다운 생활을 할 권리를 가진다"라고 하여 사회적 기본권을 명시한 부분, 그에 앞서 헌법 제10조 "모든 국민은 인간으로서의 존엄과 가치를 가치며, 행복을 추구할 권리를 가진다"라는 대목 등이 모두 사회국가로서의 기본 인식을 밝히는 부분이다.

---

* 단일국가는 연방국가와 대비되는 개념이다. 우리는 여기서 더 나아가 '민족국가'라는 지향마저 헌법에 드러나는 문제가 있는데, 이는 향후 헌법 개정을 통해 고쳐야 할 부분이다.

다만 '인간으로서의 권리를 가진다'라는 표현은 다분히 추상적이고 선언적이다. 그것을 국가가 어떻게 보장해줄 것인가, 헌법을 통해 얼마나 구체화했는가에 따라 사회국가적 지향의 정도가 달라진다. 물론 헌법에 없더라도 법률과 정책을 통해 사회국가를 운영하면 되지 않느냐고 반문하는 사람도 있지만, 성문법주의를 택하고 있는 나라에서 헌법에 내용을 구체화하는 것은 대단히 중요한 일이다.

좁은 의미에서 해석한다면, 헌법에서 국가의 개입과 간섭을 명시하고 있는 부분은 모두 사회국가적 요소를 지니고 있다고 말할 수 있다. 예를 들어 헌법 제37조 2항을 보자. "국민의 모든 자유와 권리는 국가안전보장, 질서유지 또는 공공복리를 위하여 필요한 경우에 한하여 법률로 제한할 수 있으며, 제한하는 경우에도 자유와 권리의 본질적인 내용을 침해할 수 없다"라는 내용이다. 이 조항을 '자유와 권리를 제한할 때는 최대한 신중해야 한다'는 의미로 해석하는 사람이 있는가 하면, '제한할 수 있다' 쪽에 방점을 찍어 이해하는 사람도 있다. 어쨌든 우리 헌법 조문 가운데 국가의 개입 가능성을 명시한 대표적인 조항이지만, 이리저리 해석될 수 있는 논란의 여지는 남아 있다.

현행 우리 헌법 가운데 경제 영역에서 사회국가 구성 원리를 가장 구체적으로 드러낸 조항은 제119조 2항이다.

우리 헌법 중 경제에 대한 규정은 제23조에 이미 나타나 있다. "모든 국민의 재산권은 보장된다"(제1항), "재산권의 행사는 공공복리에 적합하도록 하여야 한다"(제2항), "공공필요에 의한 재산권의 수용·사용 또는 제한 및 그에 대한 보상은 법률로써 하되, 정당한 보상을 지급하여야 한다"(제3항) 등이다. 헌법이 이 정도 선언적 규범만 제시하고 나머지는 법률로 정할 것인지, 내용을 더욱 구체화할 것인지는 헌법 제정자들이―물론 최종 제정권자는 국민이다―판단할 몫이다. 그러나 역시 23조는 좀 선언적이라 미흡하게 느껴지는 부분이 있다. 이를 더 구체화하고 분명히 해두어야 헌법적 가치에 대한 해석을 놓고 다툼이 생겼을 때 논란을 줄일 수 있다. 그리하여 추가한 항목이 제119조다.

제119조는 두 개 조항으로 되어 있다.

제1항은 "대한민국의 경제질서는 개인과 기업의 경제상의 자유와 창의를 존중함을 기본으로 한다"라고 하여 우리나라는 '시장경제'를 기본 질서로 하는 국가임을 밝히고 있다. 이어 제2항에는 "국가는 균형 있는 국민경제의 성장 및 안정과 소득의 분배를 유지하고, 시장의 지배와 경제력의 남용을 방지하며, 경제 주체 간의 조화를 통한 경제의 민주화를 위하여 경제에 관한 규제와 조정을 할 수 있다"라고 규정한다. 제1항이 '사실'을 이야기했다면, 제2항은 '규범'을 밝힌다. 제1항이 시장경제를 이야기했다면, 2항은 시장과 정부의 관계를 명확히 정리한다. 요컨대, 분배가 정상적으로 이루어지지 않거나 특정 세력이 경제질서를 어지럽히고 있다고 판단될 때, 정부는 개입(규제와 조정)을 할 수 있다고 못 박은 것이다. 이는 시장과 정부 사이에서 정부의 책임과 역할을 강조한 것으로, 나중에 정부 정책을 놓고 헌법 재판소에서 다툼이 생겼을 때 특정 세력의 횡포와 압력으로부터 정책을 지키고 사회경제

적 약자를 보호하기 위함이 목적이다.

헌재는 여러 판례를 통해 우리 헌법에 사회국가의 원리가 들어 있음을 확인한 바 있다.* 그럴 때마다 빠짐없이 제119조 2항을 근거로 든다. 1987년 개헌 때 이 조항을 뺐더라면 어쩔 뻔했나.

❖

독일이 헌법을 헌법이라 하지 않고 기본법이라고 하는 이유는 앞에서 소개한 바 있다.

우리 헌법과 독일의 기본법을 비교해보면 구성에 있어 꽤 흥미로운 차이가 있다. 우리 헌법은 "대한민국은 민주공화국이다"라는 묵직한 선언으로 1조 1항을 시작하는 반면, 독일의 기본법은 "인간의 존엄은 침해되지 아니한다"로 1조 1항을 시작한다. 우리가 국체, 정체政體를 드러내면서 헌법을 시작하는 반면, 독일은 사람(혹은 국민)을 국가보다 먼저 등장시킨다.

독일의 기본법 1조 1항은 두 문장으로 이루어져 있다. "인간의

---

*   우리 헌법재판소는 사회국가의 기본 개념에 대해 다음과 같이 정의한 바 있다.
"우리 헌법은 사회국가원리를 명문으로 규정하고 있지는 않지만, 헌법의 전문, 사회적 기본권의 보장(헌법 제31조 내지 제36조), 경제 영역에서 적극적으로 계획하고 유도하고 재분배하여야 할 국가의 의무를 규정하는 경제에 관한 조항(헌법 제119조 제2항 이하) 등과 같이 사회국가 원리가 구체화된 여러 표현을 통하여 사회국가 원리를 수용하였다. 사회국가란 한마디로, 사회정의의 이념을 헌법에 수용한 국가, 사회현상에 대하여 방관적인 국가가 아니라 경제·사회·문화의 모든 영역에서 정의로운 사회질서의 형성을 위하여 사회현상에 관여하고 간섭하고 분배하고 조정하는 국가이며, 궁극적으로는 국민 각자가 실제로 자유를 행사할 수 있는 실질적 조건을 마련해 줄 의무가 있는 국가이다."(헌법재판소 2002.12.18 선고, 2002 헌마 52)

존엄은 침해되지 아니한다. 모든 국가 권력은 이를 존중하고 보호할 의무를 진다." 인간의 가치와 권리를 '존엄'이라는 차원에서 선언하고, '어떠한 경우에도 그것은 침해될 수 없다'고 일갈한 것이다. 또 그에 대한 국가의 보장 의무(또는 역할)를 분명히 밝히고 있다. 국가의 존재 의미를 강조한 것으로 해석할 수도 있겠다.

독일의 기본법은 그렇게 1조부터 19조까지 인권, 자유권, 평등권, 신앙과 양심의 자유, 표현·예술·학문의 자유, 집회와 결사의 자유, 거주 이전의 자유, 국방의 의무, 재산권과 공공 자산의 활용 원칙 등을 명시하고 있다. 1~19조가 1장을 이룬다. 우리 헌법의 제2장에 해당하는 내용들이다.

한편 독일의 기본법은 2장에 가서야 국체와 정체를 드러낸다. 독일 기본법 2장의 첫 항목인 제20조 1항은 "독일연방공화국은 민주적·사회적 연방국가다"라고 선언하고 있다. 우리 헌법의 "대한민국은 민주공화국이다"에 해당하는 내용이다. 기본법 20조 2항은 "모든 국가 권력은 국민으로부터 나온다"로 이어진다. 우리 헌법 1조 2항 "대한민국의 주권은 국민에게 있고, 모든 권력은 국민으로부터 나온다"와 아주 흡사하다.

독일은 기본법 1장에 둔 항목을 우리는 헌법 2장에, 독일은 기본법 2장에 두고 있는 항목을 우리는 1장에 앞세우는 '순서'도 무척 흥미롭다.

이 외에도 독일 기본법에 굉장히 독특한 부분이 하나 있다. "기본법 1조와 20조는 개정할 수 없는 조항"이라고 못 박고 있다는 점이다. 정확히 소개하자면 기본법 제79조 3항에 "제1조와 제20조에 규정된 원칙에 저촉되는 기본법의 개정은 허용되지 아니한다"라고 명시하고 있다. 1조와 20조를 '어떠한 경우에도 흔들 수 없는 헌법의 핵심 조항'으로 삼은 것이다.

최고 상위법인 헌법 중에서도 최상위 조항을 둔 셈인데, 헌법에 '고칠 수 없는 조항'을 둔 것은 독특한 대목이 아닐 수 없다. 그래서 "제1조와 제20조를 고치려면 어떻게 해야 하느냐" 하는 학문적 논쟁이 있을 정도다. 국가가 해체되지 않고서는 고칠 수 없는, 국가의 '존립 근거'라고 해석할 수 있겠다.

대체 어떤 내용이기에 그럴까. 1조와 20조의 내용을 다시 살펴보자. 1조의 내용은 '인간은 존엄하다'는 천명이다. '국가의 역할은 인간의 존엄을 지키는 데 있다'는 다짐이다. 기본법 20조는 독일은 민주국가이고, 사회국가이며, 연방국가라는 지향을 보여준다. 따라서 '1조와 20조는 바꿀 수 없다'는 말은, 그러한 핵심 정체성은 어떠한 경우에도 바꿀 수 없다고 대못을 박아 버린 행위다. 참으로 독일인다운 고집이다. 나치 독일의 역사적 과오에 대한 후회와 반성의 뜻이 담긴 부분이기도 하다. 혹여 어떤 극단적 정치 세력이 권력을 잡는다 하더라도 이 조항은 바꿀 수 없도록 함으로써, 다시는 나치 독일과 같은 체제가 탄생할 수 없게 만든 것이다. 국가의 목적과 방향을 통째 바꾸고 인류를 저버리는 행위는 할 수 없도록 헌법 위에 헌법을 세웠다.

❖

독일 기본법 20조 1항을 거듭 눈여겨볼 필요가 있다. "독일연방 공화국은 민주적·사회적 연방국가다." 되풀이하지만 헌법에 이렇게 '사회적 국가'라는 지향점을 분명하게 정해놓은 국가는 자유민주주의 국가 가운데 독일이 유일하다.

우리나라에는 유독 '사회'라는 용어에 부정적 인식을 갖고 있는 사람들이 많다. 자유민주주의와 사회라는 개념이 상충하는 줄 아는 사람마저 있다. 어불성설이다. 사회가 없는 자유민주주의가 어디 있겠으며, 자유민주주의 없이 어찌 제대로 된 사회가 유지될 수 있겠는가.

독일의 민주주의를 흔히 방어적 민주주의Defensive Democracy, Wehrhafte Demokratie라고도 부르는데 그것은 수동적 민주주의라는 뜻이 아니다. 오히려 반대다.

바이마르공화국 헌법과 현행 독일 기본법을 비교해보자. 바이마르공화국 헌법이 특정한 정치경제 질서를 지향하지 않고 '중립적 민주주의'를 표방했다면, 현행 독일 기본법은 분명히 배타적 개념을 담고 있다. 자유민주주의 기본 질서를 혼란스럽게 만드는 행위는 용납하지 않고 국가가 적극적으로 개입하겠다는 의지를 드러낸 것이다. 바이마르공화국 헌법이 '순진한' 헌법이었다면, 현행 독일 기본법은 '현실적' 헌법이라고 표현할 수도 있겠다.

독일 기본법 1조 1항은 '인간은 존엄하다'고 천명하는 한편, 국가는 이를 "보호할 의무를 가진다"라고 규정하고 있다. 앞 문장이 아니라 뒤 문장이 중요하다. 앞 문장이 '사실'이라면, 뒤 문장은 '규범'이다. 국가의 보호 의무·적극적 개입의 의무를 1조 1항에 적시한 것이다. 민주주의와 인권, 사회적 공동 가치가 훼손되는 일이 벌어지면 좌시하지 않고 국가가 개입하겠다는 강력한 경고 메시지라고 볼 수 있다.

다시 역사를 돌아보자. 나치가 정권을 장악하고 유지하는 과정에 유용하게 활용한 수단은 다른 무엇도 아닌 국민투표였다. '국민이 투표로 인정했으니, 이 행위는 정당하다'는 식으로 형식적·절차적 정당성을 강조한 것이다. 다수결 민주주의, 직접 민주주의의 폐해를 몸으로 직접 경험하고 나서야 독일 기본법은 "인간의 존엄을 해치는 행위는 어떠한 상황에서 어떠한 방식으로도 용납될 수 없다"라는 내용을 1조 1항으로 앞세웠다.

참고로, 그러한 이유 때문인지 독일의 기본법에는 국민투표 조항이 아예 없다. 기본법을 고칠 때도 의회 3분의 2 이상의 동의를 얻으면 된다.* 우리 식으로 말하자면 헌법을 국민투표 없이 국회의원들끼리 투표로만 개정하는 셈이다. 그러한 절차 아래 독일 의회는 1949년부터 지금까지 66차례나 기본법을 뜯어고쳤다. 그럼에도 아무도 독일을 반민주 사회라고 비난하지 않는다. 독일 국민들도 "우리가 뽑은 의원들이, 그것도 가중 투표로 헌법을 개정했는데 뭐가 문제인가?"라는 반응이다. 이렇듯 의회민주주의에 대한

---

* 하원 격인 연방의회, 상원 격인 연방참사원 모두에서 3분의 2 이상 동의를 얻어야 한다.

강력한 신뢰의 바탕 위에 독일식 사회국가는 유지되고 있다. 직접 민주주의는 만능이 아니고, 결코 우월하지도 않다는 사실을 그들은 경험으로 깨달은 것이다.

그렇다고 독일의 기본법이 자유와 민주를 무한정 보장하는 것은 아니다. 바이마르공화국 헌법이 '좋은 용어의 백과사전'처럼 법률적 이론에만 치우쳤다면, 2차대전 이후 제정된 독일의 기본법에는 자유민주 질서에 도전하는 세력에게는 단호하게 대처하겠다는 의지가 눈에 띈다. 국가가 개입하고, 간섭하고, 예방하겠다는 내용이 많다. 헌법에 모순이 되는 입법은 애초에 불가능하게 만들었고, 혹여 그러한 법률이 만들어지면 위헌 판정으로 거를 수 있도록 헌법재판소를 만들었다. 여기에 법률이 시행되기 전에도 위헌 판결을 할 수 있도록 2중, 3중, 4중의 '방어적 민주주의' 시스템까지 구축해놓았다. 자유민주주의 정치경제 질서를 유지하기 위한 사회국가 운영의 원리를 분명히 규정한 것이다.

자유민주주의와 사회국가는 결코 모순된 관계가 아니다. 병존하고 양립하는 관계다. 사회국가야말로 자유민주주의를 온전하게 지킬 수 있는 체제다.

바이마르공화국이 그저 온순한 민주국가만 지향했기 때문에 속절없이 무너진 것이라는 반성 가운데 독일은 사회국가적 지향을 분명히 했다. 그리고 이러한 지향은 지금까지도 좌우의 불순 세력으로부터 나라를 지키는 근간이 되고 있다.

❖

1987년 헌법을 만들 당시 나는 국회 개헌특위에서 경제 분과 위원장을 맡아 경제 분야에 해당하는 헌법 조문의 초안을 작성하는 데 참여했다.

개헌 작업이 본격화되자 우리나라 30대 대기업 총수들의 모임인 전경련에서 개헌과 관련한 홍보 위원회를 만들고 적잖은 예산까지 편성했다는 소문이 들렸다. 전경련도 하나의 이익집단이니 개헌에 관심을 가질 수야 있다지만 굳이 위원회까지 만든 것은 좀 지나친 듯 보였다. 상공회의소나 중소기업중앙회처럼 가입 요건에 제한이 없는 대중적 경제 단체도 많은데 말이다.

그래서 그 홍보 위원장이라는 분*을 만난 김에 전경련이 왜 그렇게 개헌에 관심을 갖느냐고 물으니 "당신이 경제 분과 위원장이라서 그렇다"라는 대답이 돌아왔다. "혹시 독일의 노사공동결정제도 같은 것을 헌법에 넣지 않을까 걱정"이라는 것이다. 물론 독일에는 근로자가 기업 감사위원회에 참여해 발언권을 갖는 제도가 있지만 그건 헌법 사항이 아니라 법률과 정책으로 정하는 부분이다. 우리나라에도 그런 일은 없을 것이라 했더니 안심하고 고개를 끄덕였다.

얼마 뒤 전경련에서 개헌과 관련한 토론회를 한다면서 나를 초청했다. 참석해보니 119조에 들어갈 경제민주화 조항을 성토하는

---

* 　대우그룹 김우중 회장.

목소리로 가득했다. 당시 토론회 좌장 역할을 맡은 서울대의 모교수는 "사회주의 경제 조항"이라는 표현까지 써가며 119조 2항을 격렬히 비난했다.

나는 발언 기회를 얻자마자 헌법에 대해서는 가타부타 말하지 않고 자본주의의 역사에 대해 소개했다. ……자본주의에도 성공한 자본주의가 있고 실패한 자본주의가 있다. 어떤 자본주의가 성공했고 어떤 자본주의는 실패했는가. 사람들은 다 똑같은 자본주의인 줄 알지만 자본주의에도 여러 유형이 있다. 앵글로색슨 국가의 자본주의가 있고, 유럽의 자본주의가 있으며, 남미, 동아시아의 자본주의가 따로 있다. 유럽의 자본주의 중에서도 독일식, 스칸디나비아식이 서로 다르다. 각국은 어떤 조건에서 어떠한 자본주의를 선택했는가. 그리고 그것은 어떻게 귀결되었는가……. 나는 "결국 포용적 성장을 한 자본주의는 성공했고, 그렇지 못한 자본주의는 실패했으니 자본주의의 성공을 진심으로 바라는 사람이라면 이번 헌법에 어떤 내용이 들어가야 하는지 알 수 있을 것"이라며 발언을 마쳤다.

토론회가 끝나자 당시 전경련 회장을 맡고 있던 대기업 총수*가 나를 찾아왔다. 그가 "당신이 사회주의자인 줄 알았는데 자본주의 옹호자인 것을 알고 안심했다"라고 소감을 말하기에 조용히 웃었다. 자본주의를 열렬히 옹호하는 척하지만 오히려 자본주의를 망치고 있는 사람들에 대해 그에게 말해주었다.

나중에 전두환이 헌법 초안을 검토할 때도 비슷한 일이 반복됐다. 전두환은 헌법재판소에 대해서는 특별히 반대하지 않았는데

119조 2항에 대해서는 "굳이 이런 조항이 있어야 돼?"라는 반응을 보였다. 내가 대통령 집무실에 들어가 전경련 토론회에서 했던 것과 똑같이 자본주의의 역사에 대해 설명했고, "나중에 경제 세력의 힘이 커져서 국가를 압도하려고 할 때 그들을 제어할 수 있는 헌법적 장치가 필요하다"라는 내용으로 설득했다.

그때 미국의 예도 들었다. 1935년 프랭클린 루스벨트 대통령이 사회보장법Social Security Act을 만들었는데, 이 사회보장법 바로 전에 뉴딜의 근간이라 불리는 농업조정법, 국가산업부흥법 등 선제적인 위기 극복 정책을 펼쳤으나 일부 기득권 세력이 위헌소송을 제기해 보수적 판사들에 의해 대법원에서 위헌판결이 내려졌다. 경제 세력이 정치 세력을 압도한 대표적인 사례라고 소개했다.

미국의 의료보험제도 또한 그렇다. 당시 루스벨트 대통령이 사회보장법을 통해 이를 관철하려 했으나** 역시 위헌판결을 우려해 건강보험은 제외해야 했다.

그 뒤로도 미국은 숱하게 사회의료보험 도입을 검토했지만 "의료보험 가입도 국민의 자유에 해당하는 영역"이라는 극단적 자유주의자들의 반대에 막혀 번번이 좌절되고 있다. 그것 때문에 미국은 세계 최강국이라면서 지금도 의료보험 체계가 엉망이고, 돈이 없어 치료를 포기하는 사람이 속출한다. 지금까지도 의료보험

---

*   현대그룹 정주영 회장.

**   미국의 사회의료보험제도는 1912년 시오도어 루스벨트가 처음 선거 공약으로 내걸었다. 그것을 프랭클린 루스벨트가 계승하려 시도한 것도 흥미로운 부분이다.

문제를 놓고 사회적 논쟁을 계속하고 있지 않은가.' 미국 헌법에 '경제질서 확립을 위해 국가가 규제와 조정을 할 수 있다'라는 조항만 있었어도 불행은 최소화되었을 것이다.

독일이 사회국가를 표방하고 사회적 시장경제를 앞세우니까 개별적인 경제 현상에 정부가 일일이 간섭하는 것 같지만 결코 그렇지 않다. 국가는 경쟁 메커니즘을 원활하게 만들어주는 큰 틀에서만 질서를 유지할 뿐 임금을 비롯한 시장가격 형성 등에는 일절 관여하지 않는다. 어떤 의미에서는 미국보다 더 철저하게 시장경제 체제를 수호하고 있는 나라가 독일이라고 말할 수 있다. 경제적 위기 또한 정부 주도로 극복한 것이 아니라, 경제 질서를 유지하면서 민간의 경쟁력과 자율성을 최대한 높여나가는 방향으로 접근해 오늘에 이르렀다. 그러한 방식으로 독일은 1970년대 초반 브레튼우즈 체제 붕괴로 인한 혼란과 위기를 이겨냈고** 1985년대 플라자협정으로 인한 손해와 불이익도 감내하고 극복했다.

통일 초기인 1990년대에 독일이 '유럽의 병자'라고 불릴 정도로 위태로워 보이던 때가 있었다. 하지만 독일은 동독이라는 뜨거운 감자를 껴안고 '국가 통합'이라는 어려운 과제를 수행하는 중에도 국가 부채가 GDP 대비 60%를 넘지 않을 정도의 안정을 유지하며 재도약의 길에 들어섰다. 발전 도상 가운데 내부적으로 극심한 정치적 혼란이나 사회 갈등을 겪지도 않았다. 결과적으로 2차대전 이후 가장 안정적으로 사회를 유지하면서도 민주주의와 시장 경제라는 두 마리 토끼를 모두 잡은 국가가 되었다.

공산주의 혁명가 레닌은 "독일을 갖는 자가 유럽을 갖는다"라고 말한 바 있다. 레닌의 말에 따라 유럽 한복판에 있는 독일을 어떻게든 흔들어보려고 각국 공산주의자들이 부단히 노력했지만, 독일이 자본주의 모범국가가 되면서 결과적으로는 독일이 유럽을 지키게 되었다. 1·2차 대전의 전범국가로 한때는 '아무도 좋아해 주지 않는 나라'였지만 지금은 자타 공인 유럽연합의 중심국이요, 존경받는 나라가 되었다. 독일은 군비 확장을 하고 싶어 하지 않는데 다른 나라들이 오히려 군사력을 증강하고 강대국으로서 적절한 역할을 하라고 주문할 정도로 신뢰감을 주는 국가가 되었다. 이런 점에서도 독일은 일본과 크게 비교된다. 독일을 볼 때마다 여러모로 대단하다는 생각이 든다. 모든 것이 '사회국가'이기 때문에 이룰 수 있었던 성과다.

오늘의 독일을 만든 것은 물론 독일 국민과 정치인들이지만 그 중에서도 역시 빼놓을 수 없는 인물은 콘라트 아데나워다.

아데나워가 히틀러에게 박해받았던 이유는 쾰른 시장으로 재임

---

* 오바마 대통령이 대다수 국민의 건강보험 가입을 의무화하는 건강보험개혁법, 이른바 오바마케어를 시도해 2012년 6월 28일 미국 연방대법원에서 역사적인 합헌 결정을 내렸으나 여전히 미국에서는 정치권과 의료계의 반대 의견이 분분하다.

** 사실 브레튼우즈 체제의 붕괴는 독일이 전격적으로 탈퇴하면서 시작되었다. 세계 3위 경제 대국이었던 독일이 브레튼우즈 체제에서 벗어나자 대혼란이 생겨나면서 오일쇼크가 발발해 세계 경제가 어려움을 겪은 것이다. 당시 총리였던 빌리 브란트의 치명적 실수 가운데 하나다.

할 때 히틀러가 쾰른을 방문하였는데도 영접을 거부했던 사건 때문이다. 히틀러가 총리가 아니라 나치당 당수 자격으로 선거운동 차 방문한 것이니 굳이 영접할 이유가 없다고 주장한 것이다. 일부 사람들이 쾰른 시청 건물에 내건 하켄크로이츠 깃발도 떼어내도록 했다. 사사로운 상징물을 공공 건축물에 내걸 수 없다는 이유에서였다.*

그렇게 성격이 곧은 아데나워가 2차대전이 끝나고 새로운 보수 정당을 만들 때 정강 정책 가운데 꼭 들어가야 할 3대 가치로 삼은 것이 있다. 바로 1)민주주의 2)사회적 보수주의 3)유럽 통합이다.

'사회적 보수주의'라는 용어를 처음 들어보는 사람도 많을 것이다. 사회적 보수주의는 문화적 보수주의와는 다르다. 지금 독일의 CDU를 보면 안다. 기독교를 당명에 내걸고는 있지만 동성애에 찬성하는 (혹은 당원들의 자율적 판단과 선택에 맡기는) 입장을 보이고, 난민 문제에 개방적이며, 특정 종교에 배타적이지도 않다. 정치적 보수주의 가운데 사회적 연대성을 강조하는 개념이 사회적 보수주의다. 종전 직후 아데나워로서는 "앞으로 독일 보수가 살 길은 이것밖에 없다"라고 판단했을 것이다.

이른바 좌파가 되었든 우파가 되었든 독일에서는 누구나 이렇게 '사회국가'라는 방향에 인식의 궤를 같이한다. 앞서 소개한 것처럼 헌법에서 '바꿀 수 없는 조항'으로 못 박았기 때문이다. 굳이 헌법이 아니더라도, 사회적 개념 없이는 독일이라는 국가가 올바르게

---

* 하켄크로이츠는 1935년에 나치 독일의 국기가 되었다.

발전할 수 없다는 사실을 독일인들은 역사적 경험을 통해 깨달았다. 비단 독일만 그렇겠는가. 어떤 국가든 '사회'를 빼놓고는 존재할 수 없다.

"어린나무는 휘어져도 큰 나무는 휘어지지 않는다Das Bäumchen biegt sich, doch der Baum nicht mehr"라는 독일 속담이 있다. 유년기 교육의 중요성을 이르는 말이지만 "오랜 경험을 통해 단단하게 자리 잡은 문화는 쉬이 바뀌지 않는다"라는 뜻으로도 쓰인다. 오늘의 독일을 생각하게 만드는 말이다. 우리의 미래를 걱정하게 만드는 말이기도 하다.

다시, 혁신의 시대를 향해

지금 우리나라에서는 양대 정당을 보수와 진보로 구분하는데 이는 터무니없는 일이다.

　　양대 정당 가운데 한쪽은 자신을 "보수 정당"이라 하고, 다른 한쪽은 "진보"를 참칭하는데, 세상 어디에도 양대 정당을 이렇게 구분하는 경우는 없다.

　　보수는 그렇다 치고, 진보는 무엇인가.

　　대표적 양당제 국가인 미국은 그저 "공화당" "민주당" 할 따름이지 굳이 한쪽이 진보를 표방하지 않는다. 알다시피 미국 민주당은 리버럴liberal을 지향한다.

　　'리버럴'이라는 용어가 한국에 건너와 진보로 해석되었다고 말하는 사람도 있는데, 이는 사실과 다르다. 한국의 학생운동권 출신 청년들이 민주당에 들어가 정치를 시작하면서 스스로 변절했다는 말을 듣지 않기 위해 민주당을 마치 진보 정당인 것처럼 윤색하거나, 민주당을 진보 정당으로 만들겠다는 의지를 표방하는 과정을 통해 우리나라 민주당은 어느 순간 '진보'가 되었다. 진보라는 이름에 스스로 누를 끼치는 일이 아닐까 싶다.

　　미국의 에이브러햄 링컨 대통령이 공화당 출신이라고 하면 놀라는 사람들이 더러 있다. 미국 공화당은 보수적인 정당인데 링컨은 혁신적인 이미지라서 매칭이 되지 않는가 보다.

　　1940년대 이전까지 미국 공화당과 민주당의 지지 기반과 이념적 성향은 지금과는 정반대였다.

요즘 미국 대통령 선거 결과를 보면 민주당이 동서부 해안 도시를 텃밭으로 하고 공화당은 중부 내륙을 장악하여, 대륙 중앙은 빨강(공화당 상징색)이 차지하고 파랑(민주당 상징색)이 둘레를 포위하는 양상을 띠는데, 과거에는 완전히 반대였다. 공화당은 동북부 공업 도시를 기반으로 태어난 정당이고, 민주당은 중서부 농업 지대를 기반으로 하는 정당이었다. 공화당은 원래 자유무역주의와 개입주의를 강조하는 상공인과 지식인의 정당이었고, 민주당은 농업을 주력으로 하다 보니 미국이 폐쇄적이고 고립적인 국가로 남기를 바라는 사람들의 정당이었다. 민주당이 남북전쟁에서 왜 남부의 편에 섰는지 알 수 있는 대목이다.

미국 공화당과 민주당의 입지가 완전히 뒤바뀐 계기는 1930년대에 일어난 대공황과 1960년대의 민권운동이다. 대통령으로 따지자면 프랭클린 루스벨트로부터 존 F. 케네디에 이르는 시기다.

'뉴딜'로 대표되는 루스벨트식 경제정책으로 미국 민주당은 중앙정부의 적극적인 역할을 인정하게 되었고, 2차 세계대전에 참전하면서 과거의 고립주의적 노선 또한 버리게 되었다. 나아가 케네디 대통령 시절에 민주·인권 운동을 적극적으로 포용해 과거 '농촌에 기반을 둔 낡고 고루한 정당'에서 '도시에 기반을 둔 젊고 역동적인 정당'으로 탈바꿈했다. 위대한 대통령들의 역할도 컸지만, 단순히 선거 공학적 측면에서 보아도 선거인단이 많고 여론 전파력이 높은 동서부 대도시 민심을 사로잡지 않으면 민주당의 미래에 희망이 없다는 사실을 일찍이 간파했던 것이다.

그리하여 오늘날 미국 민주당과 공화당의 이미지는 태생과는 반대가 되었다. 공화당은 민주당에게 빼앗긴 텃밭, 역동적인 정당의 원형을 아직 되찾지 못하고 있다.

20세기 초반 미국에는 '혁신주의progressivism'라고 불리던 시기가 있었다. 말 그대로 진보의 시대다.

대통령으로 따지면 시어도어 루스벨트와 우드로 윌슨 재임기에 해당하는데, '테디'라는 애칭으로 불리던 시어도어 루스벨트 대통령은 미국 경제에 큰 폐해를 끼치던 독점기업을 해체하고 '트러스트 금지법'을 만들었다. 이 법은 훗날 세계 각국 독점 규제 법안의 모델이 되었다.

한편 우드로 윌슨은 관세율을 대폭 낮추는 법안을 통과시켜 미국을 명실상부 자유무역 국가로 만들었고, 관세 인하로 인한 세수 결손을 보완하기 위해 '누진 소득세법'을 만들어 세금이 거의 없던 미국에서 중앙정부 역할을 강화하고 소득재분배에 기여한다. 시어도어 루스벨트가 공화당, 우드로 윌슨은 민주당 출신인 점도 흥미롭다.

미국은 20세기 초반에 왜 갑자기 변화했을까? 무엇이 미국의 '혁신주의 시대'를 만들었을까? 독일의 역할이 크다. 19세기 말 독일에서 유학하며 경제학을 공부했던 미국의 젊은 학생들이 귀국하면서 당시 번영하던 독일의 모습을 소개하고, 미국이 그동안 지속했던 자유방임주의 패러다임에서 벗어나 국가가 사회적 영역을 담당해야 한다는 새로운 인식을 확산시킨 것이다. 1890년, 미국은 반독점법인 셔먼법Sherman law*을 제정했고, 그것이 다시 시어도어 루스벨트 시기에 독과점 해체로까지 이어졌다. 이에 대해서는 미국 프린스턴 대학의 대니얼 T. 로저스Rodgers, Daniel T.(1942~) 교수가 집필한 『애틀랜틱 크로싱스:진보 시대의 사회 정치』** 등을 참고하면 도움이 될 것이다.

남북전쟁을 거치며 미 대륙에서는 철도의 필요성에 대한 요구가 폭발한다. 철로를 놓는 과정에 철강산업이 발달했고, 철강산업은 통신 분야와 결합했으며, 철강과 통신은 다시 금융·석유 산업 등과 결합하면서 각 분야의 독점기업들이 강력한 트러스트를 형성했다. 해당 분야에서 새로운 기업이 자라날 수 없도록 시장을 완전히 장악해버린 것이다. 시어도어 루스벨트가 강제로 해체시킨 '트러스트'는 그런 것이다. 지금이야 카네기나 록펠러가 위대한 기업가로 추앙받지만 사실은 자본주의를 파괴한 독

---

* 셔먼 반독점법Sherman Antitrust Act이라 불린다. 일체의 카르텔을 금지하고 이를 어길 시 막대한 벌금과 형사처벌을 받는 것을 주요 내용으로 한다.

** 원제는 『Atlantic Crossings: Social Politics in a Progressive Age』다. 우리나라에는 2023년 5월 현재까지 번역 출간되지 않았다.

점 재벌이었고, 정부가 개입하니 하릴없이 생존을 모색하는 과정에 오늘과 같은 카네기 재단, 록펠러 재단 같은 공익 재단이 탄생할 수 있었던 것이다.

사실 미국은 '근대의 적자嫡子'라고 표현할 수 있다. 고대나 중세 없이, 자체적인 근대화 과정을 겪지 않고 근대의 '결과'로서 태어난 국가이기 때문이다.

근대의 결과 중에서도 미국은 '자유'라는 가치를 가장 소중하게 여기면서 태어난 국가다. 그러다 보니 빠른 성장을 이룩하기도 했지만, 무한정한 자유의 폐해와 혹독한 사회 갈등도 겪어야 했다.

게다가 19세기 말에는 기존의 자유주의 이념에 사회진화론적 관점까지 결합하면서 '약육강식은 인간 사회의 당연한 질서'라는 황당한 주장마저 횡행했다. 자유지상주의를 넘어 '만인에 대한 만인의 투쟁Bellum omnium contra omnes'을 정당화하는 그릇된 이념의 결과로 당시 미국의 노동 환경은 열악하기 이루 말할 데 없었다. 단적인 예로, 지금 우리가 매년 5월 1일 기념하고 있는 노동절은 1886년 5월 미국 근로자들이 8시간 노동제를 요구하며 시카고 등지에서 대규모 시위를 벌인 사건을 기념해 만들어진 날이다.

미국은 '자유'로만 성장한 국가가 아니다. 미국이 오늘의 미국이 될 수 있었던 이유는 단순히 자유만 강조했기 때문이 아니다. 19세기 후반부터 자유의 질서를 회복하려는 부단한 자기 노력이 있었고, 독일과 유럽의 모델을 받아들여 스스로 혁신적인 새 시대를 열었기 때문에 가능한 일이었다.

19세기 말에서 20세기 초에 미국이 사회적 갈등을 방치하고 근로자를 탄압하는 방향으로만 일관하며 독점적 기업을 그대로 내버려뒀더라면 어땠을까. 역사에 가정은 없다지만 그랬다면 2차대전에 참전하기 어려웠을 것이고, 지금과 같은 자유민주 진영의 맹주로서 미국이 존립하기 힘들었을 것이다. 어쩌면 세계 역사가 뒤바뀌었을지도 모른다. 요컨대 유럽이 미국을 살리고, 미국이 다시 유럽을 살리면서 전 세계가 함께 번영의 길을 연 셈이다.

시대의 변화를 제대로 읽고 그것을 적극적으로 받아들이는 정치와 국민, 국가는 살아남는다. 그렇지 않은 국가는 도태되다가 역사의 지도에서 사라지는 법이다.

책의 끝자락에 다시 독일을 보자. 앙겔라 메르켈을 보자.

종전 이후 독일 총리 가운데 여덟 번째 총리인 앙겔라 메르켈은 '3대 마이너'의 조건을 갖고 있던 인물이다.

동독 출신, 여성, 과학자 출신이다. 역대 총리들의 이력과는 정반대의 조건이다.

독일에서 여성 정치인의 비중이 높긴 하지만 그중에서도 앙겔라 메르켈은 여성 최초로 총리가 된 인물이다. 최초의 동독 출신 총리이기도 하다. 동서독이 통일된 지 15년 만에 동독 출신 총리가 탄생했다는 점도 주목할 부분이다. 만약 나중에 남북한이 통일된다면, 15년 만에 북한 출신 대통령이 탄생할 수 있을까?

메르켈이 '동독 출신'이라 불리기는 하지만 동독에서 태어나지 않았다는 점도 특이하다. 메르켈은 1954년생으로, 서독 함부르크에서 태어났다. 목사인 아버지가 동독 지역에서 목회 활동을 하겠다고 온 가족이 이주하는 바람에 동독 사람이 된, 독특한 이력을 갖고 있다. 함부르크는 SPD의 텃밭이다. 메르켈의 부모가 그에게는 한 번도 투표하지 않았다고 말하는 점, 굳이 동독으로 이주했던 점 등으로 봐서는 사회민주주의를 열렬히 지지했던 사람들인 것 같다.

정치인이 되기 전 메르켈의 직업이 물리학자였던 점도 특이하다. 역대 독일 총리를 보면 아데나워는 변호사, 에르하르트는 교수, 브란트는 노동자 출신에 직업적인 정치인이었다고 말할 수 있고, 슈미트는 경제학자, 콜은 역사와 정치를 전공했으며, 슈뢰더도 변호사였다. 자연과학을 전공한 총리는 메르켈이 최초다. 1989년 베를린장벽이 무너질 때 그는 동독 과학연구소에서 연구원으로 일하고 있었다.

독일의 정치인은 혜성처럼 등장하는 경우가 드물다. 물론 특정한 시기에 각광을 받고 '별의 순간'을 맞이하기도 하지만, 대체로 10대 후반, 늦어도 20대 때부터는 정당에 가입해 지역 활동부터 꾸준히 해온 사람이 의원, 장관,

주지사, 당대표 등의 이력을 차근차근 밟아 총리가 된다.

메르켈은 동독 출신이기 때문에 젊은 시절 제대로 된 정치 경력을 쌓을 수 없었다. 어쩌면 그것이 행운이 되었다고 볼 수도 있다. 그는 통일이 되자마자 CDU 당원이 되고 연방의회 의원이 되었는데, 동독 출신에 여성이라는 조건이 맞아떨어져 통일 내각에서 여성청소년부 장관까지 맡았다. 이어서 환경부 장관이 되었다. 자신에게 주어진 행운에 대해 메르켈은 "동일한 능력을 갖고 서독에서 자랐다면 일어나지 않았을 일"이라고 겸손하게 말한다.

그렇다면 메르켈은 단순히 운만 좋은 사람이었을까? 물론 정치 입문 단계에서는 운이 좋았다고 말할 수 있지만, 나중에 16년 동안이나 총리로 재임했다는 사실은 그의 압도적 능력을 증명한다.

메르켈이 총리로 재직하던 시절에 일어난 일을 보자. 2015년 시리아 난민 100만 명을 받아들이는 정책으로 적극적인 지지를 받기도 했지만, 보수 강경층의 지지율은 하락하며 정치적 위기를 맞기도 했다. 2019년 CDU 소속 정치인 발터 뤼브케 피격 사건, 유대 교회당 총격 사건, 2020년 헤센주 술집 총기 난사 사건 등 극우주의자들의 난동이 계속됐다. 그런 가운데 메르켈은 감정적으로 대응하지 않고 대연정을 세 번이나 성사시키면서 차분히 연립 내각을 이끌어 통합의 리더십이 무엇인지 결과로서 증명해 보여줬다. 영국의 유럽연합 탈퇴, 트럼프의 등장, 코로나19 팬데믹 등 대내외적인 혼란 속에서도 중심을 잘 잡아 "미국이 없는 자리에 독일이 자유민주 진영의 리더로서의 역할을 제대로 수행했다"라는 평가를 받았다.

독일 국민들은 메르켈을 무티mutti(엄마)라는 별명으로 부른다. 퇴임 당시 메르켈에 대한 지지율은 80%에 달했다. 욕심을 부린다면 5연임도 할 수 있었다. 불가능한 일이 전혀 아니었지만, 그는 스스로 물러났다.

"우리나라가 지향해야 할 발전 모델은 무엇인가?"

그런 질문을 종종 듣는다. 한마디로 정리할 수는 없겠지만 "조화로운 발전을 이루고 포용적인 사회를 만드는 것이 우리의 지향점"이라고 말한다.

성장은 시장의 원리에 맡겨놓으면 되지만 조화는 국가의 몫이다. 한때 국가가 앞장서서 성장을 주도하던 시기가 있었지만, 그런 시대는 진즉 지나갔다. 국가는 시장의 질서를 유지하면서 시장이 할 수 없는 재분배의 역할을 담당하면 된다. 지극히 당연한 역할 분담이다.

국가가 지향할 '발전 모델'을 찾는 것도 고루한 사고방식인 것 같다. 과거에는 중진국이니 개발도상국이니 하면서 외부에서 발전 모델을 찾곤 했지만 이제 우리도 총체적인 경제력으로는 분명히 선진국이다. 밖에서 모델을 찾을 것이 아니라 스스로 발전 모델을 만들어야 한다는 뜻이다.

국가의 발전 모델을 특정한 국가에서 찾을 필요도 없다.

여러 유형의 모델 가운데 좋은 점을 고루 취하면 된다. 물론 우리나라에 적용 가능한지 여부를 면밀히 타산하면서.

굳이 정리하자면, 정치와 사회 운영에 있어서는 분명히 독일을 참고할 필요가 있다. 브란트 같은 사람, 메르켈 같은 사람이 밑에서부터 차근차근 경력을 쌓고 단계를 밟아 의원이 되고 장관이 되고 총리가 되는 시스템 말이다.

정치가 살려면 기본적으로 의회민주주의가 활성화되어야 한다. 참여민주주의니 직접민주주의니 하지만 기본적으로 민주정치는 국민의 대의代議 실현을 원칙으로 해야 한다. 국민은 편안히 일상에 전념해도 될 정도로 의회 정치가 조화롭게 운영되어야 한다. 의회에서 자라난 정치인이 행정을 경험하고, 국정을 총괄하는 지도자로 자라나는 숙련의 과정이 있어야 한다. 아데나워를 필두로 독일의 정치 지도자들은 모두 그러한 과정을 통해 자라났다.

우리는 어떤가. 직선제 개헌으로 민주화가 이루어진 후 40년 가까이 지났지만 의회민주주의가 정착하지 못하고 있다. 의회에 대한 국민의 불신 또한 상당하다. 대통령 선거에 나선 거대 양당 후보 모두가 국회의원 경험이 한 번도 없는 사례까지 나타났다. 그런 정치는 조화를 도모할 수 없고, 사회적 갈등을 양산하게 되며, 포퓰리즘적인 지도자가 탄생하기 좋은 토양을 만든다. 지금껏 우리나라는 현명한 국민 덕분에 여러 위기를 운좋게 피해갔을 따름이다.

언제까지 행운이 뒤따를 것으로 보는가.

이제는 시스템을 바꿔야 한다.

이 말을 하기 위해 짧지 않은 책을 썼다.

대한민국에도 '혁신의 시대'가 활짝 열리기를 기대한다. 진정한 진보의 시대를 개척해나가기를 소망한다. 그러기 위해서는 정치를 바꿔야 한다. 정치 구조를 바꿔야 한다. 독일이 전범국가에서 1등 국가가 될 수 있었던 배경을 계속 참고하면서 나아가야 한다.

혁신의 시대를 만드는 과제는 지금 이 책을 읽고 있는 젊은 독자들의 몫으로 남긴다. 대한민국을 이끌 미래의 지도자는 바로 당신일 것이라고 믿는다.

전범국가에서 모범국가로

독일은 어떻게 1등 국가가 되었나

펴낸날 2023년 8월 30일
펴낸이 유윤희
지은이 김종인
편　집 오영나, 유윤희
제　작 제이오
펴낸곳 오늘산책

출판등록 2017년 7월 6일(제 2017-000141호)
주　소 서울 종로구 종로 227-5
전　화 02.588.5369
팩　스 02.6442.5392
이메일 oneul71@naver.com
ISBN 979-11-965830-9-5 03340